VALABLE POUR TOUT OU PARTIE DU
DOCUMENT REPRODUIT

Illisibilité partielle

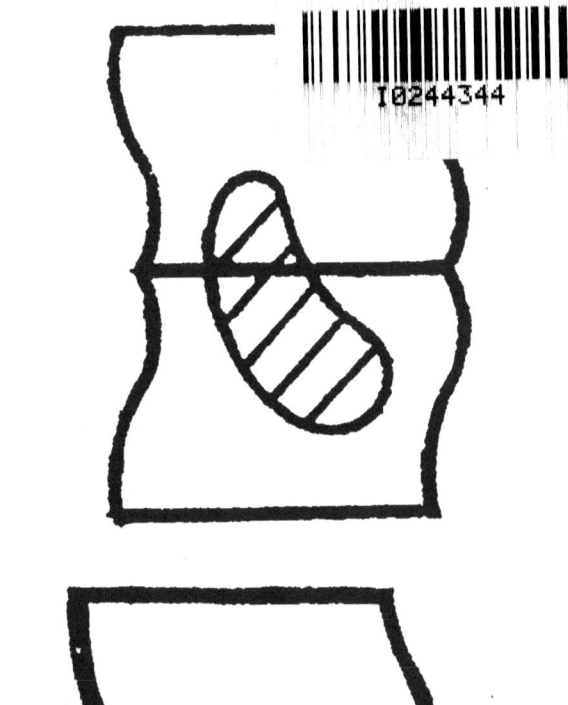

Couverture inférieure manquante

Début d'une série de documents en couleur

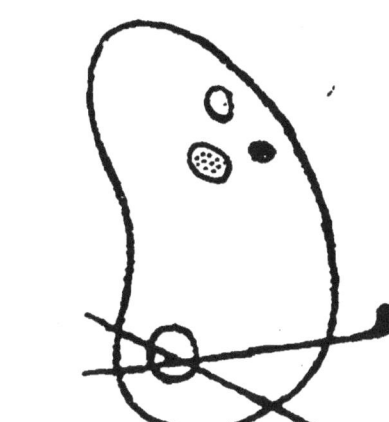

ROBINSON CRUSOÉ.
TOME SECOND.

PARIS
Chez LE BAILLY, Libraire-Editeur,
Rue de l'Abbaye, 2, et rue Cardinale, 6.

5517 So Liij S. Capetment

29.7.70

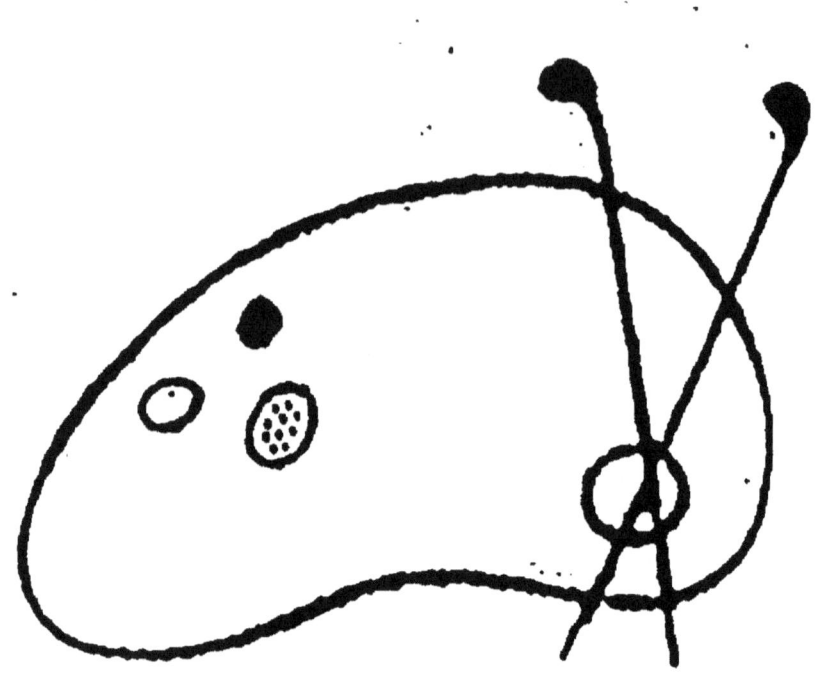

Fin d'une série de documents en couleur

ROBINSON
CRUSOÉ

TOME SECOND

Travail de Robinson.

ROBINSON CRUSOÉ

PAR

DANIEL DE FOË

TRADUCTION NOUVELLE

Ornée de Gravures

TOME SECOND

Mort de Vendredi.

PARIS ET PROVINCE

CHEZ TOUS LES LIBRAIRES

ROBINSON CRUSOÉ.

Seconde partie.

CHAPITRE PREMIER.

Après avoir lutté trente-cinq ans contre une variété de malheurs, dont les exemples sont fort rares, j'avais joui pendant sept années de tout ce que l'abondance et la tranquillité du corps et de l'esprit ont de plus agréable; mon âge était déjà fort avancé, et j'avais appris par une longue expérience que rien n'est plus propre à rendre l'homme heureux que la médiocrité. Qui n'eût cru que, dans cette douce situation, le goût, né avec moi pour les voyages et pour les aventures, se serait évanoui avec le feu de la jeunesse, et qu'à l'âge de soixante-un ans je me trouverais exempt de tout désir de m'éloigner de mon pays.

Le motif qui détermine ordinairement à ce parti ne pouvait plus avoir d'influence sur moi : il ne s'agissait plus de faire fortune, car j'étais dans un état où je ne pouvais me croire plus riche par l'acquisition d'une centaine de mille livres; j'avais du bien suffisamment pour moi et mes héritiers; il s'augmentait même de jour en jour; car ma famille étant peu nombreuse, je ne pouvais dépenser mes revenus à moins de mener un train au-dessus de ma condition, et de m'embarrasser d'équipages, de domestiques, et d'autres ridicules magnificences, dont j'avais à peine une idée, bien loin d'en faire les objets de mon inclination. Ainsi, le seul parti qu'un homme sage aurait pris à ma place eût été de jouir plaisiblement des présens de la Providence, et de s'abandonner à la satisfaction de les voir s'accroître dans ses mains.

Ces considérations n'eurent pas la force nécessaire pour me faire résister long-temps au besoin de parcourir de nouveau le monde. C'était une véritable maladie; je désirais surtout revoir mon île, mes plantations; le souvenir de la colonie que j'y avais laissée ne me permettait pas un moment de repos : c'était l'unique sujet de mes pensées pendant le jour, et de mes rêves pendant la nuit.

Le vif souvenir qu'on a quelquefois de ses amis et de leurs discours saisit l'imagination d'une telle manière, dans certaines circonstances, qu'on croit les voir réellement, leur parler et entendre leurs réponses; c'est ainsi que le cerveau frappé peut prendre l'ombre pour la réalité même. Telle est sans doute la cause pour laquelle j'étais la dupe de mon imagination, au point que quelquefois je pensais être véritablement devant mon château, entouré de mes fortifications, et voir distinctement mon Espagnol, le père de Vendredi, et les Anglais que j'avais laissés maîtres de mes domaines. Je dis plus, je parlais souvent à ces personnages chimériques, et quoique éveillé, je les regardais fixement comme des gens qui eussent été réellement devant mes yeux. L'illusion allait quelquefois si loin, que ces images fantastiques me jetaient dans des frayeurs réelles. Je rêvais une nuit que l'Espagnol et le vieux Sauvage me faisaient la relation détaillée de plusieurs trahisons des trois principaux rebelles anglais, et que, sensible à ces accusations, je condamnais ces scélérats à mort. On verra plus tard ce qu'il y avait de vrai dans cette vision; quelle que fût la cause qui l'offrit à mon imagination, elle n'approchait que trop de la vérité, quoiqu'elle ne fût pas absolument vrai.

Je vécus plusieurs années dans cette situation, sans y trouver le moindre agrément, le moindre plaisir, à moins qu'elle n'eût quelque rapport avec mon bizarre penchant. Mon épouse, voyant avec quelle impétuosité toutes mes idées se portaient sur des projets si déraisonnables, me dit une nuit qu'apparemment ces mouvemens irrésistibles venaient de la Providence, qui avait décidé mon retour dans cette île, et qu'elle ne voyait rien qui puisse m'en détourner que ma tendresse pour elle et pour mes enfans; qu'elle était sûre que, si elle venait à mourir, je prendrais ce parti sans balancer, mais que si la chose était déterminée dans le ciel, elle serait au désespoir d'y mettre un obstacle elle seule.

Si vous êtes résolu, ajouta-t-elle, plutôt que de vous en détourner je suis prête à vous accompagner; quoique je trouve ce parti incompatible avec votre âge, et mal assorti à l'état de votre fortune, si la chose doit être absolument, je ne saurais vous abandonner : si ce désir violent vous vient du ciel, vous ne sauriez y résister sans manquer à votre devoir; mais je manquerais au mien si je ne prenais le parti de vous suivre.

Ces tendres paroles de ma femme dissipèrent un peu mes chimères, et me firent réfléchir d'une manière plus calme sur la nature de mon dessein: je me mis devant les yeux tout ce qu'il y aurait d'extravagant pour un homme de mon âge de se précipiter de nouveau, sans aucun motif plausible, dans les hasards d'où j'étais sorti si heureusement, et dans des malheurs qu'avait suivis une vie parfaitement heureuse, pourvu que moi-même je voulusse bien n'y pas répandre de l'amertume.

Après avoir lutté long-temps contre mon imagination, j'en devins le maître; je réussis peu à peu à me tranquilliser; mais ce qui contribua le plus à cet heureux retour sur moi-même, c'est le dessein que je pris de me créer de l'occupation, et de chercher quelques affaires qui m'ôtassent le loisir d'abandonner mon imagination à ces idées capricieuses, car je m'étais aperçu que mon cerveau n'en était rempli que quand je me trouvais dans l'oisiveté, et lorsque je ne savais comment exercer l'activité naturelle de mon esprit.

J'achetai une métairie dans le comté de Bedfortd, avec le dessein de m'y retirer; la maison était jolie, et les terres d'alentour très-susceptibles d'améliorations. Rien ne me convenait mieux, puisque naturellement j'avais beaucoup de goût pour l'agriculture et pour tous les soins qu'exige l'accroissement des revenus d'une terre. Cette maison de campagne était éloignée de la mer, ce qui m'empêchait de renouveler mes folies par mon commerce avec les marins, et par le récit de tout ce qui regardait les pays lointains. Je m'y établis moi et ma famille; j'achetai des charrues et tous ce qu'il faut pour cultiver les terres; je me fournis de charrettes, d'un chariot, de chevaux, de vaches, de brebis, et me mettant à travailler avec application, je me vis en six mois de temps un véritable gentilhomme campagnard. Je m'appliquai tout entier à diriger mes laboureurs, à planter, faire des enclos, et je crus mener la vie la plus fortunée que la nature puisse offrir à un homme qui, après de longs malheurs, cherche un asile contre de nouvelles infortunes.

Je cultivais mon propre domaine, et je n'avais point de rentes à payer : j'étais le maître de planter, d'arracher, de bâtir, d'abattre, comme je le trouvais à propos : tout ce que je recueillais était pour moi, et toutes mes améliorations pour le bien de ma postérité. Je ne songeais plus à reprendre le cours de ma vie errante, et, me trouvant exempt de tout chagrin, je croyais véritablement avoir atteint cette heureuse médiocrité dont mon père m'avait si souvent fait l'éloge, lorsque je fus troublé par un coup imprévu, dont le funeste effet était sans remède, et dont les conséquences me replongèrent plus profondément que jamais dans mes chimères. Le coup dont je parle fut la perte de mon épouse.

Mon but n'est pas ici de tracer son panégyrique, d'entrer dans le détail de ses bonnes qualités, et de faire la cour au beau sexe en composant une harangue en l'honneur de ma femme. Je dirai seulement quelle était le soutien de toutes mes affaires, le centre de tous mes projets, l'auteur de toute ma félicité, puisque, par sa prudence, elle m'avait détourné de l'exécution de mes desseins irréfléchis. Ses tendres discours avaient fait sur moi plus d'impression que jadis les larmes d'une tendre mère, les sages préceptes d'un père éclairé, et les prudens conseils de mes amis n'auraient été capables d'en faire sur mon esprit. Je m'étais félicité mille fois de m'être laissé gagner par sa douceur et par son attachement : sa mort me laissait comme un homme déplacé dans le monde, privé de tout secours et de toute consolation.

Dans ce triste état, je me voyais aussi étranger au sein de ma patrie que je l'étais au Brésil, lorsque j'y abordai ; environné de domestiques, je me trouvais presque aussi seul que je l'avais été dans mon île. Je ne savais quel parti prendre ; je voyais autour de moi tous les hommes occupés, les uns à gagner leur vie par le travail le plus rude, les autres enivrés de ridicules vanités, ou plongés dans les vices les plus honteux, sans atteindre, les uns ni les autres, au bonheur, que tout le monde se propose pour unique but. Je voyais les riches tomber dans le dégoût du plaisir par l'habitude de s'y livrer, et s'amasser par leurs débauches un trésor fatal de douleurs et de remords ; je voyais le pauvre employer toutes ses forces pour gagner de quoi se soutenir, et, roulant dans un cercle perpétuel de peines et d'inquiétudes, ne travailler que pour vivre, et ne vivre que pour travailler.

Ces réflexions me rappelèrent vivement la vie que j'avais menée autrefois dans mon petit royaume, où je ne semais qu'autant de blé qu'il m'en fallait pour un an, et où je ne daignais point former de grands troupeaux, parce qu'ils m'étaient inutiles pour ma nourriture, enfin, où je laissai se rouiller l'argent, sans l'honorer d'un seul de mes regards, pendant plus de vingt années.

Avec ma femme, j'avais perdu mon guide ; j'étais comme un vaisseau sans gouvernail, que les vents agitent à leur gré : mon imagination s'ouvrait de nouveau aux courses et aux aventures ; tous mes amusemens, mes terres, mon jardin, ma famille, mon bétail, qui m'avaient procuré une occupation si satisfaisante, n'avaient plus de charmes pour moi : c'était de la musique pour un homme privé du sens de l'ouïe, et les alimens pour un malade sans appétit. Cette triste insensibilité pour tout ce qui m'avait procuré quelque temps auparavant les plus doux plaisirs, me fit prendre le parti d'abandonner la campagne et de retourner à Londres.

Le même ennui m'y accompagna : n'ayant aucune affaire, je courais çà et là, sans dessein, comme un homme désœuvré, absolument inutile parmi tous les êtres créés, et dont la vie et la mort devaient être également indifférentes aux autres hommes.

C'était, de toutes les situations de la vie humaine, celle pour laquelle j'avais le plus d'aversion, accoutumé comme je l'étais dès ma plus tendre jeunesse à une vie active. A mon avis, les paresseux sont l'opprobre du genre humain; aussi je croyais ma conduite présente infiniment moins conforme à ma destination naturelle que celle que j'avais tenue dans mon île, en employant un mois entier pour faire une planche.

Au commencement de l'année 1693, celui de mes neveux que j'avais élevé pour la mer, et à qui j'avais donné un vaisseau à commander, revint d'un petit voyage qu'il avait fait à Bilbao, le premier qu'il eût entrepris en qualité de maître.

M'étant venu voir, il me dit que des marchands lui avaient proposé de faire pour eux un voyage dans les Indes et à la Chine : Eh bien ! mon oncle, dit-il, feriez-vous si mal de venir avec moi ? Je vous promets de vous procurer le plaisir de revoir votre île, car j'ai ordre de toucher au Brésil.

Il ignorait parfaitement jusqu'à quel point mon penchant de courir le monde s'était ranimé, et je ne savais rien de mon côté de sa nouvelle entreprise. Cependant, le même matin, sans que je m'attendisse à sa visite, je m'étais occupé à comparer mes désirs avec la condition où je me trouvais, et j'avais pris à la fin la résolution que voici : je voulais aller à Lisbonne pour consulter mon vieux capitaine portugais sur mes desseins; et s'il les trouvait sensés et praticables, mon intention était de m'assurer d'une patente qui me permit de peupler mon ile, et d'y emmener avec moi une colonie. A peine étais-je fixé à cette pensée, que voilà précisément mon neveu qui entre, et me propose de l'y accompagner.

Sa proposition me jeta d'abord dans une profonde rêverie, et après l'avoir regardé attentivement pendant une minute : — Qui vous envoie ici, lui dis-je, pour m'inspirer cette idée malheureuse! Il parut d'abord fort étonné de ces paroles; mais, s'apercevant néanmoins que je n'avais pas un grand éloignement pour ce projet, il se remit. — Ma proposition, dit-il, est-elle donc si fort à rejeter? Il est assez naturel, ce me semblait que vous souhaitiez de revoir vos petits états, où vous avez régné autrefois avec plus de félicité que n'en goûtent aujourd'hui vos frères les autres monarques.

Le projet répondait avec tant de justesse à la disposition de mon esprit, que j'y consentis, et je lui dis que, s'ils s'accordaient avec ces marchands relativement à ses voyages, j'étais décidé à le suivre, pourvu que je ne fusse pas obligé d'aller plus loin que mon ile. — J'espère, me dit-il, que vous n'avez pas envie d'y rester pour y vivre de nouveau à votre ancienne manière. — Ne pouvez-vous pas, lui répondis-je, me reprendre en revenant des Indes? Il me répliqua qu'il n'y avait pas d'apparence que ses marchands lui permissent de faire un si long détour avec un vaisseau chargé. — D'ailleurs, continua-t-il, si j'avais le malheur de faire naufrage, vous seriez précisément dans la triste situation d'où vous vous êtes tiré avec tant de bonheur.

Il y avait beaucoup de bon sens dans cette objection; mais nous trouvâmes un moyen pour remédier à cet inconvénient : ce fut d'embarquer avec nous toutes les pièces servant à former une grande chaloupe, et quelques charpentiers qui pussent, en cas de besoin, les joindre ensemble, et leur donner la dernière main dans l'ile, ce qui me faciliterait les moyens de passer de là sur le continent.

Je ne fus pas long-temps à prendre ma dernière résolution ; car les importunités de mon neveu répondaient si bien à mon inclination, qu'aucun motif au monde ne fut capable de le contre-balancer. D'un autre côté, ma femme étant morte, il n'y avait personne qui s'intéressait assez à mes affaires pour me détourner de ce dessein, excepté ma vieille veuve qui s'efforça de m'arrêter par la considération de mon âge, de ma fortune, de l'inutilité d'un voyage si dangereux, et surtout de l'intérêt de mes enfans. Mais tous ses discours ne servirent de rien ; je lui dis que mon désir de voyager était invincible, et que les impressions qu'il faisait sur mon esprit étaient si peu communes, que, si je restais chez moi, je croirais désobéir aux ordres de la Providence. Me voyant tellement affermi dans ma résolution, elle mit non-seulement fin à ses conseils, mais elle me donna toutes sortes de secours pour faire mes préparatifs et mes provisions, afin de régler mes affaires de famille et l'éducation de mes enfans.

De peur de rien négliger à cet égard, je fis mon testament, et laissai mes biens en de si bonnes mains, que j'étais persuadé que mes enfans ne perdraient rien de ce côté là, quelque accident qui pût m'arriver ; et pour la manière de les élever, je m'en remis entièrement à ma bonne veuve, à qui je destinai en même temps un petit revenu suffisant pour qu'elle vécût à son aise. J'ai vu dans la suite que jamais bienfait ne fut mieux employé ; qu'une mère ne pouvait avoir des soins plus tendres pour ses propres enfans, et qu'il était impossible de se conduire avec plus de prudence. Cette bonne dame vécut assez long-temps pour me voir de retour, et pour sentir de nouveau les effets de ma reconnaissance.

Mon neveu fut prêt à mettre à la voile au commencement de janvier 1694, et je m'embarquai avec mon fidèle Vendredi dans les Dunes (1), le 18, ayant avec moi,

---

(1) Grande rade sur les côtes orientales d'Angleterre, dans le comté de Kent.

entre ma chaloupe démontée, une cargaison considérable de toutes sortes de choses nécessaires à ma colonie, avec le dessein de tout garder dans le vaisseau, si je ne trouvais pas mes sujets dans les dispositions convenables.

Premièrement j'avais avec moi plusieurs valets, que mon intention était de laisser dans l'île, et d'y faire travailler pour mon compte pendant mon séjour, en leur permettant d'y rester ou de me suivre quand je prendrais le parti d'en sortir. Il y avait parmi eux deux charpentiers, un serrurier et un autre garçon fort ingénieux, tonnelier de son métier, qui était un machiniste universel. Il excellait à faire des roues et des moulins à bras pour moudre le blé; de plus, il était tourneur et potier, et capable de fabriquer dans la perfection toutes sortes d'ouvrages en bois ou en terre; en un mot, il méritait fort bien le nom de *Factotum* que nous lui donnâmes.

Je menais encore avec moi un tailleur, qui s'étant offert pour aller aux Indes à la suite de mon neveu en qualité de passager, consentit ensuite à s'établir dans ma colonie. C'était un garçon fort adroit, et que je trouvai, dans l'occasion, d'un grand service, par rapport à plusieurs choses même éloignées de son métier.

Ma cargaison consistait en une assez grande quantité de toiles et de petites étoffes minces propres à habiller les Espagnols que je m'attendais à trouver dans mon île; il y en avait assez, selon mon calcul, pour les tenir bien vêtus pendant plus de sept ans. Si l'on y ajoute tous les autres objets nécessaires à les couvrir, comme gants, chapeaux, souliers, bas, il y en avait environ pour trois cents livres sterling, y compris tout ce qu'il fallait pour des lits, la batterie de cuisine, pots, chaudrons, et du cuivre pour en faire un plus grand nombre. J'y avais joint à peu près cent livres pesant de fer travaillé, comme clous, outils de toute espèce, crochets, gonds, serrures, etc.

Je ne dois pas oublier une centaine d'armes à feu de réserve, mousquets, fusils, pistolets, beaucoup de plomb de tout calibre; et deux pièces de canon de bronze. Comme il m'était impossible de prévoir les dangers auxquels ma colonie pouvait être exposée un jour, j'avais encore chargé le vaisseau d'une centaine de barils de poudre à canon, d'épées, de sabres, et de plusieurs fers de piques et de hallebardes. Je priai de plus mon neveu de prendre avec lui deux petits canons de tillac de plus que le nombre qu'il lui en fallait, afin de les laisser dans l'île, s'il était nécessaire d'y bâtir un fort, et de la mettre en défense contre quelque ennemi. Cette précaution n'était pas inutile, comme j'eus lieu de le penser en arrivant; et l'on verra par la suite de cette histoire, qu'il n'en fallait pas moins pour se maintenir dans la possession de l'île.

CHAPITRE II.

Ce voyage réussit beaucoup mieux que les autres que j'avais faits sur mer; cependant nous eûmes d'abord des vents contraires, et quelques autres contre-temps qui firent durer le voyage plus que je n'avais espéré. Mon voyage de Guinée avait été jusque là l'unique dont je fusse revenu comme je l'avais projeté; ce qui me fit croire que je serais toujours malheureux dans mes courses : ma destinée était de n'être jamais content à terre et de rencontrer toujours des obstacles en mer.

Les vents contraires qui nous poussèrent au commencement vers le nord, nous forcèrent à entrer dans le port de Collowart en Irlande, et nous y retinrent pendant vingt-trois jours; mais nous avions cet agrément, que les vivres y étaient en abondance et à bon marché; de sorte que, bien loin de diminuer nos provisions, nous eûmes occasion de les augmenter. Je fis embarquer plusieurs cochons, des veaux et deux vaches, que j'avais dessein, si nous avions un heureux passage, de débarquer dans mon île, mais je fus obligé d'en disposer autrement.

Nous remîmes à la voile le 5 de février avec un vent frais qui dura pendant plusieurs jours, sans aucune mauvaise rencontre, excepté un accident qui vaut bien la peine d'être rapporté dans toutes ses circonstances. Le soir du 20 février, le matelot qui était en sentinelle vint nous dire qu'il avait vu de loin un éclat de lumière suivi d'un coup de canon, et immédiatement après, un mousse annonça que le bessemàn en avait entendu un second. Nous montâmes aussitôt sur le tillac, où, pendant quelques momens, nous n'entendîmes rien; mais peu de minutes après, nous découvrîmes une grande lumière, et nous conjecturâmes que c'était celle d'un incendie.

Nous eûmes d'abord recours à notre estime, qui nous fit convenir unanimement qu'il ne pouvait y avoir de ce côté aucune terre, à moins de cinq cent lieues de distance; car cette lumière paraissait à l'ouest-nord-ouest de nous : d'où nous conclûmes que le feu devait avoir pris à quelque vaisseau : les coups de canon qu'on venait d'entendre nous persuadèrent que nous ne pouvions en être loin, et nous étions sûrs qu'en suivant notre route nous en approchions, parce que de moment à autre la flamme nous paraissait plus grande. Cependant, le temps se trouvant d'abord nébuleux, nous ne pûmes rien voir que du feu; mais, une demi-heure après, poussés par un vent favorable, quoique assez faible, et le temps s'étant un peu éclairci, nous aperçûmes distinctement un grand vaisseau dévoré par le feu au milieu de la mer.

Je fus sensiblement touché de ce triste spectacle, quoique rien ne m'attachât aux personnes qui étaient en péril que les liens ordinaires de l'humanité. Ces sentiment de compassion furent vivement excités en moi par le souvenir de l'état où j'étais lorsque le capitaine portugais me recueillit à son bord au milieu de l'océan, état qui n'était pas, à beaucoup près, aussi déplorable que le situation où devaient se trouver les malheureux qui montaient ce vaisseau, s'il n'y avait aucun autre bâtiment qui allât avec eux de conserve. J'ordonnai qu'on fît feu de cinq canons, l'un immédiatement après l'autre, afin de leur apprendre qu'il y avait à peu de distance un navire prêt à les secourir et qu'ils redoublassent d'efforts pour se sauver de notre côté dans leur chaloupe, car bien que nous pussions voir leur vaisseau éclairé par la flamme, il leur etait impossible de nous apercevoir, à cause de l'obscurité de la nuit.

Nous mîmes à la cape (1) pendant quelque temps, et, en attendant le jour, nous laissâmes aller le vaisseau du côté où nous découvrimes le bâtiment embrasé; mais, pendant cette manœuvre, nous vimes avec une grande frayeur, quoique nous eussions lieu de nous y attendre, le navire sauter en l'air, et quelques momens après, le feu s'éteindre tout-à-coup, parce que, sans doute, le reste du vaisseau était allé au fond. C'était un spectacle terrible et affligeant, surtout par la pitié qu'il nous inspira pour les malheureux qui devaient être détruits par les flammes, ou bien errer avec leur chaloupe sur le vaste océan. Les ténèbres ne nous permettant pas d'en juger, la prudence voulait que je supposasse le second cas, et, pour les guider du mieux qu'il nous était possible, je fis descendre des lanternes sur tous les côtés du vaisseau, et tirer le canon durant toute la nuit, afin de leur faire connaître qu'ils n'étaient pas loin de nous

Le lendemain, à huit heures environ, nous découvrimes, par le moyen de nos lunettes d'approche, deux chaloupes surchargées de monde, et nous aperçumes que ces infortunés, ayant le vent contraire, ramaient de toutes leurs forces, et que, nous ayant vus, ils multipliaient les signaux pour diriger nos regards vers eux.

(1) *Mettre à la cape*, c'est ne se servir que de la *grande voile*, portant le *gouvernail* sous le vent, pour laisser aller le vaisseau à la *dérive*, c'est-à-dire de la route qu'il tient.

Nous leur donnâmes à notre tour le signal ordinaire de venir à bord, et en même temps nous fîmes plus de voiles pour nous mettre plus à portée. En moins d'une demi-heure, nous les joignîmes et les fîmes tous entrer dans le vaisseau. Ils étaient pour le moins soixante, tant hommes que femmes et petits enfans ; car il y avait parmi eux plusieurs passagers.

Nous apprîmes que le vaisseau incendié était de trois cents tonneaux, allant de Quebec dans la rivière de Canada, vers la France, et le maître nous raconta en détail toutes les particularités de ce désastre.

Le feu avait commencé par l'imprudence du timonier, dans la gésole ou cabinet où l'on met la boussole, les chandelles, etc. Tout le monde était accouru au secours, on l'avait cru absolument éteint ; mais on ne tarda guère à s'apercevoir que des étincelles étaient tombées dans certains endroits du vaisseau où il était impossible d'atteindre. De là le feu avait gagné la quille, d'où il s'était répandu par tout le corps du bâtiment avec une telle violence que ni le travail, ni l'industrie n'avaient été capables de le maîtriser. Le seul parti qui leur était resté à prendre avait été d'abandonner le navire ; par bonheur, ils avaient deux chaloupes assez grandes, et un petit esquif qui ne leur avaient servi jusqu'alors qu'à y mettre des provisions et de l'eau fraîche. Dans cette situation, toute leur consolation était d'avoir échappé au feu, sans pouvoir espérer raisonnablement de se sauver, étant à une si grande distance de terre. Le seul bonheur dont ils pouvaient se flatter était de trouver quelque bâtiment en mer qui voulût bien les recueillir sur son bord. Ils avaient des voiles, des rames, une boussole et ils se préparaient à retourner vers Terre Neuf avec un vent favorable, toute la provision qu'ils avaient aurait à peine suffi pour les empêcher de mourir de faim pendant douze jours, durant lesquels, s'ils avaient le vent favorable, ils espéraient arriver jusqu'au banc, et s'y soutenir par le moyen de la pêche, jusqu'à ce qu'ils pussent venir à terre ; mais ils avaient à craindre tant de hasards, de tempêtes, de vents contraires, de pluies capables de les engloutir, qu'ils ne pouvaient espérer de se sauver que par une espèce de miracle.

Au milieu de leurs délibérations, et lorsqu'ils étaient presque tout désespérés, ils avaient entendu avec une joie inexprimable un coup de canon, suivi de quatre autres; leur courage en avait été vivement ranimé, et, suivant mon intention, ils avaient compris par-là qu'ils étaient à la portée d'un vaisseau qui leur offrait du secours. Ils avaient aussitôt mis bas les mâts et leurs voiles, parce que le vent ne leur permettait pas de nous approcher; et quelque temps après, leurs espérances avaient été redoublées par la vue de nos lumières et par nos coups de canon, qui se succédèrent par intervalles pendant toute la nuit, ils avaient aussi tiré trois coups de mousquet, mais nous ne les avions pas entendus à cause du vent contraire. Ils avaient mis leurs rames à l'eau pour s'empêcher du moins d'être emportés par le vent, afin que nous puissions les approcher plus facilement. A la fin ils s'étaient aperçus, avec une satisfaction inexprimable, que nous les avions en vue.

Il m'est impossible de dépeindre les gesticulations surprenantes, les extases et les postures variés avec lesquelles ces malheureux exprimaient la joie qu'ils ressentaient d'une délivrance si peu attendue.

Quelques-uns étaient noyés de larmes; d'autres, furieux, déchiraient leurs habits, comme s'ils eussent été dans le plus grand désespoir. Les uns paraissaient fous à lier, couraient çà et là, frappaient du pied et se tordaient les mains; les autres dansaient, chantaient, faisaient des éclats de rire et poussaient des cris de joie. Ceux-ci étaient tout stupéfaits, étourdis et incapables de prononcer une parole; ceux-là étaient malades, et semblaient être près de tomber en faiblesse, enfin le plus petit nombre remerciaient Dieu de leur délivrance.

Il se peut bien que leur tempérament contribuât à l'excès de leurs transports: c'étaient des Français, peuple plus vif, plus passionné, et plus propres que tout autre à se porter aux extrêmes.

Il y avait deux prêtres parmi ces malheureux : l'un encore jeune, l'autre avancé en âge, et, ce qu'il y a de plus surprenant, le plus vieux était le moins sage. Dès qu'il mit le pied sur le bord de notre vaisseau, il tomba tout raide comme s'il était mort. Notre chirurgien mit d'abord en usage les remèdes propres à le faire revenir à lui ; étant le seul dans le vaisseau qui lui crût encore un souffle de vie : après lui avoir frotté les bras, il le saigna. Le sang ne coula d'abord que goutte à goutte, mais il sortit ensuite avec plus de liberté. Trois minutes après, le vieillard ouvrit les yeux ; et, en un quart d'heure de temps, il parla et fut entièrement rétabli. Dès que le sang fut arrêté, il se mit à se promener, en nous assurant qu'il se portait bien, et le chirurgien jugea qu'il était à propos de lui donner un verre de liqueur cordiale. Après un quart d'heure d'intervalle, quelques Français vinrent dans la chambre où le chirurgien était occupé à saigner une femme ; disant que le prêtre avait absolument perdu l'esprit, peut-être qu'ayant réfléchi avec trop d'attention sur le changement subit de son état, cette réflexion l'avait jeté dans une nouvelle extase de joie. Le chirurgien ne trouva pas convenable de renouveler la saignée ; mais il lui donna quelque substance pour l'assoupir : ce qui opéra quelque temps après, et le lendemain il s'éveilla également sain de corps et d'esprit.

Le jeune prêtre modéra ses passions avec une grande fermeté, et nous donna le vrai modèle d'un esprit sensé et maître de lui-même. Dès qu'il fut à notre bord, il se prosterna pour rendre grâce à Dieu de son heureuse délivrance je fus assez malheureux pour le troubler dans cette louable action, le croyant évanoui. Alors il leva la tête pour me dire d'un air fort tranquille qu'il était occupé à témoigner sa reconnaissance à Dieu. — Je vous conjure, ajouta-t-il, de me permettre de continuer encore quelques momens ; j'aurai l'honneur ensuite de vous remercier comme celui à qui après le ciel, je suis redevable de la vie. J'étais trèsmortifié de l'avoir interrompu, et non-seulement je le laissai en repos, mais j'empêchai les autres de le troubler dans sa dévotion.

Après être demeuré dans cette posture pendant quelques minutes, il vint me joindre, et d'une manière tendre et grave en même temps, les yeux pleins de larmes, il me remercia, et rendit grâce à Dieu de s'être servi de moi pour sauver la vie à tant d'autres misérables. Je lui répondis que j'étais charmé de lui avoir donné cette occasion de marquer sa reconnaissance envers le ciel; que je n'avais rien fait que ce que la raison et l'humanité doivent inspirer à tous les hommes, et que je croyais devoir de mon côté remercier le Seigneur de ce qu'il s'était servi de moi pour conserver à tant de créatures la vie qu'elles lui devaient.

Après cette conversation, cet homme de bien fit tous ses efforts pour calmer les passions de ses compatriotes par des exhortations, des prières, des raisonnemens, enfin par tout ce qui était capable de leur faire renfermer leur joie dans les bornes de la modération. Il réussit assez bien avec quelques uns; mais la plupart ne se possédaient pas assez pour profiter de ses leçons.

Nous fûmes un peu dérangés le premier jour par les transports de nos hôtes; mais, après leur avoir donné les logemens que notre vaisseau était en état de fournir, et lorsqu'ils eurent dormi, nous les vîmes tout autres.

Ils nous prodiguèrent toutes les marques de reconnaissance que les sentimens et la politesse sont capables de dicter. Le capitaine et un des religieux me vinrent voir le lendemain pour me dire qu'ils souhaitaient de me parler, ainsi qu'à mon neveu, afin de nous consulter sur leur sort. Dès que mon neveu fut venu, ils commencèrent par nous dire que tout ce qu'ils avaient au monde n'était pas capable de nous récompenser du service important que nous leur avions rendu. Le capitaine prit alors la parole, et me dit qu'ils avaient sauvé de l'argent, qu'ils avaient dans leurs chaloupes d'autres choses de prix arrachées des flammes à la hâte, et qu'ils avaient ordre de nous offrir tout si nous voulions bien l'accepter; qu'ils nous conjuraient seulement de les mettre à terre en quelque endroit d'où il leur fût possible de gagner la France.

Mon neveu fut d'abord assez porté à recevoir leurs présens, quitte à examiner ensuite ce qu'il pourrait faire en leur faveur; mais j'eus assez de pouvoir sur lui pour l'en détourner, sachant ce que c'est que d'être abandonné dans un pays étranger sans argent. Je me ressouvins que, si le capitaine portugais en eût usé de cette manière avec moi, et m'avait fait acheter ses services de tout ce que je possédais au monde, je serais mort de faim, à moins que de rentrer dans un esclavage pareil à celui que j'avais souffert en Barbarie, et peut-être pire.

Je répondis au capitaine français que, si nous l'avions secouru lui et les siens dans le malheur, nous n'avions fait que ce que l'humanité exigeait que nous fissions pour notre prochain, et que nous souhaitions qu'on fît de même pour nous en pareille nécessité. Nous sommes persuadés, lui dis-je, que vous nous auriez donnée même assistance si vous aviez été dans notre situation et nous dans la vôtre, et que vous nous l'auriez donnée sans aucune vue d'intérêt. Nous vous avons pris sur notre bord, monsieur, poursuis-je, pour vous sauver, non pour jouir de vos dépouilles, et je ne trouverais rien de plus barbare que de vous mettre à terre après vous avoir pris les misérables restes que vous avez arrachés aux flammes; ce serait vous avoir conservé la vie pour vous immoler ensuite nous-mêmes; ce serait vous avoir empêché de vous noyer pour vous faire mourir de faim : ne croyez donc pas que je permette qu'on accepte la moindre chose de ce que la reconnaissance vous porte à nous offrir. Pour ce qui regarde le parti que vous nous proposez, de vous mettre à terre, la chose est d'une grande difficulté. Notre vaisseau est destiné pour les Indes-Orientales, quoique nous nous soyons détournés considérablement de notre course du côté de l'ouest, dirigé sans doute par la Providence pour vous tirer d'un danger si terrible. Nous ne sommes pas les maîtres de changer notre route de propos délibéré pour l'amour de vous; mon neveu le capitaine ne pourrait se justifier devant les propriétaires envers lesquels il s'est engagé à continuer son voyage, après avoir touché au Brésil. Tout ce qu'il nous est possible de faire pour vous, c'est de diriger notre troupe du côté où nous pouvons nous attendre à rencontrer des navires qui reviennent des Indes occidentales, et de vous procurer par là le moyen de passer en Angleterre ou en France.

La première partie de ma réponse était si pleine d'humanité et de générosité même, que ces messieurs ne pouvaient qu'en être extrêmement satisfaits; mais il n'en était pas ainsi quant au reste, et les passagers surtout craignaient d'être obligés d'aller avec nous jusqu'aux Indes orientales. Ils me conjurèrent, puisque nous étions tellement dérivés du côté de l'ouest avant que de les rencontrer, d'avoir du moins la bonté de suivre le même cours jusqu'au banc de Terre-Neuve, où peut-être ils pourraient louer quelque bâtiment pour retourner au Canada, d'où ils étaient partis.

Je trouvai cette proposition raisonnable, et j'étais fort porté à la leur accorder : je considérais que de traîner tout cet équipage jusqu'aux Indes ne serait pas seulement un parti triste et insupportable pour eux, mais qu'il pourrait entièrement ruiner notre voyage, en faisant une brèche irréparable à nos provisions de bouche. Je ne croyais pas d'ailleurs enfreindre le contrat que mon neveu avait fait avec ses marchands en me prêtant à un accident imprévu. Certes, les lois de la nature ne pouvaient nous permettre d'abandonner à une mort aussi inévitable un si grand nombre d'hommes; et puisque nous les avions pris à notre bord, nous ne pouvions nous dispenser de les mettre quelque part à terre, je consentis donc à suivre notre route comme ils le souhaitaient, et si les vents rendaient la chose impossible, je leur promis de les débarquer à la Martinique.

Le temps continuait à être beau; mais il régnait un vent assez vigoureux, qui resta quelques jours entre le nord-est et le sud-est, ce qui nous fit manquer plusieurs occasions d'envoyer nos gens en Europe. Nous rencontrâmes, il est vrai, plusieurs vaisseaux destinés pour cette partie du monde; mais ils avaient lutté si long-temps avec les vents contraires qu'ils n'osèrent se charger de passagers, de peur de mourir de faim tous ensemble. De cette manière, nous fûmes forcés de pousser notre voyage jusqu'à ce que nous arrivâmes au banc de Terre-Neuve, après une semaine de navigation. Nous mîmes nos Français dans une barque qu'ils avaient louée en pleine mer pour les descendre à terre; et de là les conduire en France, s'il leur était possible de trouver en cet endroit assez de provisions, pour s'avitailler.

Le seul passager français qui restait sur notre bord fut le jeune prêtre; ayant appris que nous avions dessein d'aller aux Indes, il souhaita de faire le voyage avec nous, et d'être mis à terre sur la côte de Coromandel. J'y consentis avec plaisir. Cet homme me plaisait beaucoup, et non sans raison. Quatre matelots s'engagèrent avec nous, c'étaient de braves gens qui nous furent d'un grand service.

De là nous prîmes la route des Indes occidentales, en faisant cours du côté du sud et du sud-quart à l'est, sans avoir beaucoup de vent pendant une vingtaine de jours. Nous étions dans cette situation, quand nous trouvâmes de nouveau l'occasion d'exercer notre humanité sur un objet tout aussi déplorable que le premier.

CHAPITRE III.

Le 19 de mars 1695, étant dans la latitude septentrionale de 27 degrés 5 minutes, et faisant cours sud-est et sud-est quart au sud, nous découvrîmes un grand vaisseau venant à nous. Nous ne pûmes d'abord le voir distinctement; mais en étant plus près, nous aperçûmes qu'il avait perdu le perroquet du grand mât, le mât d'artimon et le beaupré. Il tira d'abord un coup de canon pour nous faire savoir sa détresse. Nous avions un vent frais nord nord-est, et en peu de temps nous fûmes à portée de l'arraisonner.

Nous apprîmes qu'il était de Bristole, et qu'il revenait des Barbades, mais qu'aux Barbades même il avait été jeté hors de sa route par un furieux ouragan, quelques jours avant qu'il fût prêt à mettre à la voile, et lorsque le capitaine et le premier contre-maître étaient encore à terre, de manière qu'outre la violence de la tempête, il avait manqué à ce vaisseau des hommes capables de le conduire. Il avait été attaqué par un second orage, qui l'avait absolument dérouté du côté de l'ouest, et réduit dans le triste état où nous le rencontrâmes. L'équipage s'était attendu à découvrir les îles de Bahama; mais il s'en était vu éloigné et jeté vers le sud-est par un vent gaillard de nord-nord-est, précisément celui que nous avions alors; enfin n'ayant qu'une voile au grand mât et une autre attachée à une espèce de mât d'artimon dressé à la hâte, il n'avait pas eu le moment de serrer le vent, de sorte que l'équipage avait fait en vain tous les efforts possibles pour atteindre les îles Canaries.

Ce qui mettait le comble à leur malheur, c'est qu'outre la fatigue que leur avaient causé ces deux tempêtes, ils mouraient de faim. Il ne leur restait pas une seule once de pain ni de viande depuis plus de onze jours, et leur unique consolation était de n'avoir pas encore entièrement consommé leur eau et ils avaient encore environ un demi-tonneau de farine. Pour du sucre il leur en restait abondamment, sans compter sept barils de rhum; ils avaient dévoré une assez grande quantité de confitures.

Il y avait à bord, comme passager, un jeune homme avec sa mère et une servante. Croyant le vaisseau prêt à mettre à la voile, ils s'étaient embarqués par malheur le soir avant ce terrible ouragan, et n'ayant plus rien de leurs provisions particulières, ils s'étaient trouvés dans une situation plus déplorable que les matelots, qui, réduits à la dernière extrémité eux-mêmes, n'avaient pas été susceptibles de compassion. On peut juger s'il est facile de décrire la malheureuse situation où s'était trouvée cette famille.

Peut-être n'aurai-je su jamais cette particularité, si le temps se trouvant être doux et la mer calme, ma curiosité ne m'eût porté à venir à bord de ce malheureux navire. Le second contre-maître, forcé, dans cette extrémité, de prendre le commandement du vaisseau, s'étant rendu à notre bord, m'avait parlé de ces passagers comme de gens qu'il croyait morts; il n'en avait plus rien appris depuis plus de deux jours, parce qu'il avait eu peur de s'en informer, n'étant pas en état de les soulager dans leur misère.

Nous fîmes d'abord tous nos efforts pour donner à ce malheureux équipage le secours qu'il était en notre pouvoir, et j'avais assez d'empire sur l'esprit de mon neveu pour le porter à les avitailler entièrement, quand même nous aurions été par-là contraints d'aller dans la Virginie, ou sur quelque autre côte de l'Amérique, faire de nouvelles provisions pour nous-mêmes. Mais heureusement nous ne fûmes pas obligés de pousser notre charité jusqu'à ce point.

Ces malheureux étaient alors exposés à un nouveau péril, et il y avait tout à craindre de leur gourmandise. Le contre-maître nous en amena six dans la chaloupe, qui paraissaient autant de squelettes, et qui avaient à peine la force de remuer leurs rames. Il était lui-même à moitié mort, n'ayant rien réservé pour lui, et s'étant contenté de la portion donnée au moindre matelot.

En mettant quelques mets devant lui, je l'avertis d'en user avec lenteur et avec sobriété; mais à peine eut-il mangé trois bouchées, qu'il se trouva mal. Il fut assez prudent pour s'arrêter d'abord, et notre chirurgien lui fit préparer un bouillon propre à lui servir de remède et de nourriture tout ensemble; il fut mieux dès qu'il l'eut pris. Je n'oubliais pas cependant ses compagnons, à qui je donnai aussi de quoi manger. Ils dévoraient véritablement, étant si affamés qu'ils avaient contracté une espèce de rage qui les empêchait d'être en aucune manière maîtres d'eux-mêmes. Il y en eut deux d'entre eux qui mangèrent avec tant d'avidité, que le jour suivant ils en pensèrent mourir.

Ce spectacle était fort touchant pour moi et me rappelait la misère à laquelle je m'attendis autrefois en mettant le pied sur le rivage de mon île, sans avoir la moindre provision, et sans connaître aucun moyen de trouver des vivres pour une seule journée, exposé à servir bientôt moi-même de nourriture aux bêtes féroces.

Pendant tout le temps que le contre-maître fut occupé à me faire le récit détaillé de la détresse de son équipage, mes pensées roulaient sans cesse sur le sort des trois passagers, la mère, le fils et la servante, dont il n'avait rien entendu dire depuis deux jours, et que la disette extrême de ses propres gens l'avait forcé à négliger, selon son propre aveu. Je compris qu'à la fin il ne leur avait donné aucune nourriture, et j'en conclus qu'ils devaient tous trois être morts de faim.

Je retins le contre-maître, que nous appelions alors le capitaine, à notre bord avec ses gens, pour qu'ils reprissent vigueur par de bons alimens; et, songeant à rendre le même service au reste de l'équipage, je fis conduire à leur navire notre contre-maître avec la chaloupe montée de douze hommes, et chargée d'un sac plein de pain, et de six grosses pièces de bœuf. Notre chirurgien donna ordre à mes matelots de faire bouillir cette viande en leur présence, et de placer des sentinelles dans la chambre du cuisinier, pour empêcher ces gens affamés de dévorer la viande crue, et de ne leur en donner d'abord qu'une petite portion. Cette sage précaution leur conserva la vie, et si on l'avait négligée, ils eussent péri par le moyen de ces mêmes alimens qui leur étaient donnés pour les empêcher de mourir.

J'ordonnai à notre contre-maître d'aller dans la chambre des passagers pour prendre connaissance de leur état, et leur donner des rafraîchissemens nécessaires, s'ils étaient encore en vie. Le chirurgien l'avait pourvu en conséquence d'une grande écuelle pleine de bouillon préparé, qui avait fait tant de bien au pauvre contre-maître, et qui, selon lui, était capable de les rétablir par degrés.

Peu satisfait de toutes ces mesures, et désirant voir de mes propres yeux le triste spectacle que ce vaisseau me fournirai d'une manière plus vive, que ne pourrait jamais le faire aucun récit, je suivis nos gens avec la chaloupe.

Je trouvai tous ces pauvres affamés dans une espèce de sédition, et prêts à enlever la viande du chaudron par force ; mais mon contre-maître, faisant son devoir, avait placé une sentinelle à la porte de la chambre du cuisinier ; et voyant qu'il n'obtenait rien pas ses exhortations, il employa la violence pour leur faire du bien en dépit d'eux-mêmes. Il eut pourtant la condescendance de tremper quelques biscuits dans le pot, et de leur en donner un à chacun pour apaiser la fureur de leur appétit, les priant de croire que c'était pour leur propre conservation qu'il ne leur en donnait que peu à la fois ; mais rien n'était capable de les calmer ; si je ne fusse survenu avec leurs propres officiers, et si je n'avais pas ajouté à mes exhortations la terrible menace de ne leur donner rien, à moins qu'ils ne se tinssent en repos, je crois en vérité qu'ils auraient forcé la chambre du cuisinier, et qu'ils auraient dévoré la viande avant qu'elle fût cuite. Nous les apaisâmes pourtant ; et, commençant à les nourrir par degrés, nous leur permîmes à la fin de manger autant qu'ils le désiraient, et tout alla mieux que je ne l'eusse pensé.

La misère des passagers était plus terrible que celle de l'équipage. Comme les matelots avaient eu d'abord peu de chose pour eux-mêmes, ils leur avaient donné des portions extrêmement petites; à la fin, ils les avaient absolument négligés, de manière que depuis six ou sept jours ils n'avaient eu rien du tout à manger, et fort peu de chose les deux ou trois jours précédens. La pauvre mère, à ce que l'équipage nous rapporta, était une femme de bon sens et très-bien élevée, qui, ayant épargné pour son fils, avec une tendresse véritablement maternelle, tout ce qu'elle pouvait, avait enfin perdu ses forces. Quand notre contre-maître entra dans sa chambre, il la vit assise à terre, appuyée contre un des côtés du vaisseau, entre deux chaises liées ensemble, la tête enfoncée entre ses épaules, et semblable à un cadavre, quoiqu'elle ne fût pas tout à fait morte. Il fit tout ce qu'il put pour la rappeler à elle, et lui rendre des forces; il lui mit un peu de bouillon dans la bouche avec une cuillère, elle ouvrit les lèvres, leva une de ses mains et s'efforça enfin de lui parler. Elle entendit ce qu'il lui disait; mais, en lui faisant signe que ce secours venait trop tard pour elle, elle lui montra du doigt son fils, comme si elle voulait le prier d'en avoir soin.

Touché d'une pitié extraordinaire pour cette tendre mère, il redoubla d'efforts pour lui faire avaler un peu de bouillon, et, à ce qu'il crut, il en fit descendre dans son estomac deux ou trois cuillerées; quoi qu'il en soit, il ne prit que des peines inutiles, puisque la nuit d'après elle mourut.

Le jeune homme, dont elle avait conservé la vie aux dépens de la sienne, n'était pas réduit à une extrémité tout à fait aussi grande; nous le trouvâmes cependant étendu raide dans un petit lit, et à moitié mort. Il tenait dans sa bouche un morceau d'un vieux gant dont il avait mangé le reste. Le contre-maître réussit à lui faire avaler un peu de bouillon, et il sembla se ranimer, mais lorsque, quelques momens après, il lui en fit avaler trois ou quatre cuillerées, le pauvre garçon les rendit immédiatement après.

La servante, étendue près de sa maîtresse, luttait avec la mort: d'une de ses mains elle avait saisi le pied d'une chaise, et le tenait si ferme, qu'on eut bien de la peine à lui faire lâcher prise; son autre bras était étendu au-dessus de sa tête, et ses deux pieds appuyés avec force contre une table. En un mot, elle semblait être à l'agonie, mais elle n'était pas morte.

Cette pauvre fille n'avait pas été seulement affaiblie par la famine et effrayée par la pensée d'une mort prochaine, mais elle était extrêmement inquiète pour sa maîtresse, qu'elle voyait mourante depuis quelques jours, et pour qui elle avait tout l'attachement imaginable.

Nous ne savions comment faire avec cette malheureuse fille; car, lorsque notre chirurgien, homme savant et expérimenté, lui eut rendu, pour ainsi dire, la vie, il eut une seconde cure relativement à son cerveau, qui parut pendant plusieurs jours absolument renversé.

Quiconque lira le récit de ce tragique accident, doit songer qu'il n'est pas possible, quelque humanité que l'on ait, de faire sur mer ce que l'on peut faire sur terre. Il s'agissait de donner du secours à ce malheureux équipage, mais non de rester avec lui; et, quoiqu'il désirât fort d'aller de conserve avec nous pendant quelques jours, nous n'avions pas le loisir d'attendre un vaisseau qui avait perdu ses mâts. Néanmoins, lorsque le capitaine nous conjura de l'aider à dresser un perroquet au grand mât, et un autre à son artimon, nous voulûmes bien mettre à la cape pendant trois ou quatre jours. Ensuite, après lui avoir donné cinq ou six tonneaux de bœuf et de lard, une bonne provision de biscuit, de la farine et des pois, et avoir accepté pour paiement trois caisses de sucre, une quantité assez grande de rhum et quelques pièces de huit, nous le quittâmes en prenant sur notre bord, à leur instante prière, un prêtre avec le jeune homme, la servante et tout ce qui leur appartenait.

Le jeune homme était un garçon de dix-sept ans, bien fait, modeste et fort raisonnable. Il paraissait accablé de la mort de sa mère, ayant encore depuis peu perdu son père dans les Barbades.

Il s'était adressé au chirurgien pour me prier de le prendre dans mon vaisseau, et de le tirer d'avec ceux qu'il appelait les meurtriers de sa mère : en effet, ils l'étaient en quelque sorte ; car ils auraient pu épargner de leur portion quelque petite chose pour soutenir la vie de cette misérable veuve, quand ce n'aurait été que pour l'empêcher de mourir ; mais la faim ne connaît ni humanité, ni parenté, ni amitié, ni justice ; elle est sans remords et sans pitié.

Le chirurgien mettait en vain devant ses yeux la longueur du voyage qui devait le séparer de tous ses amis, et qui pouvait le rejeter dans un aussi mauvais état que celui d'où il venait de sortir ; il dit qu'il lui était indifférent de quel côté il allât, pourvu qu'il se séparât de ce cruel équipage, et que le capitaine (c'est de moi qu'il entendait parler, ne connaissant pas encore mon neveu) serait trop honnête homme pour lui donner le moindre chagrin après lui avoir sauvé la vie ; que pour la servante si elle revenait dans son bon sens, elle nous suivrait volontiers partout, et qu'elle recevrait comme un grand bienfait la permission d'entrer dans notre navire.

Le chirurgien me fit cette propositon d'une manière si pathétique que je l'acceptai, et je les pris tous deux avec tout leur bien, excepté onze caisses de sucre qu'il fut impossible d'atteindre ; mais comme le jeune homme en avait une reconnaissance, je fis signer un billet au commandant par lequel il promettait d'aller, dès son arrivée à Bristol, chez un certain M. Roger, parent du jeune homme, et marchand de cette ville, et de lui donner une lettre de ma part avec tout ce qui avait appartenu à la défunte veuve. Mais il paraît que toutes ces précautions ont été inutiles ; car je n'ai jamais appris que ce vaisseau fût arrivé à Bristol. Il est très-probable qu'étant fort endommagé, et faisant eau de toutes parts il aura coulé à fond à la première tempête.

Nous étions à la latitude de 19 degrés 32 minutes, et nous avions eu jusqu'alors un voyage assez heureux par rapport au temps, excepté qu'au commencement nous avions éprouvé des vents contraires. Mon dessein n'est pas de fatiguer le public du récit de quelques incidens peu considérables, comme changement de vents, ouragans, beau temps et pluies, etc. Je dirai donc que je découvris mon île le 10 avril 1695. Ce ne fut pas sans de très-grandes difficultés que je la trouvai ; j'y étais entré autrefois, et j'en étais sorti du côté du sud-est vers le Brésil ; mais faisant route alors entre l'île et le continent, et n'ayant point de carte de cette côte, ni aucune marque particulière à laquelle je pusse la reconnaître, je la vis sans savoir que ce fût elle.

Nous croisâmes pendant long-temps de côté et d'autre ; nous mîmes pied à terre dans plusieurs îles situées à l'embouchure du fleuve Orénoque, mais sans parvenir à notre but ; j'appris seulement, en suivant ces côtes, que j'avais été autrefois dans l'erreur, en croyant que la terre que je découvrais était le continent. C'était une île fort étendue, ou plutôt une longue suite d'îles situées vis-à-vis du grand espace qu'occupe l'embouchure de ce fleuve. Les Sauvages qui abordaient de temps en temps à mon île, n'étaient pas proprement des Caraïbes, mais des insulaires qui habitaient les lieux les plus proches de moi. Je visitai en vain, comme j'ai dit, plusieurs de ces îles ; j'en trouvai quelques-unes habitées et d'autres désertes. Dans une, entre autres, je vis quelques espagnols, et je crus d'abord que c'étaient ceux que j'avais fait venir dans mes domaines ; mais, en leur parlant, je sus qu'ils avaient près de là une petite chaloupe, et qu'ils étaient venus en cet endroit pour y chercher du sel et quelques huîtres à perles : en un mot, j'appris qu'ils n'étaient point de mes sujets, et qu'ils appartenaient à l'île de la Trinité, qui est plus du côté du nord de 10 ou 11 degrés de latitude.

Enfin allant d'une île à l'autre, tantôt avec le vaisseau, et tantôt avec une chaloupe du vaisseau français, qui était parfaitement bonne, et qu'on nous avait cédée avec plaisir, je gagnai le côté méridional de mon île, que je reconnus aussitôt. Je fis mettre le vaisseau à l'ancre dans une rade sûre, vis-à-vis de la petite baie près de laquelle était mon ancienne habitation.

Dès que j'eus fait cette découverte, j'appelai Vendredi, et je lui demandai s'il savait où il était. Il regarda fixement pendant quelque temps, et puis frappant de joie ses mains l'une contre l'autre, il s'écria : — Oui, oui, oh, voilà, oh ! voilà ! et montrant du doigt mon château, il se mit à chanter et à faire des gambades comme un fou ; j'avais même bien de la peine à l'empêcher de sauter dans la mer et d'aller à terre à la nage.

Eh bien ! Vendredi, lui dis-je, qu'en penses-tu ? trouverons-nous quelqu'un ou non ? ton père y sera-t-il ? Au nom de son père, le pauvre garçon, dont le cœur était si sensible, parut tout troublé ; et je vis les larmes couler de ses yeux en abondance. — Qu'y a-t-il donc, Vendredi ? lui dis-je, es-tu affligé parce qu'il y a apparence que tu verras ton père ? — Non, non, non, non, répondit-il en secouant la tête, moi ne le voir plus. — Eh ! qu'en sais-tu, mon enfant ? lui dis-je ? — Oh ! répartit-il, lui mort long-temps, lui beaucoup vieux homme. — La chose n'est pas encore sûre, lui dis-je, mais enfin crois-tu que nous trouverons quelque autre de nos gens ? Il avait sans doute les yeux meilleurs que les miens ; car, quoique nous fussions à une demi-lieue de terre, il me montra du doigt la colline qui était au-dessus de mon château, s'écriant : — Moi voir beaucoup hommes là, là et là. Je tournai les yeux vers cet endroit ; mais je ne vis rien, pas même avec ma lunette d'approche : ce qui venait probablement de ce que je ne l'avais pas dirigée avec justesse. Il ne laissait pas d'avoir raison, comme je le sus le lendemain ; car cinq ou six de mes sujets avaient été en cet endroit pour voir le vaisseau, ne sachant qu'en penser.

Dès que Vendredi m'eût dit qu'il voyait du monde, je fis mettre pavillon anglais et tirer deux coups de canon pour leur donner à entendre que nous étions amis, et, un demi-quart-d'heure après nous vîmes une fumée s'élever du côté de la petite baie. J'ordonnai en ce moment qu'on mit la chaloupe en mer, avec un drapeau blanc en signe de paix, et prenant Vendredi avec moi et le jeune missionnaire, je me fis descendre à terre. J'avais fait au dernier un récit exact de la manière dont j'avais vécu dans cette île, sans oublier aucune particularité, tant par rapport à moi qu'à l'égard de ceux que j'y avais laissés, et cette histoire lui avait donné grande envie de m'accompagner. J'avais de plus seize hommes bien armés dans ma chaloupe, de peur de rencontrer quelques nouveaux hôtes qui ne fussent pas de mes sujets, mais heureusement cette précaution ne se trouva point nécessaire.

Comme nous allions vers le rivage, dans un moment où la marée était presque haute, nous entrâmes tout droit dans une petite baie, et le premier homme sur lequel je fixai les yeux fut l'Espagnol auquel j'avais sauvé la vie ; je reconnus parfaitement bien ses traits. J'ordonnai d'abord que tout le monde restât dans la chaloupe, et que personne ne me suivît à terre, mais il n'y eut pas moyen de retenir Vendredi : ce tendre fils avait découvert son père à une si grande distance des autres Espagnols, qu'il ne me fut pas possible de le voir, et il est certain que, si on avait voulu l'empêcher d'aller à terre, il se serait jeté dans la mer pour y aller à la nage. A peine avait-il mis le pied sur le rivage, qu'il vola du côté du vieux sauvage avec la vitesse d'une flèche décochée par un bras vigoureux. L'homme le plus insensible n'aurait pu s'empêcher de verser quelques larmes en voyant les transports de joie auxquels ce pauvre garçon s'abandonna en joignant son père. Il l'embrassa, le prit entre ses bras pour le mettre à terre sur le tronc d'un arbre, le regarda fixement, comme un homme qui considère avec étonnement un tableau extraordinaire ; ensuite il se plaça près de lui, l'embrassa de nouveau, se remit sur ses pieds, et continua à le regarder avec attention, comme à la fois enchanté et stupéfait de le revoir. Le lendemain ses tendres extravagances prirent un autre cours. Il se promena plusieurs heures avec lui sur le rivage, le tenant par la main, et de temps en temps il lui allait chercher quelque chose dans la chaloupe, tantôt un morceau de sucre, tantôt un verre de liqueur et tantôt un biscuit, enfin tout ce qu'il croyait capable de faire plaisir au vieillard. L'après-dîné, il s'y prit encore d'une nouvelle manière : il mit le bon homme à terre, et commença à danser autour de lui avec mille postures plus burlesques les unes que les autres ; en même temps il lui parlait, et lui racontait, pour le divertir, quelques particularités de ses voyages.

Je n'aurais jamais fini si je voulais raconter en détail toutes les civilités que me firent les Espagnols. Le premier que je reconnaissais parfaitement bien, comme je l'ai déjà dit, s'approcha de la chaloupe, portant un drapeau de paix et accompagné d'un de ses compatriotes. Non-seulement il ne me reconnut pas d'abord, mais il n'avait pas seulement la pensée que ce pût être moi, avant que je lui eusse parlé. Comment ! lui dis-je d'abord en portugais, vous ne me reconnaissez pas ? Il ne me répondit pas un mot ; mais donnant son fusil à son compagnon, il ouvrit les bras et vint m'embrasser en disant plusieurs choses en espagnol dont je n'entendais qu'une partie. Il me serra dans ses bras, et me demanda mille pardons de n'avoir pas reconnu ce visage qu'il avait considéré autrefois comme celui d'un ange envoyé du ciel pour lui sauver la vie. Il dit encore nombre d'autres choses que la politesse espagnole fournissait à son cœur véritablement reconnaissant, et ensuite, se tournant vers son compagnon, il lui ordonna de faire venir toute la troupe. Il me demanda si j'avais envie de me promener vers son château, afin qu'il eût le plaisir de m'en remettre en possession, sans avoir la satisfaction pourtant de m'y montrer les augmentations et les embellissemens auxquels je devais naturellement m'attendre.

Je le voulus bien ; mais il me fut aussi impossible de

retrouver ma demeure que si je n'y eusse jamais été. Ils avaient planté un si grand nombre d'arbres, ils les avaient arrangés d'une manière si bizarre, et les avaient placés si près l'un de l'autre que ces arbres, ayant pris un accroissement extraordinaire pendant les dix années de mon absence, rendaient mon château absolument inaccessible ; on n'en pouvait approcher que par des chemins si tortueux que c'était un vrai labyrinthe pour tout autre que pour les habitans.

Quand je lui demandai quelle raison l'avait porté à faire tant de fortifications, il me dit que j'en verrais assez la nécessité, quand il m'aurait donné un détail de tout ce qui s'était passé depuis l'arrivée des Espagnols dans mon île. Quoique alors, continua-t-il, je fusse dans une grande consternation de votre départ, je ne laissai pas d'être charmé du bonheur qui vous avait procuré si à propos un navire pour vous tirer de ce désert. J'ai eu fort souvent, continua-t-il, certains mouvemens dans l'esprit qui me persuadaient que vous y reviendriez un jour ; mais je dois avouer que rien ne m'est jamais arrivé dans le cours de ma vie de plus triste et de plus mortifiant que d'apprendre votre départ quand j'ai conduit ici mes compatriotes.

Il ajouta encore qu'il avait une longue histoire à nous raconter touchant les trois barbares que j'avais laissés dans l'île. Il entendait par-là les trois matelots séditieux, et il m'assura que les Espagnols s'étaient trouvés moins à leur aise avec eux qu'avec les Sauvages, parmi lesquels ils avaient mené une si triste vie, excepté que les premiers étaient moins à craindre à cause de leur petit nombre ; car, s'ils avaient été plus nombreux, il y aurait long-temps que nous serions morts. J'espère, monsieur, poursuivit-il, que vous apprendrez sans chagrin qu'une nécessité absolue et le soin de notre propre conservation nous ont forcés de les désarmer et de nous les assujetir. Vous nous pardonnerez cette action assurément, quand vous saurez que non-seulement ils ont voulu être nos maîtres, mais encore nos meurtriers. Je lui répondis que j'avais déjà craint tout de la scélératesse de ces malheureux en quittant l'île, et que j'aurais fort souhaité de le voir auparavant de retour avec ses compagnons, et de les mettre en possession de l'île en leur soumettant les Anglais, comme ils ne l'avaient que trop mérité; que j'étais ravi qu'ils y eussent songé pour moi, bien loin d'y trouver à redire, et que je ne savais que trop que c'étaient des coquins incorrigibles et capables de toutes sortes de crimes.

Pendant ce discours, nous vîmes approcher l'homme qu'il avait envoyé pour avertir ses compagnons de mon arrivée : il était suivi de onze Espagnols, qu'à leur habillement il était impossible de prendre pour tels. Il commença par nous faire connaître les uns aux autres ; il se tourna d'abord de mon côté en me disant : — Monsieur, voilà quelques-uns des gentilshommes qui vous sont redevables de la vie, et ensuite il leur dit qui j'étais et quelle obligation ils m'avaient. Là-dessus ils s'approchèrent tous l'un après l'autre, non comme une troupe de simples matelots qui voudraient faire connaissance avec un homme de leur profession, mais comme des ambassadeurs chargés de haranguer un monarque ou un conquérant. Toutes leurs manières étaient obligeantes et polies, avec une nuance de gravité qui donnait un air de grandeur à leur soumission même. Je puis protester qu'ils savaient beaucoup mieux leur monde que moi, et que j'étais fort embarrassé pour recevoir leurs complimens, bien loin de me sentir en état de leur rendre la pareille.

L'histoire de leur arrivée et de leur conduite dans l'île est tellement remarquable, et présente tant d'incidens qui ont de la liaison avec ce que j'ai rapporté dans la première partie de cette histoire, que je ne saurais m'empêcher de la donner ici avec toutes les particularités qui me paraissent intéressantes.

CHAPITRE IV.

On n'a pas oublié peut-être que j'avais envoyé un Espagnol et le père de Vendredi, sauvés tous deux de la fureur des cannibales, pour aller, dans un grand canot, chercher sur le continent les autres Espagnols, et pour les transporter dans l'île, afin de les tirer du triste état où ils étaient, et de trouver avec eux le moyen de revenir en Europe. Je n'avais pas alors plus de raison pour m'attendre à ma délivrance que je n'en eus vingt ans auparavant d'espérer l'arrivée d'un vaisseau anglais, par le moyen duquel je pusse me tirer de ma triste situation. Par conséquent, lorsque mes gens revinrent, ils ne purent qu'être extraordinairement étonnés en voyant que j'étais parti, et que j'avais laissé dans l'île trois étrangers en possession de tout ce qui m'appartenait : leur surprise fut d'autant plus grande qu'ils s'attendaient à le partager avec moi.

Le voyage de mon Espagnol avec le père de Vendredi n'avait rien présenté de particulier, le temps s'étant trouvé fort doux, et la mer très-calme. Ses compagnons furent charmés de le revoir; il se trouvait le principal d'entre eux, et leur commandant depuis que le capitaine du vaisseau dans lequel ils avaient fait naufrage était mort. Ils furent d'autant plus surpris de le voir, qu'ils le savaient tombé entre les mains des Sauvages, et qu'ils supposaient qu'il en avait été dévoré, selon leur affreuse coutume.

L'histoire de sa délivrance, et la manière dont j'avais pourvu à ses besoins, leur parurent un songe. Mais lorsqu'il leur montra les provisions qu'il apportait pour leur voyage, les armes, la poudre et le plomb, ils furent tirés de leur surprise ; ils se formèrent une idée juste de leur sort et firent tous les préparatifs nécessaires pour passer dans mon île.

Leur premier soin fut d'avoir des canots; obligés de passer les bornes de la probité, en trompant leurs amis les Sauvages, ils leur empruntèrent deux grandes barques sous prétexte d'aller se divertir en mer, ou à la pêche. Le lendemain ils s'embarquèrent dans ces canots. Il ne leur fallut pas beaucoup de temps pour embarquer leurs richesses, n'ayant ni bagage, ni habits, ni vivres, rien en un mot que ce qu'ils avaient sur le corps, et quelques racines dont ils faisaient usage au lieu de pain.

Mes deux envoyés ne furent absens en tout que pendant trois semaines, et à leur retour ils trouvèrent mon domaine en proie à trois scélérats les plus effrontés, les plus déterminés et les plus difficiles à gouverner qu'on aurait pu trouver dans le monde entier.

La seule chose équitable que firent ces coquins fut de donner d'abord ma lettre aux Espagnols, et de leur mettre mes provisions entre les mains, comme je leur avais ordonné. Ils leur remirent encore un grand écrit très-circonstancié, contenant mes directions sur les moyens que j'avais employés pour fournir à ma subsistance et à mes commodités pendant mon séjour dans l'île. Il contenait la manière dont j'avais fait mon pain, élevé mes chèvres apprivoisées, semé mon blé, séché mes raisins, fait mes pots; en un mot, toute ma conduite dans cette déplorable situation. Non-seulement ils livrèrent cet écrit aux Espagnols, dont deux savaient assez d'anglais pour en profiter, mais ils partagèrent avec eux mon château. Le chef des Espagnols avait déjà une idée exacte de ma manière de vivre, ce qui le rendait capable de conduire toutes les affaires de la colonie, avec le secours du père de Vendredi. Pour les Anglais, ils étaient trop grands seigneurs pour se mêler d'une occupation si basse: ils ne songeaient qu'à parcourir l'île, à tuer des perroquets, et à tourner des tortues; le soir, quand ils revenaient au logis, ils trouvaient le souper prêt, grâce aux soins des Espagnols.

Ceux-ci s'en seraient consolés, si les Anglais avaient

seulement voulu les laisser en repos ; mais ils n'étaient pas gens à vivre long-temps en paix ; ils n'avaient pas la moindre envie de songer au bien de cette petite république, et ils ne voulaient pas souffrir que les autres les déchargeassent de ce soin.

Leurs différends, d'abord peu considérables, ne valent pas la peine d'être rapportés ; mais tout d'un coup leur scélératesse éclata de la manière la plus extraordinaire qu'il soit possible d'imaginer. Ils se mirent à faire une guerre ouverte aux Espagnols avec une insolence incroyable, d'une manière contraire à la raison, à leurs intérêts, à la justice et même au sens commun, n'ayant pas seulement le moindre prétexte pour pallier la brutalité de leur conduite.

Il est vrai que je n'en ai su d'abord toutes les particularités que des Espagnols, qui étaient, pour ainsi dire, leurs accusateurs, et dont le témoignage pouvait être suspect : cependant, quand j'eus le loisir de les examiner sur tous les chefs d'accusation, ils n'osèrent en nier un seul.

Mais avant que d'aller plus loin, il faut que je supplée ici à une négligence dont je me suis rendu coupable dans la première partie, en oubliant d'instruire le lecteur d'une particularité qui a une grande liaison avec ce qui va suivre.

Dans le moment que nous allions lever l'ancre pour quitter mon île, il arriva une petite querelle dans le vaisseau, et il était fort à craindre que l'équipage n'en vînt à une seconde sédition. La chose en serait venue là peut-être, si le capitaine, s'armant de tout son courage, et assisté de moi et de ses amis, n'avait saisi deux des plus opiniâtres, et ne les eût fait mettre aux fers, en les menaçant comme rebelles qui retombaient une seconde fois dans le même crime et qui excitaient les autres par leurs discours séditieux, de les tenir en prison jusqu'à ce qu'il les fît prendre en Angleterre.

Quoique le capitaine n'eût pas cette intention, il effraya

tellement par-là plusieurs matelots coupables de la première mutinerie, qu'ils persuadèrent à tout le reste qu'on les amusait seulement par de bonnes paroles, et qu'on les livrerait entre les mains de la justice, dans le premier port d'Angleterre où le vaisseau entrerait. Le contre-maître en eut vent, et nous en avertit; il fut donc résolu que moi, qui passais toujours pour un homme de considération, j'irais leur parler avec le contre-maître, et les assurerais que, s'ils se comportaient bien pendant le reste du voyage, il ne serait jamais parlé du passé. Je m'acquittai de cette commission, et je leur donnai ma parole d'honneur qu'ils n'avaient rien à craindre du ressentiment du capitaine. Ce procédé les apaisa, surtout quand ils virent relâcher à ma prière les deux mutins à qui on avait mis les fers aux pieds.

Cependant cette affaire nous empêcha de faire voile pendant la nuit, et le vent s'étant abattu, nous sûmes le lendemain que les prisonniers qu'on avait relâché, avaient volé chacun un mousquet, quelques autres armes, apparemment de la poudre, et que s'étant glissés dans la pinasse, ils s'étaient sauvés à terre, pour se joindre aux autres mutins, leurs dignes compagnons.

Dès que nous eûmes fait cette découverte, je fis mettre la chaloupe en mer, avec le contre-maître et douze hommes, pour chercher ces coquins; mais ils ne se trouvèrent pas, non plus que les trois autres, car ils avaient tous fui ensemble dans les bois dès qu'ils virent approcher la chaloupe.

Le contre-maître était sur le point de les punir, une fois pour toutes, de leurs mauvaises actions, en détruisant la plantation, et en brûlant tout ce qui pouvait les faire subsister; mais, n'osant le faire sans ordre, il laissa tout dans l'état où il l'avait trouvé, et se contenta de revenir au vaisseau, en ramenant la pinasse.

Par cette nouvelle recrue, le nombre des Anglais dans l'île montait à cinq; mais les trois premiers étaient si supérieurs en méchanceté aux nouveaux venus, qu'après avoir vécu deux jours avec eux, ils les chassèrent de la maison, les obligèrent à pourvoir à leur propre subsistance, et, pendant quelque temps, poussèrent la dureté jusqu'à leur refuser la moindre nourriture. Tous ces événemens eurent lieu avant l'arrivée des Espagnols.

Quand ceux-ci furent venus dans l'île, ils firent tous leurs efforts pour porter ces trois bêtes féroces à se réconcilier avec leurs compatriotes, et à les reprendre dans leur demeure : mais les scélérats ne voulurent pas même en entendre parler.

Ainsi ces deux malheureux furent forcés de vivre à part, et, voyant qu'il n'y avait que l'industrie et l'application qui pussent les mettre en état de subsister, ils établirent leur demeure dans la partie septentrionale de l'île, mais un peu du côté de l'ouest, de peur des Sauvages, qui d'ordinaire débarquaient dans l'île du côté de l'est. C'est là qu'ils construisirent deux cabanes, l'une pour eux et l'autre pour leur magasin. Les Espagnols leur ayant donné du blé pour semer, et une partie des pots que je leur avais laissés, ils se mirent à creuser, à planter et à faire des enclos d'après le modèle que je leur avais prescrit. Quoiqu'ils n'eussent d'abord ensemencé qu'une très-petite portion de terre, ils eurent assez de blé pour faire du pain : et comme un des deux avait été second cuisinier dans le vaisseau, il était fort habile à faire des soupes, des puddings et d'autres mets, autant que leur riz, leur lait et leur viande le permettaient.

Ils étaient dans cette situation, quand les trois coquins dont j'ai parlé vinrent les insulter uniquement pour se divertir. Ils leur dirent que c'était à eux que l'île appartenait, et que le gouverneur leur en avait donné la possession ; que personne n'y avait le moindre droit qu'eux, et qu'ils ne bâtiraient point de maisons sur leur terrain à moins que de leur en payer la rente, ou qu'ils auraient à s'en repentir.

Les pauvres gens s'imaginèrent d'abord qu'ils plaisantaient : ils leur demandèrent s'ils voulaient entrer, pour voir à leur aise les beaux palais qu'ils avaient bâtis, et pour s'expliquer sur les rentes qu'ils demandaient. L'un, voulant badiner à son tour, leur dit que s'ils étaient les maîtres du terrain, ils espéraient qu'en cas qu'ils réussissent à faire leurs terres comme il faut, ils voudraient bien leur accorder quelques années de franchisse, à l'exemple des autres seigneurs, et il les pria de faire venir un notaire pour dresser un contrat. Un des trois bandits répondit, en jurant et en blasphémant, qu'ils allaient voir si tout ceci n'était qu'une raillerie, et, s'approchant d'un feu que ces malheureux avaient fait pour apprêter leur dîner, il prend un tison, le jette dans une des cabanes, et y met le feu. Elle aurait été consumée, si un des propriétaires n'eût couru à ce coquin, et, après l'avoir éloigné par force de sa hutte, n'avait éteint le feu en marchant dessus ; encore eut-il bien de la peine à réussir.

Le scélérat était dans une telle rage en voyant le mauvais succès de sa barbarie, qu'il s'avança sur celui qui l'avait empêché de faire le mal, et il l'aurait assommé avec une perche qu'il tenait dans sa main, s'il n'eût évité le coup adroitement. Son compagnon, voyant le danger où il était, vint d'abord à son secours. Ils saisirent chacun un fusil, et celui qui avait été attaqué le premier, jeta son ennemi à terre d'un coup de crosse avant que les autres scélérats fussent à portée, et voyant qu'ils se préparaient à les insulter, ils se joignirent, et leur présentant le bout de leurs fusils, ils les menacèrent de leur écraser la tête s'ils ne se retiraient.

Leurs adversaires avaient des armes à feu; mais un des honnêtes gens, plus hardi que son camarade, et désespéré par le danger où il se trouvait, leur dit que, s'ils faisaient la moindre mine de les coucher en joue, ils étaient morts, et leur commenda avec fermeté de mettre bas les armes. Ils n'en firent rien ; mais, voyant les autres si déterminés, ils vinrent à une capitulation, et consentirent à s'en aller, pourvu qu'on leur laissât emporter leur compagnon blessé. Il l'était effectivement ; et dangereusement même, mais par sa faute. Les deux insultés, voyant leur avantage, eurent tort de ne pas les désarmer réellement, comme ils étaient les maîtres de le faire, et de ne pas aller ensuite raconter le tout aux Espagnols : car, dans la suite, les trois coquins ne songèrent qu'à prendre leur revanche, et ils le dissimulèrent si peu, qu'ils ne voyaient jamais les autres sans les en menacer.

Ils les persécutèrent nuit et jour, et, à différentes reprises, ils foulèrent aux pieds leur blé, tuèrent à coup de fusil deux boucs et une chèvre que ces pauvres gens élevaient pour leur subsistance, en un mot, ils les traitèrent avec tant de cruauté et de barbarie, que ceux-ci, poussés à bout, prirent la résolution désespérée de les combattre à la première occasion. Dans ce dessein, ils prirent le parti d'aller au château, où leurs ennemis demeuraient avec les Espagnols, et de leur livrer combat en hommes de cœur, en présence des étrangers.

Pour exécuter cette entreprise, ils se levèrent le matin avant le jour, et s'étant approchés du château, ils appelèrent les trois scélérats par leurs noms, et dirent à un Espagnol qui leur répondit, qu'ils avaient à leur parler en particulier.

Le jour d'auparavant, deux Espagnols avaient rencontré dans le bois un de ces Anglais honnêtes gens, et ils avaient entendu de terribles plaintes sur les affronts et les dommages qu'ils avaient reçus de leurs barbares compatriotes qui avaient ruiné leur plantation, détruit leur moisson et tué leur bétail, ce qui était capable de les faire mourir de faim, si les Espagnols ne les secouraient.

Ces derniers, de retour au logis, et se trouvant à table avec les scélérats, prirent la liberté de les censurer, quoique d'une manière douce et honnête. L'un d'eux leur demanda comment ils pouvaient être si cruels et si inhumains à l'égard de leurs pauvres compatriotes, qui ne les avaient jamais offensés, et qui ne songeaient qu'à trouver de quoi subsister, quelles raisons ils pouvaient avoir pour leur ôter les moyens qui leur avaient coûté des travaux si fatiguans.

Un des Anglais répliqua brusquement que ces gens n'avaient rien à faire dans l'île, qu'ils y étaient venus sans permission, que la terre ne leur appartenait point, et qu'il ne souffrirait absolument pas qu'ils y bâtissaient ou qu'ils y fissent des plantations. — Mais, monsieur, dit l'Espagnol d'un ton fort modéré, ils ne doivent pas mourir de faim ! — Qu'ils meurent de faim, répondit l'Anglais comme un vrai barbare, ils ne bâtiront ni ne planteront ici. — Que voulez-vous donc qu'ils fassent ? répliqua l'Espagnol. — Ce que je veux qu'ils fassent ? dit cet homme féroce, qu'ils soient nos esclaves, et qu'ils travaillent pour nous. — Mais quelle raison avez-vous pour attendre cette soumission deux ! Vous ne les avez pas achetés de votre argent, et vous n'avez pas le moindre droit de les réduire à l'esclavage. Le coquin répondit que l'île leur appartenait à eux trois, que le gouverneur la leur avait laissée, que personne n'y avait la moindre chose à dire qu'eux ; que, pour le faire voir, ils allaient brûler les huttes de leurs ennemis, et que, quelque chose qui pût arriver, ils n'y souffriraient ni leurs cabanes ni leurs plantations.

— S'il en est ainsi, dit l'Espagnol, nous devrions être vos esclaves aussi. — Vous avez raison, répliqua-t-il avec imprudence : nous comptons bien là-dessus, et vous vous en apercevrez bientôt. Cet insolent discours était relevé par des imprécations placées éloquemment dans les endroits les plus convenables. L'Espagnol se contenta d'y répondre par un sourire moqueur, et ne daigna pas seulement lui dire le moindre mot.

Cette conversation cependant avait échauffé les misérables ; et, se levant avec fureur, l'un d'entre eux nommé Guillaume Atkins, dit aux autres : Allons, morbleu, finissons avec eux ; démolissons leur château, et ne souffrons pas qu'ils tranchent du maître dans nos domaines.

Alors ils s'en allèrent tous trois, chacun armé d'un fusil, d'un pistolet et d'un sabre, en disant à demi-voix mille propos insolens sur la manière dont ils espéraient traiter les Espagnols à leur tour dès qu'ils en trouveraient l'occasion. Mais ceux-ci ne les entendirent qu'imparfaitement; ils parurent juger seulement qu'ils les menaçaient pour avoir pris le parti des autres Anglais.

On ne sait pas trop bien ce qu'ils firent pendant toute cette nuit; mais il paraît qu'ils parcoururent tout le pays pendant quelques heures, et qu'enfin, fatigués ils s'étaient mis à dormir dans l'endroit que j'appelais autrefois ma maison de campagne, sans s'éveiller d'assez bon mat'n pour exécuter leurs projets abominables.

On sut après que leur but avait été de surprendre les deux Anglais dans leur sommeil, de mettre le feu à leur cabane pendant qu'ils y seraient couchés, et de les y brûler, ou de les tuer lorsqu'ils voudraient en sortir pour éviter le feu. La malignité dort rarement d'un profond sommeil, et je m'étonne qu'ils n'aient pas eu la force de se tenir éveillés pour exécuter leur barbare dessein.

Cependant les autres ayant en même temps résolu une entreprise contre eux, mais plus digne de braves gens que l'incendie et le meurtre, il arriva fort heureusement pour tous que ceux de la cabane étaient déjà en chemin avant que ces monstres sanguinaires vinssent à leur demeure.

Quand ils arrivèrent, ils trouvèrent la hutte vide. Atkins, qui était le plus déterminé, crie à ses camarades: Voici le nid, mais les oiseaux se sont envolés. Ils s'arrêtèrent pendant quelques instans pour deviner la raison qui pouvait avoir obligé leurs ennemis de sortir de si bonne heure, et convinrent tous que les Espagnols devaient les avoir instruits du péril auquel ils allaient être exposés. Après cette conjecture, ils se donnèrent la main tous trois, et s'engagèrent par des sermens horribles à se venger de ceux qui les avaient trahis. Immédiatement après ils se mirent à travailler sur les huttes des pauvres Anglais : ils les abattirent toutes deux, et n'en laissèrent pas une pièce entière, de manière qu'à peine pouvait-on reconnaître la place où elles avaient été; ils en réduisirent, pour ainsi dire, en poussière tous les meubles, et en répandirent tellement les débris au long et au large, qu'ensuite ces malheureux trouvèrent plusieurs de leurs ustensiles à une demi-lieue de leur habitation.

Après cette expédition, ils arrachèrent tous les arbres que leurs ennemis avaient plantés, l'enclos dans lequel ils tenaient leur bétail et leur blé; en un mot, ils saccagèrent tout aussi complètement qu'aurait pu le faire une horde de Tartares.

Pendant ce bel exploit, les deux Anglais les cherchaient pour les combattre partout où ils les trouveraient; et quoiqu'ils ne soient que deux contre trois, il est certain qu'il y aurait eu du sang répandu, car ils étaient tous également déterminés, et incapables de s'épargner en aucune manière.

Mais la Providence mit plus de soin à les séparer qu'ils n'étaient ardens à se joindre; comme s'ils avaient voulu se croiser à dessein, lorsque les trois étaient allés du côté des huttes, les deux marchaient du côté du château; et lorsque ces derniers se furent mis en chemin pour les chercher, les trois autres étaient revenus du côté de mon ancienne demeure.

Les trois retournent vers les Espagnols, la fureur peinte sur le visage, et, échauffés de l'expédition qu'ils avaient faite avec tant d'animosité, ils se vantent hautement de leur action, comme si elle avait été la plus héroïque du monde, et l'un d'entre eux, avançant sur un des Espagnols, d'un air arrogant, lui saisit son chapeau, et le lui faisant pirouetter sur la tête, dit insolemment, en lui riant au nez : Et vous, Seigneur, nous vous traiterons de même, si vous n'avez soin de nous témoigner du respect.

L'Espagnol, quoique doux et fort honnête, était un homme aussi courageux qu'on puisse l'être, adroit et robuste au suprême degré. Après avoir regardé fixement celui qui venait de l'insulter avec si peu de raison, il alla vers lui d'un pas fort grave, et, du premier coup de poing, il le jeta à terre comme un bœuf qu'on assomme. Là-dessus, un autre Anglais, aussi insolent que le premier, lui tira un coup de pistolet. Il ne le tua pourtant pas ; les balles passèrent au travers de ses cheveux ; mais l'une toucha le bout de l'oreille et le fit saigner beaucoup.

L'Espagnol, voyant couler son sang en abondance, crut être blessé plus dangereusement qu'il ne l'était, et quoique jusque-là il eût agi avec toute la modération possible, il crut qu'il était temps de montrer à ces scélérats qu'ils avaient tort de se jouer à d'aussi braves gens : il arracha le fusil à celui qu'il avait jeté à terre et il allait faire sauter la cervelle au coquin qui l'avait voulu tuer, quand les autres Espagnols se montrant, le prièrent de ne point tirer sur lui, et, se jetant sur mes drôles, les désarmèrent et les mirent hors d'état de leur nuire.

Quand ils se virent désarmés, et les Espagnols autant animés contre eux que les Anglais, ils commencèrent à se radoucir, et les prièrent de leur rendre leurs armes. Mais, considérant l'inimitié qu'il y avait entre eux et les deux habitans des huttes, et persuadés que le meilleur moyen d'empêcher qu'ils n'en vinssent aux mains était de laisser ceux-ci désarmés, les Espagnols dirent qu'ils n'avaient point intention de leur faire le moindre mal, et qu'ils continueraient à leur donner toute sorte d'assistance, s'ils voulaient vivre paisiblement, mais qu'ils ne trouvaient pas à propos de leur rendre leurs armes pendant qu'ils étaient animés contre leurs propres compatriotes, et qu'ils avaient même déclaré ouvertement leur dessein de faire esclaves tous les Espagnols.

Ces hommes abominables, hors d'état d'entendre raison, voyant qu'on leur refusait leurs armes, sortirent de cet endroit la rage dans le cœur, et en jurant qu'ils sauraient bien se venger des Espagnols, quoiqu'ils fussent privés de leurs armes à feu. Mais ceux-ci, méprisant leurs bravades, leur dirent de prendre garde à ne rien entreprendre contre leurs plantations et contre leur bétail ; que s'ils étaient assez hardis pour le faire, ils les tueraient comme des bêtes féroces partout où ils les trouveraient ; et que si, après une telle hostilité, ils tombaient vifs entre leurs mains, ils les pendraient sans quartier. Ces menaces ne diminuèrent pas leur fureur, et ils s'en allèrent jetant feu et flammes, jurant de la manière du monde la plus horrible.

A peine les avait-on perdus de vue, que voilà les deux autres non moins exaspérés, mais à plus juste titre : étant allés à leur plantation, et la voyant détruite de fond en comble, ils avaient de justes raisons pour s'emporter contre leurs barbares ennemis. Ils ne trouvèrent que difficilement le temps de raconter leur malheur aux Espagnols, tant ceux-ci s'empressaient de les informer de leur propre aventure. C'était une chose extraordinaire de voir ainsi trois insolens insulter dix-neuf braves gens sans recevoir la moindre punition.

Il est vrai que les Espagnols les méprisaient, surtout après les avoir désarmés et rendu par là leurs menaces vaines, mais les Anglais étaient plus animés et ils résolurent d'en tirer vengeance, quoi qu'il en pût arriver. Cependant les Espagnols les apaisèrent, en disant que, puisqu'ils leur avaient ôté leurs armes, ils ne pouvaient permettre qu'on les attaquât et qu'on les tuât à coups de fusil. De plus, l'Espagnol qui était alors comme gouverneur de l'île, les assura qu'il leur procurerait une satisfaction entière ; car, dit-il, il ne faut pas douter qu'ils ne reviennent à nous quand leur fureur aura eu le temps de se ralentir, puisqu'ils ne sauraient subsister sans notre secours ; et nous vous promettons en ce cas, qu'ils vous satisferont, à condition que, de votre côté, vous vous engagerez à n'exercer aucune violence contre eux que pour votre propre défense.

Les deux Anglais y consentirent, mais avec beaucoup de peine ; les Espagnols leur protestèrent qu'ils n'avaient point d'autre but que d'empêcher l'effusion du sang parmi eux, et de les rendre tous plus heureux : car, dirent-ils, nous ne sommes pas si nombreux qu'il n'y ait de la place ici pour nous tous et c'est une grande pitié que nous ne puissions être tous amis. Ces paroles les adoucirent à la fa entièrement; ils s'engagèrent à tout ce que les Espagnols voulurent et restèrent quelques jours avec eux, leur habitation ayant été détruite.

Environ cinq jours après, les trois vagabonds, las de se promener et à moitié morts de faim, ne s'étant soutenus que par quelques œufs de tourterelles, revinrent vers le château, et voyant le commandant espagnol, avec deux autres, se promener sur le bord de la petite baie, ils s'en approchèrent d'une manière assez soumise, et lui demandèrent en grâce et avec humilité à être reçus de nouveau dans la famille. L'Espagnol les reçut gracieusement; mais il leur dit qu'ils avaient agi avec leurs propres compatriotes d'une manière si grossière, et avec ses camarades d'une manière si brutale, qu'il lui était impossible d'accorder leur demande sans délibérer là-dessus auparavant avec les Anglais et les autres Espagnols; qu'il allait dans le moment en faire la proposition, et qu'il leur donnerait réponse dans une demi-heure. La faim leur fit paraître la condition d'attendre une demi-heure hors du château extrêmement dure, et n'en pouvant plus, ils supplièrent le gouverneur de leur donner du pain, ce qu'il fit; il leur envoya en même temps une grosse pièce de chevreau et un perroquet rôti, et ils mangèrent le tout avec un très-grand appétit.

Après avoir attendu le résultat de la délibération pendant la demi-heure stipulée, on les fit entrer, et il y eut une grande dispute entre eux et leurs compatriotes, qui les accusaient de la ruine totale de leur plantation et du dessein de les assassiner. Comme ils s'en étaient vantés auparavant, ils ne purent le nier alors. Le chef des Espagnols fit le médiateur, et comme il avait porté les deux Anglais à ne point attaquer les trois autres pendant qu'ils seraient désarmés et hors d'état de leur nuire, il obligea aussi les trois scélérats d'aller rebâtir les cabanes ruinées, l'une précisément comme elle avait été et l'autre plus spacieuse; il leur ordonna de faire de nouveaux enclos, de planter de nouveaux arbres, de semer du blé pour remplacer celui qu'ils avaient ruiné, en un mot, il leur se rendre tout dans l'état où ils l'avaient trouvé, autant qu'il était possible.

Ils se soumirent à toutes ses conditions, et, comme on leur donnait des vivres en abondance, ils commencèrent à vivre paisiblement, et toute la colonie était fort unie. Il n'y manquait rien, sinon qu'il était impossible de porter les trois vagabonds à travailler pour eux-mêmes.

Néanmoins les Espagnols furent assez obligeans pour leur déclarer que, pourvu qu'ils ne troublassent plus le repos de la société, et qu'ils voulussent prendre à cœur le bien général de la plantation, ils travailleraient pour eux avec plaisir, qu'ils leur permettraient de se promener à leur fantaisie, et d'être aussi fainéans qu'ils le trouveraient à propos. Tout alla parfaitement bien pendant un mois ou deux, et les Espagnols furent assez bons pour leur rendre leurs armes et la liberté dont ils avaient joui auparavant.

Huit jours après cet acte de générosité, ces scélérats incapables de la moindre reconnaissance, recommencèrent leurs insolences, et se mirent dans la tête le dessein du monde le plus affreux. Ils ne l'exécutèrent pourtant pas alors, à cause d'un accident qui mit toute la colonie en danger, et força les uns et les autres à renoncer à tout ressentiment particulier pour songer à leur propre conservation.

CHAPITRE V.

Il arriva, pendant une nuit, que le gouverneur espagnol ne put fermer les yeux, de quelque côté qu'il se tournât. Il se portait très-bien quand au corps ; mais il se sentait agité de pensées tumultueuses, quoique d'ailleurs il fût parfaitement éveillé : son cerveau était plein d'images de gens qui se battaient et se tuaient les uns les

…èvres. En un mot, étant resté quelque temps au lit dans cette inquiétude, et sentant son agitation redoubler de plus en plus, il se leva. Comme ils étaient tous couchés sur des tas de peaux de chèvres placées dans de petites couches qu'ils avaient dressées pour eux-mêmes, et non pas dans des branles comme le mien, ils avaient peu de chose à faire pour se lever : il ne leur fallait que se dresser sur leurs pieds, mettre un justaucorps et leurs escarpins, et ils étaient en état de sortir et de vaquer à leurs affaires.

S'étant donc ainsi levé, l'Espagnol sortit ; mais l'obscurité l'empêchait de rien voir d'une manière bien distincte, d'ailleurs il en était empêché par les arbres que j'avais plantés, et qui, parvenus à une grande hauteur lui barraient la vue, de sorte qu'il ne pouvait que regarder en haut et remarquer que le ciel était serein et parsemé d'étoiles. Il n'entendit pas le moindre bruit, et là-dessus il prit le parti de se recoucher ; mais il ne put ni dormir ni se tranquilliser l'esprit : il se sentait toujours l'ame également troublée sans en apercevoir la moindre raison.

Ayant fait quelque bruit en se levant et en se couchant, en sortant et en rentrant, un de ses gens s'éveilla, et demanda ce qui causait ce trouble : alors le gouverneur lui dépeignit la situation où il se trouvait. — Ecoutez, lui dit l'Espagnol, de tels mouvemens ne sont pas à négliger, je vous en assure, il y a certainement quelque malheur qui menace nos têtes. Où sont les Anglais? poursuivit-il.— Il n'y a rien à craindre de ce côté-là, répondit le gouverneur, ils sont dans leurs huttes. Il paraît que depuis leur dernière mutinerie les Espagnols s'étaient réservé mon château, et qu'ils avaient logé les Anglais dans un quartier à part, d'où ils ne pouvaient venir à eux sans qu'ils y consentissent.

— N'importe, répondit l'Espagnol, il y a ici quelque chose qui ne va pas bien ; sortons d'ici, dit-il, examinons tout : si nous ne trouvons rien qui puisse justifier vos appréhensions, vous recouvrerez votre tranquillité.

Ils allèrent ensemble sur la colline, d'où j'avais autrefois reconnu le pays en pareil cas, en y montant par le moyen d'une échelle que je tirais après moi, afin de parvenir jusqu'au second étage. Comme ils étaient alors en grand nombre dans l'île, ils ne s'avisèrent pas de toutes ces précautions : ils s'y rendirent tout droit par le bois ; mais ils furent bien surpris en voyant de cette hauteur une grande lumière, et d'entendre la voix de plusieurs hommes.

Dans toutes les occasions où j'avais vu les Sauvages débarquer, j'avais pris tout le soin imaginable pour leur cacher que l'île était habitée ; et, quand ils venaient à le découvrir, je leur faisais sentir d'une manière si rude, que ceux qui s'en échappaient n'en pouvaient donner un récit fort exact ; les seuls qui m'eussent vu, et qui s'en étaient allés en état de le raconter, étaient les trois Sauvages qui, dans notre dernière rencontre, s'étaient sauvés dans un canot, et dont la fuite m'avait fort alarmé.

Il n'était pas possible aux Espagnols de savoir si les Sauvages étaient débarqués en grand nombre, et s'ils avaient quelque dessein contre eux sur le rapport de ces fugitifs, ou si c'était par la même raison qui les y avait fait venir autrefois. Mais, quoiqu'il en soit, il n'y avait pour eux que deux partis à prendre : ou de se cacher soigneusement et d'employer tous les moyens possibles pour laisser ignorer à ces cannibales que l'île était habitée ; ou de tomber sur eux avec tant de vigueur qu'il n'en échappât pas un seul, ce qui ne se pouvait faire qu'en leur coupant le chemin de leur barque. Malheureusement mes gens n'eurent pas cette présence d'esprit, et ce manque de précaution troubla leur tranquillité pendant un temps considérable.

Le gouverneur et son compagnon, surpris de ce qu'ils voyaient, s'en retournèrent dans le moment pour éveiller leurs camarades, et les instruire du danger qui les menaçait. Ils prirent d'abord l'alarme, mais il fut impossible de leur persuader de se tenir cachés : ils sortirent sur-le-champ pour voir eux-mêmes ce dont il s'agissait.

Le mal n'était pas grand tant qu'il faisait obscur, et ils eurent tout le loisir, pendant quelques heures, de regarder les Sauvages à la clarté de trois feux qu'ils avaient allumés sur le rivage à quelque distance l'un de l'autre. Ils ne pouvaient comprendre quel était leur dessein, et ne savaient que résoudre eux-mêmes. Les ennemis étaient en grand nombre, et ce qu'il y avait de plus alarmant, c'est que, bien loin de se trouver réunis, ils étaient séparés en plusieurs troupes assez éloignées l'une de l'autre.

Ce spectacle jeta les Espagnols dans une terrible consternation; ils les voyaient rôder partout et appréhendaient fort que, par quelque accident, ils ne vinssent à découvrir leur habitation, ou que quelque chose ne leur indiquât que le lieu était peuplé. Ils craignaient surtout pour leur troupeau, qui ne pouvait être détruit sans les mettre en danger de mourir de faim. Pour prévenir ce désastre, ils détachèrent d'abord deux Espagnols et trois Anglais, avec ordre de chasser tout le troupeau dans la grande vallée où était ma grotte, et de le faire entrer dans la grotte même s'il était nécessaire.

Ils résolurent, s'il arrivait que les Sauvages se réunissent en une seule troupe et s'éloignassent de leurs canots, de tomber sur eux, quand bien même ils seraient une centaine. Mais il ne fallait pas s'y attendre: il y avait entre leurs petites bandes la distance d'une grande demi-lieue, et, comme il parut ensuite, elles étaient de deux nations différentes.

Après s'être arrêtés quelques temps pour délibérer sur le parti le plus sûr qu'il y avait à prendre dans cette conjecture, ils résolurent d'envoyer le vieux Sauvage, père de Vendredi, pour les reconnaître pendant qu'il faisait encore obscur, et pour se mêler avec eux, afin de savoir leur dessein. Le bon vieillard l'entreprit volontiers, et il partit dans le moment. Après deux heures d'absence, il vint rapporter que c'étaient des partis de deux nations qui étaient en guerre l'une contre l'autre, qu'ils avaient donné une grande bataille dans leur pays, et qu'ayant fait quelques prisonniers de côté et d'autre, ils étaient venus par hasard dans la même île pour faire leur festin et pour se divertir; que dès qu'ils s'étaient découverts mutuellement, leur joie avait été extrêmement troublée, et qu'il paraissaient dans une si grande rage, qu'il ne fallait pas douter qu'ils ne se batissent de nouveau à l'approche du jour. Il n'avait pas vu d'ailleurs la moindre apparence qu'ils soupçonnassent l'île d'être habitée, et qu'ils s'attendissent à y trouver d'autres gens que leurs ennemis. A peine ce bon homme eut-il fini son rapport, qu'un bruit terrible fit comprendre aux nôtres que les deux armées étaient aux mains, et que le combat devait être furieux.

Le père de Vendredi employa toute son éloquence pour persuader à ceux de l'île de se tenir en repos et de ne pas se montrer. Il leur dit que c'était en cela seul que consistait leur sûreté, que les Sauvages ne manqueraient pas de se tuer les uns les autres, et que ceux qui échapperaient du combat s'embarqueraient sur-le-champ. Cette prédiction fut accomplie dans toutes ses circonstances.

Mes gens cependant ne voulurent point entendre raison, particulièrement les Anglais, qui, sacrifiant leur prudence à leur curiosité, sortirent tous pour aller voir le combat. Ils ne laissèrent pas néanmoins d'user de quelque précaution, et, au lieu d'avancer à découvert par devant leur habitation, ils prirent un détour par le bois, et se placèrent avantageusement dans un endroit où ils pouvaient voir tout ce qui se passait sans être aperçus.

La bataille cependant était aussi terrible qu'opiniâtre et si je puis ajouter foi aux Anglais, il paraissait y avoir dans chacun des deux partis une bravoure extraordinaire, une fermeté invincible, et beaucoup d'adresse à ménager le combat. Il dura deux heures avant qu'on pût voir de quel côté se déclarerait la victoire. Alors la troupe la plus proche des Anglais s'affaiblit, se mit en désordre, et s'enfuit peu de temps après.

Nos gens craignaient fort que quelques-uns des fuyards ne se jetassent, pour se dérober à la fureur de leurs ennemis, dans la caverne qui était devant leur habitation; et ne découvrissent involontairement que le lieu était habité. Ils craignaient bien plus encore que les vainqueurs ne les y suivissent, et ils résolurent de se tenir avec leurs armes au dedans du retranchement, de faire une sortie sur tous ceux qui voudraient entrer dans la caverne, avec l'intention de les tuer tous, et de les empêcher de donner des nouvelles de leur découverte. Leur dessein était de ne se servir pour cet effet que de leurs sabres ou des crosses de leurs fusils, de peur de faire du bruit et d'en attirer par-là un plus grand nombre.

La chose arriva précisément comme ils s'y étaient attendus: trois d'entre les vaincus s'enfuyant de toutes leurs forces, et traversant la baie, vinrent directement vers cet endroit, ne songeant à autre chose qu'à chercher un asile dans ce qui leur paraissait un bois épais. La sentinelle de mes gens vint aussitôt les avertir, en ajoutant à leur grande satisfaction, que les vainqueurs ne les poursuivaient pas, et semblaient ignorer de quel côté ils s'étaient sauvés: alors le gouverneur espagnol, trop humain pour souffrir qu'on massacrât ces fugitifs, ordonne à trois des nôtres de passer par-dessus la colline, de se glisser derrière eux, de les surprendre, et de les faire prisonniers: ce qui fut exécuté.

Le reste des Sauvages s'enfuirent du côté de leurs canots, et se mirent en mer. Pour les vainqueurs, ils ne les poursuivirent pas avec beaucoup d'ardeur; et, s'étant réunis, ils jetèrent deux grands cris, selon toutes les apparences, pour célébrer leur triomphe. Le même jour, à peu près à trois heures de l'après-dînée, ils rentrèrent dans leurs barques, et de cette manière la colonie en fut délivrée, et ne revit pas ces hôtes incommodes de plusieurs années.

« Après qu'ils se furent tous retirés, les Espagnols sortirent de leur embuscade pour aller examiner le champ de bataille,

Ils y trouvèrent environ une trentaine de morts, dont quelques-unes avaient été tués par de grandes flèches qu'on leur voyait encore dans le corps ; mais la plupart avaient perdu la vie par des coups terribles de certains sabres de bois, dont mes gens trouvèrent seize ou dix-sept sur la place, avec autant d'arcs et de javelots. Ces sabres étaient d'une pesanteur extraordinaire, et il fallait avoir une force prodigieuse pour les manier comme il faut. La plupart de ceux qui avaient été tués par ces instrumens avaient la tête brisée ; d'autres les jambes et les bras cassés : ce qui marque clairement qu'ils se battaient avec la dernière animosité. On en trouva pas un qui ne fût mort. Leur coutume est, parmi eux de faire tête à l'ennemi, quoique blessé, jusqu'à la dernière goutte de leur sang ; les vainqueurs ne manquent jamais d'emporter leurs propres blessés, et ceux d'entre les ennemis que leurs blessures empêchent de prendre la fuite.

Cet événement adoucit le caractère de mes Anglais, pendant quelque temps un pareil spectacle leur avait donné de l'horreur, et ils tremblaient à la seule idée de ces cannibales, entre les mains desquels ils ne pouvaient tomber sans être tués comme ennemis, et sans leur servir de nourriture comme un troupeau de bétail. Ils m'avouèrent ensuite que la pensée d'être mangés en guise de bœuf ou de mouton bien que ce malheur ne pût leur arriver qu'après leur mort, avait quelque chose pour eux de si effroyable, qu'elle les remplissait d'horreur, et que, pendant plusieurs semaines, les images affreuses qui leur roulaient dans l'esprit les avaient presque rendus malades.

Ils furent pendant quelque temps fort traitables, et vaquèrent aux affaires communes de la colonie. Ils plantaient, semaient, faisait la moisson, comme s'ils eussent vécu dès leur enfance dans ce lieu ; mais cette bonne conduite ne fut pas de longue durée, et ils prirent bientôt de nouvelles mesures pour se venger de leurs compatriotes et se précipitèrent eux-mêmes dans de grands malheurs.

Ils avaient fait trois prisonniers, comme j'ai dit : c'éétaient des jeunes gens alertes et robustes qui les servirent en qualité d'esclaves et leur furent d'une grande utilité. Mais ils ne s'y prirent pas, pour gagner leur cœur, de la même manière dont j'avais usé avec Vendredi. Ils négligèrent de les rendre sensibles à l'humanité avec laquelle ils leur avaient sauvé la vie. Bien loin de leur donner quelques principes de religion, ils ne songèrent pas seulement à les civiliser, et à leur inspirer une conduite raisonnable par des instructions sages et accompagnées de douceur. Ils les nourrissaient; mais en récompense, ils les employaient au travail le plus rude, et ils ne s'en faisaient servir que par force; de sorte qu'ils ne pouvaient compter sur eux quand il s'agirait de hasarder leur vie pour leurs maîtres au lieu que Vendredi était un homme à se précipiter dans une mort certaine pour me tirer du danger.

Quoi qu'il en soit, toute la colonie paraissait liée alors par une sincère amitié, le péril commun en ayant banni pour un temps toute animosité particulière. Dans cette situation, ils se mirent unanimement à délibérer sur leurs intérêts, et la première chose qui leur parut digne d'attention, ce fut d'examiner si, instruits par l'expérience que le côté de l'île qu'ils occupaient était le plus fréquenté par les Sauvages, ils ne feraient pas bien de se retirer dans un endroit plus éloigné, non moins propre à leur fournir abondamment la subsistance, et infiniment plus capable de mettre en sûreté leur blé et leur bétail.

Après beaucoup de raisonnemens pour et contre, on résolut de ne point changer de demeure, parce qu'il pourrait arriver un jour que le vieux gouverneur leur envoyât quelqu'un qui les chercherait probablement en vain s'ils s'éloignaient de son ancienne demeure, et qu'il les croirait tous péris s'ils voyaient son château détruit; ce qui les priverait à jamais de tous les secours que j'aurais la bonté de leur donner. Mais pour leur blé et leur bétail, ils tombèrent d'accord de les reculer dans la vallée où était ma grotte, et où il y avait une grande étendue de fort bonne terre. Cependant, après y avoir pensé plus mûrement, ils changèrent de dessein, et prirent la résolution de n'envoyer dans cette vallée qu'une partie de leur bétail, et de n'y semer que moitié de leur blé, afin que si, par quelque désastre une partie en était détruite, le reste pût être hors d'atteinte et leur fournir le moyen de réparer cette perte.

Ils prirent un parti fort prudent à l'égard de leurs prisonniers : ce fut de leur cacher soigneusement le bétail qu'ils nourrissaient dans cette vallée, et la plantation qu'ils avaient jugé à propos d'y faire. Surtout ils ne les laissèrent jamais approcher de la grotte, qu'ils considéraient comme un asile sûr, en cas d'extrême nécessité, et où ils avaient cachés les deux barils de poudre que je leur avais laissés en partant.

J'avais mis mon château à couvert par un retranchement et par un bois assez épais; ils virent aussi bien que moi que toute la sûreté consistait à n'être pas découverts, et conséquemment ils résolurent de rendre leur habitation de plus en plus invisible. Pour cet effet, voyant que j'avais planté des arbres à une grande distance de l'entrée de ma demeure, ils suivirent le même plan, et en couvrirent tout l'espace qu'il y avait entre mon bocage et le côté de la baie, où autrefois j'avais abordé avec mes radeaux. Ils poussèrent leur plantation jusqu'à l'endroit marécageux que la marée inondait, sans laisser le moindre lieu commode pour débarquer, ni la moindre trace qui pût le faire comprendre.

Les arbres de cette espèce croissent en fort peu de temps; ceux qu'ils plantèrent étant beaucoup plus grands et plus avancés que je ne les avais choisis, n'ayant d'autre dessein que de mettre des palissades devant ma fortification, à peine eurent-ils été en terre pendant trois ou quatre ans, que se trouvant fort près l'un de l'autre, ils formèrent une haie impénétrable à la vue même. A l'égard de ceux que j'avais plantés, et dont le tronc était de la grosseur de la cuisse, ils en mirent un si grand nombre de jeunes et les placèrent si serrés, que, pour pénétrer par force dans le château, il aurait fallu une armée entière qui s'y fît une entrée à coups de hache ; car à peine un petit chien aurait-il pu passer au travers.

Ils pratiquèrent la même chose des deux côtés de mon habitation, et par derrière, ils couvrirent d'arbres toute la colline, ne se laissant pas à eux-mêmes d'autre sortie que par le moyen de mon échelle, qu'ils tiraient après eux pour monter sur le second étage, précisément comme je m'y étais pris autrefois moi-même. Ainsi, quand l'échelle n'y était pas il fallait des ailes ou du sortilége pour mettre quelqu'un en état de venir à eux.

Il n'y avait rien là qui ne fût parfaitement bien imaginé, et ils virent ensuite que toutes ces précautions n'avaient pas été inutiles.

Ils vécurent de cette manière deux années dans une parfaite tranquillité, sans recevoir la moindre visite de leurs incommodes voisins. Un matin seulement, quelques Espagnols ayant été de fort bonne heure du côté occidental de l'île, ils furent surpris par la vue d'une vingtaine de canots qui paraissaient sur le point d'aborder, et revinrent au logis à toutes jambes, dans une grande consternation.

Il fut résolu de se tenir clos et couvert pendant tout ce jour et le suivant, ne sortant que la nuit pour aller à la découverte ; mais heureusement les Sauvages ne débarquèrent point : ils avaient apparemment poussé plus loin pour exécuter quelque autre entreprise.

CHAPITRE VI.

Peu de temps après, les Espagnols eurent avec les trois Anglais une nouvelle querelle. Un d'entre eux le plus violent de tous les hommes ; fort en colère contre un esclave, parce qu'il n'avait pas bien fait quelque ouvrage, et qu'il avait marqué quelque débit quand on avait voulu le redresser, saisit une hache, non pour le punir, mais pour le tuer.

Il avait envie de lui fendre la tête: mais la rage ne lui permettant pas de bien diriger son coup, l'instrument tomba sur l'épaule du pauvre esclave : un des Espagnols, croyant qu'il lui avait coupé un bras, accourut pour le prier de ne pas massacrer ce malheureux, et pour l'en empêcher par force, s'il était nécessaire. Alors ce furieux se jeta sur l'Espagnol lui-même, en jurant qu'il le tuerait à la place du Sauvage, mais l'autre évita le coup, et avec une pelle qu'il avait à la main, car ils étaient tous occupés au labourage, il le terrassa. Un autre Anglais voyant son compagnon à terre, se précipite sur l'Espagnol, et le terrasse à son tour. Deux autres Espagnols vinrent au secours de celui-ci, et le troisième Anglais se rangea du côté des deux autres. Ils n'avaient point d'armes à feu ni les uns ni les autres, mais assez de haches et d'autres outils pour s'assommer. Il est vrai qu'un des Anglais avait un sabre caché sous ses habits, avec lequel il blessa les deux Espagnols qui étaient venus pour seconder leurs compagnons. Toute la colonie fut en confusion, et les Anglais furent faits prisonniers tous trois. On délibéra d'abord sur ce qu'on en ferait. Ils avaient déjà excité tant de troubles, ils étaient si furieux, et de plus de si grands paresseux qu'ils ne faisaient que nuire à cette petite société, sans lui être utiles en aucune manière, d'ailleurs, c'étaient des traîtres et des perfides et le crime ne leur coûtait rien.

Le gouverneur leur déclara ouvertement que s'ils étaient de son pays il les ferait pendre, puisque les lois de tous les gouvernemens tendent à la conservation de la société, et qu'il est juste d'en ôter ceux qui tâchent de la détruire ; mais qu'étant Anglais il voulait les traiter avec la plus grande douceur, en considération d'un homme de leur nation, auquel ils devaient toutes la vie, et qu'ils les abandonneraient au jugement de leurs deux compatriotes.

Là-dessus un de ces derniers se leva, et pria qu'on le dispensât de cette commission, puisqu'il serait obligé en conscience de les condamner à être pendus. Ensuite il raconta comment Guillaume Atkins leur avait fait la proposition de se joindre tous cinq pour assassiner les Espagnols pendant leur sommeil.

Le gouverneur, entendant une accusation si terrible, se tourna vers le scélérat. — Comment donc, Atkins, lui dit-il, vous avez voulu nous assassiner? Qu'avez-vous à répondre? Ce malheureux était si éloigné de la mer, qu'il en convint effrontément en jurant qu'il était encore dans le même dessein. — Mais, Atkins, reprit l'Espagnol, qu'est-ce que nous vous avons fait pour mériter un pareil traitement, et que gagneriez-vous en nous massacrant? Que faut-il que nous fassions pour vous en empêcher? Pourquoi faut-il que vous nous mettiez dans la nécessité de vous tuer ou d'être tué par vous? Vous avez grand tort de nous réduire à cette cruelle alternative.

La manière calme et douce dont l'Espagnol prononça ces paroles fit croire à Atkins qu'il se moquait de lui: alors il se mit dans une telle fureur que, s'il avait eu des armes, et s'il n'eut été retenu par trois hommes, il est à croire qu'il aurait tué le gouverneur au milieu de toute la compagnie.

Cette rage inconcevable les contraignit à songer sérieusement au parti qu'ils prendraient à l'égard de ces furieux. Les deux Anglais et l'Espagnol qui avaient empêché la mort de l'esclave, opinèrent qu'il fallait en pendre un pour servir d'exemple aux deux autres et que ce devait être celui qui, dans le moment, avait voulu commettre deux crimes avec sa hache. Il parait effectivement qu'il avait eu ce dessein-là, car il avait si cruellement blessé le pauvre Sauvage, qu'on croyait impossible qu'il en réchappât.

Le gouverneur néanmoins ne fut pas de cet avis, il répéta encore que c'était à un Anglais qu'ils étaient tous redevables de la vie, et qu'ils ne consentiraient pas à la mort d'un seul homme de cette nation, quand ils auraient massacré la moitié de ses gens. Il ajouta que s'il était assassiné lui-même par un Anglais, il emploierait ses dernières paroles à les prier de lui faire grâce.

Il insista là-dessus avec tant de force qu'il fut impossible de le dissuader, et, comme d'ordinaire l'opinion qui tend le plus vers la clémence prévaut dans un conseil quand elle est soutenue avec vigueur, ils entrèrent tous dans un sentiment de cet honnête homme. Il fallait pourtant songer aux moyens d'empêcher l'exécution de la barbare entreprise des criminels, et délivrer une fois pour toute la petite société de ses appréhensions si bien fondées. On délibéra avec beaucoup d'attention, et l'on convint à la fin unanimement qu'ils seraient désarmés, et qu'on ne leur permettrait d'avoir ni fusil, ni poudre, ni plomb, ni sabre, ni aucune arme offensive.

Qu'il serait défendu, tant aux Espagnols qu'aux Anglais de leur parler, ou d'avoir le moindre commerce avec eux.

Qu'ils seraient chassés pour toujours de la société, permis à eux de vivre où et de quelle manière ils le trouveraient à propos.

Qu'ils se tiendraient toujours à une certaine distance du château, et que, s'ils commettaient le moindre désordre dans la plantation, le blé ou le bétail appartenant à la société, il serait permis de les tuer comme des animaux malfaisans, partout où on les trouverait.

Le gouverneur, dont l'humanité était au-dessus de tout éloge, ayant réfléchi sur le contenu de cette sentence, se tourna du côté des deux Anglais, et les pria de considérer que leurs malheureux compatriotes ne pouvaient avoir d'abord du grain et du bétail ; que par conséquent il fallait leur donner quelques provisions pour ne les pas réduire à mourir de faim. On en convint, et on résolut de leur donner du blé pour subsister pendant huit mois, et pour semer, afin qu'ils en recueillissent après ce temps-là de leur crû. On ajouta six chèvres qui donnaient du lait, quatre boucs et six chevreaux destinés en partie à leur nourriture, et en partie à leur former un nouveau troupeau. On ajouta encore tous les outils nécessaires, six haches, une scie, mais à condition qu'ils s'engageraient, par un serment solennel, à ne les employer jamais contre leurs compatriotes ni contre les Espagnols, et qu'ils ne songeraient de leur vie à leur causer le moindre dommage.

C'est ainsi qu'ils furent chassés de la société. Ils s'en allèrent d'un air très-mécontent, sans vouloir prêter le serment qu'on exigeait d'eux avec tant de justice. Ils dirent qu'ils allaient chercher un endroit pour s'établir, et pour y faire une plantation, et on leur donna quelque peu de vivres, mais point d'armes.

Quatre ou cinq jours après, ils revinrent de nouveau pour chercher des provisions, et ils indiquèrent au gouverneur l'endroit qu'ils avaient marqué pour y demeurer et pour y planter : c'était un lieu fort convenable, dans l'endroit le plus éloigné de l'île, du côté du nord-est, assez près de la côte où j'avais abordé dans mon premier voyage, après avoir été emporté par les courans en pleine mer.

Ils se bâtirent deux jolies cabanes sur le modèle de mon château, au pied d'une colline environnée de quelques arbres de plusieurs côtés, de manière qu'en en plantant un petit nombre d'autres, ils se mirent entièrement à couvert, à moins qu'on ne les cherchât avec beaucoup de soin. Ils demandèrent quelques peaux de chèvres pour leur servir de lits, et de couvertures, et elles leur furent données. Étant alors d'une humeur plus pacifique, ils s'engagèrent solennellement à ne rien entreprendre contre la colonie; et à cette condition on leur donna tous les outils dont on pouvait se passer. On y ajouta des pois, du millet et du riz pour semer, en un mot, tout ce dont ils pouvaient avoir besoin, excepté seulement des armes et des munitions.

Ils vécurent dans cet état environ six mois et ils firent leur moisson, qui était peu considérable, parce qu'ayant tant d'autres choses à faire, ils n'avaient eu le loisir que de défricher un fort petit terrain.

Quand ils se mirent à faire des planches et des pots, ils furent terriblement embarrassés, et ils ne firent rien qui vaille. Ce fut une nouvelle peine pour eux quand vint la saison pluvieuse, n'ayant point de cave pour mettre leur grain à l'abri de toute humidité. Cet inconvénient les humilia au point de leur faire demander le secours des Espagnols qui leur en accordèrent volontiers. En moins de quatre jours ils creusèrent une cave dans un des côtés de la colline, suffisamment grande pour mettre leurs grains et leurs autres provisions à l'abri; mais c'était peu de chose en comparaison de la mienne, surtout dans l'état où elle fut lorsque les Espagnols l'eurent élargie considérablement, et qu'ils y eurent ajouté plusieurs appartemens.

Environ neuf mois après cette séparation, il leur prit un nouveau caprice dont les suites, jointes à celles de leurs crimes passés, les mirent dans un grand danger aussi bien que toute la colonie. Fatigués de leur vie laborieuse, et sans espérance d'une plus heureuse situation pour l'avenir, ils se mirent en tête de faire un voyage sur le continent d'où les Sauvages étaient venus, pour essayer de faire quelques prisonniers propres à les décharger du travail le plus rude.

Ce projet n'était pas si mauvais, s'ils s'y étaient pris avec modération; mais ces malheureux ne faisaient rien sans qu'il y eût quelque crime ou dans le projet ou dans l'exécution.

Ces trois compagnons en scélératesse vinrent un matin à mon château, demandant avec beaucoup d'humilité qu'il leur fût permis de parler aux Espagnols. Ces derniers y consentirent, ils leur dirent qu'ils étaient fatigués de leur manière de vivre, qu'ils n'étaient pas assez adroits pour faire les choses qui leur étaient nécessaires, et que, n'ayant aucun secours pour en venir à bout, ils mourraient de faim indubitablement; que si les Espagnols voulaient leur permettre de prendre un des canots qui avaient servi à les transporter, et leur donner des armes et des munitions pour pouvoir se défendre, ils iraient chercher fortune sur le continent, et les délivreraient ainsi de l'embarras de leur fournir des provisions.

Les Espagnols n'auraient pas été fâchés d'en être défaits ; mais ils ne laissèrent pas de leur représenter charitablement qu'ils allaient se perdre de propos délibéré, et qu'ils savaient, par leur propre expérience, qu'ils devaient s'attendre à mourir de misère sur le continent.

Ils répondirent d'une manière déterminée qu'ils périraient tous dans l'île, car ils ne pouvaient ni ne voulaient travailler, et que, s'ils avaient le malheur d'être massacrés, ils mettraient par là fin à toutes leurs misères ; que dans le fond ils n'avaient ni femmes ni enfans qui perdissent quelque chose par leur mort ; en un mot, qu'ils étaient résolus de partir quand même on leur refuserait des armes.

Les Espagnols leur répliquèrent avec beaucoup d'honnêteté que s'ils voulaient absolument suivre ce dessein, ils ne permettraient pas qu'ils le fissent sans avoir de quoi se défendre, et que malgré la disette d'armes à feu où ils étaient eux-mêmes, ils leur donneraient deux mousquets, un pistolet, un sabre et trois haches ce qui était tout ce qu'il leur fallait.

Les trois aventuriers acceptèrent l'offre. On leur remit du pain pour plus d'un mois, autant de chevreau frais qu'ils en pouvaient manger pendant qu'il serait bon, un grand panier rempli de raisins secs, un pot rempli d'eau fraîche, et un jeune chevreau vivant. Avec ces provisions ils se mirent hardiment dans le canot quoique le passage fût au moins de quarante mille.

La barque était assez grande pour porter une vingtaine d'hommes, et par conséquent elle était plutôt embarrassante dans cette occasion que trop petite ; mais, comme ils avaient un vent frais, et la marée favorable, ils la manièrent assez bien. Ils avaient mis en guise de mât, une grande perche, avec une voile de quatre peaux de chèvres séchées et cousues ensemble. Ils s'embarquèrent dans un très-bon appareil, et les Espagnols leur souhaitèrent un heureux voyage, sans s'attendre à les revoir jamais.

Ceux qui étaient restés dans l'île, Anglais et Espagnols, ne pouvaient s'empêcher de se féliciter de temps en temps de la manière paisible dont ils vivaient ensemble depuis que ces gens intraitables s'en étaient allés. Le retour de ces hommes sanguinaires était la chose qu'ils attendaient le moins, quand, après une absence de vingt deux jours, un des Anglais s'occupant dans sa plantation, aperçut tout d'un coup trois étrangers s'avançant de leur côté avec des armes à feu.

D'abord il se mit à fuir comme le vent, et tout effrayé il alla dire au gouverneur espagnol que c'en était fait d'eux, et qu'il y avait des étrangers qui étaient débarqués dans l'île, sans qu'il pût dire quels gens c'étaient. L'Espagnol, après avoir réfléchi pendant quelques momens, lui demanda ce qu'il voulait dire par-là; qu'il ne savait pas quels gens c'étaient, et que ce devaient être assurément des Sauvages.—Non, non, répondit l'Anglais, ce sont des gens habillés, et avec des armes à feu.—Eh bien! dit l'Espagnol, de quoi vous troublez-vous donc, si ce ne sont pas des Sauvages? Ils sont nos amis; car il n'y a point de nation chrétienne au monde qui ne soit plutôt portée à nous faire du bien que du mal.

Pendant qu'ils étaient dans cette conversation, les Anglais qui se tenaient derrière les arbres nouvellement plantés, se mirent à crier de toutes leurs forces. On reconnut d'abord leurs voix, et la première surprise fit aussitôt place à une autre.

On commença d'abord à s'étonner d'un si prompt retour, dont il était impossible de deviner la cause.

Avant de les faire entrer, on trouva bon de les questionner sur l'endroit où ils s'étaient rendus. Ils répondirent en peu de mots qu'ils avaient fait la traversée en deux jours, qu'ils avaient vu sur le rivage où ils avaient dessein d'aborder, une prodigieuse quantité d'hommes qui paraissaient alarmés à leur aspect, et qui se préparaient à les recevoir à coups de flèches et de javelots s'ils eussent osé mettre à terre; ils avaient rasé les côtes du côté du nord l'espace de six ou sept lieues, et ils s'étaient aperçus que ce que nous prenions pour le continent était une île; bientôt après ils avaient découvert une autre île à main droite du côté du nord, et beaucoup d'autres du côté de l'ouest. Étant résolus d'aller à terre, à quelque prix que ce fût, ils étaient passé du côté d'une de ces îles occidentales, et avaient débarqué hardiment : là, ils avaient trouvé le peuple honnête et sociable, et ils en avaient reçu plusieurs racines et quelques poissons secs; les femmes paraissaient disputer aux hommes le plaisir de leur fournir des vivres qu'elles étaient obligées de porter sur leur tête pendant un assez long chemin.

Ils restèrent là quatre jours, et demandèrent par signes, du mieux qu'ils purent, quelles étaient les nations des environs. Les sauvages leur firent entendre que c'étaient des peuples cruels, habitués à manger les hommes; mais que pour eux, ils ne mangeaient ni hommes ni femmes, excepté les prisonniers de guerre dont la chair leur fournissait un festin de triomphe.

Les Anglais leur demandèrent de la même manière quand ils avaient eu un pareil festin. Ils firent comprendre qu'il y avait deux mois, en étendant la main du côté de la lune, et montrant deux de leurs doigts. Ils ajoutèrent que leur roi était maître de deux cents prisonniers qu'il avait faits dans une bataille, et qu'on les engraissait pour le festin prochain. Les Anglais parurent, à ce sujet, fort curieux de voir ces prisonniers; mais les Sauvages les entendant mal, s'imaginèrent qu'ils souhaitaient d'en avoir quelques-uns pour les manger, et montrant du bout du doigt le couchant et l'orient, ils leur firent entendre qu'ils leur en apporteraient le lendemain. Ils tinrent leur parole, et leur amenèrent cinq femmes et onze hommes dont ils leur firent présent, de la même manière que nous amenons vers quelque port de mer des bœufs et des vaches pour avitailler un vaisseau.

Quoique mes scélérats eussent donné dans notre île les plus grandes marques de barbarie, l'idée seule de manger ces prisonniers leur fit horreur. Le grand nombre de ces pauvres gens était embarrassant ; cependant ils n'osèrent refuser un présent de cette valeur : c'eût été faire un cruel affront à cette nation sauvage. Ils se déterminèrent enfin à l'accepter, et donnèrent en récompense à ceux qui les en avaient gratifiés, une de leurs haches, une vieille clef, un couteau, et cinq ou six balles de fusil, qui leur plaisaient fort, quoiqu'ils en ignorassent l'usage. Ensuite les Sauvages, liant les pauvres captifs les mains derrière le dos, les portèrent eux-mêmes dans le canot.

Les Anglais furent obligés de quitter le rivage dans le moment, de peur que, s'ils fussent restés à terre, la bienséance ne les eût forcés de tuer quelques-uns de ces malheureux, de les mettre à la broche, et de prier à dîner ceux qui avaient eu la générosité de les pourvoir de cette belle provision.

Ayant donc pris congé de leurs hôtes avec toutes les marques de reconnaissance qu'il est possible de donner par signes, ils remirent en mer, et s'en retournèrent vers la première île, où ils rendirent la liberté à huit de leurs prisonniers, trouvant le nombre qu'ils en avaient trop grand pour ne leur être pas à charge.

Pendant le voyage, ils travaillèrent de leur mieux à lier quelque commerce avec les Sauvages, mais il fut impossible de leur faire comprendre quelque chose : ils s'étaient si fortement mis dans l'esprit qu'ils allaient bientôt servir de pâture à leurs possesseurs qu'ils croyaient que tout ce qu'on leur disait et que tout ce qu'on leur donnait tendait uniquement à ce but.

On commença d'abord par les délier, ce qui leur fit pousser des cris terribles, surtout aux femmes, comme si elles avaient déjà le couteau sur la gorge ; car à s'en rapporter aux coutumes de leur pays, ils ne pouvaient qu'en conclure qu'on allait les égorger dans le moment.

Leurs craintes n'étaient guères moindres quand on leur donnait à manger. Ils s'imaginaient que c'était dans le dessein de conserver leur embonpoint pour les dévorer avec le plus de volupté. Si les Anglais fixaient les yeux particulièrement sur quelqu'une de ces misérables créatures, celui sur qui ces regards tombaient s'imaginait aussitôt qu'on le trouvait le plus gras et le plus propre à être mis en pièces le premier. Lors même qu'ils furent arrivés à notre île, et qu'on les traitait avec beaucoup de douceur, ils s'attendaient tous les jours, pendant quelque temps, à servir de dîner ou de souper à leurs maîtres.

Lorsque les trois aventuriers eurent fini le merveilleux journal de leur voyage, le gouverneur leur demanda où étaient leurs nouveaux domestiques. Ayant appris qu'ils les avaient amenés dans une de leurs cabanes, et qu'ils venaient exprès demander des vivres, il résolut de s'y transporter avec toute la colonie, sans oublier le père de Vendredi.

Ils les trouvèrent dans la hutte tous liés ; car leurs maîtres avaient jugé nécessaires d'user de cette précaution de peur que, pendant leur absence, ils ne prissent le parti de se sauver avec le canot. Ils étaient tous assis à terre. Il y avait trois hommes âgés d'environ trente à trente-cinq ans, tous bien tournés, et paraissant être adroits et robustes. Le reste consistait en cinq femmes, parmi lesquelles il y en avait deux de trente à quarante ans, deux de vingt-cinq à vingt-six, et une grande fille bien faite, de seize ou dix-sept ans : elles étaient toutes bien proportionnées pour la taille et pour les traits, mais d'une couleur un peu tannée. Il y en avait deux qui, si elles eussent été parfaitement blanches auraient pu passer pour de belles femmes à Londres même : elles avaient quelque chose d'extrêmement gracieux dans l'air du visage, et toute leur contenance était fort modeste.

Les Espagnols avaient toute la pitié possible de ces pauvres gens, les voyant dans la plus triste situation et dans la plus mortelle inquiétude qu'on puisse s'imaginer, qu'ils s'attendaient à chaque moment à être traînés hors de la cabane pour être massacrés et pour servir d'aliment à leurs maîtres.

Afin de les tranquilliser, ils ordonnèrent au père de Vendredi d'aller voir s'il en connaissait quelqu'un, et s'il entendait quelque chose à leur langage. Le bon homme les regarda fort attentivement, mais il n'en reconnut pas un seul. Il avait beau parler, personne ne comprit d'abord ses paroles ni ses signes, excepté une des femmes. C'en était assez pour qu'on pût leur faire comprendre que leurs maîtres étaient chrétiens, qu'ils avaient en horreur les festins de chair humaine, et qu'ils pouvaient être sûrs qu'on ne les égorgerait pas.

Dès qu'ils en furent persuadés, ils marquèrent une joie extraordinaire par mille postures comiques, toutes différentes, ce qui faisait voir qu'ils étaient de diverses nations.

La femme qui faisait l'office d'interprète eut ordre de leur demander s'ils consentaient à être esclaves, et à consacrer leur travail aux hommes qui les avaient amenés, afin de leur sauver la vie. Sur cette question ils se mirent tous à danser et à prendre l'un une chose, l'autre une autre, et à les porter vers la cabane, pour marquer qu'ils étaient prêts à rendre à leurs maîtres toutes sortes de services.

Ensuite, sur la proposition du gouverneur, les cinq Anglais convinrent de prendre chacun une femme, et ils vécurent ainsi d'une manière toute nouvelle. Les Espagnols et le père de Vendredi continuèrent à demeurer dans mon ancienne habitation; ils avaient avec eux les trois esclaves faits prisonniers, lorsque les Sauvages avaient livré bataille : c'était là, pour ainsi dire, la capitale de la colonie, dont les autres tiraient des vivres et toutes espèces de secours, selon que la nécessité l'exigeait.

Après leur réunion avec les Indiennes, nos Anglais se mirent à travailler; aidés par les Espagnols, ils bâtirent en peu d'heures cinq nouvelles cabanes pour y loger, les autres étant, pour ainsi dire, toutes remplies de leurs meubles, de leurs outils et de leurs provisions. Les trois mauvais sujets avaient choisi l'endroit le plus éloigné, et les deux autres le plus voisin de mon château; mais les uns et les autres s'étaient logés vers le nord de l'île, de manière qu'il continuèrent à faire bande à part, et qu'il y avait dans mon île un commencement de trois villes différentes.

Remarquons ici combien il est difficile aux hommes de pénétrer les secrets de la Providence divine. Il arriva justement que les deux honnêtes gens eurent en partage les femmes qui avaient le moins de mérite, au lieu que l trois scélérats, qui n'étaient bons à rien, incapables de faire du bien aux autres et à eux-mêmes, eurent des femmes adroites, diligentes, industrieuses et bonnes ménagères. Je ne veux pas dire par-là que les autres fussent d'un mauvais naturel; elles étaient toutes cinq également douces, patientes, tranquilles et soumises, plutôt comme esclaves que comme femmes; je veux seulement faire entendre que les deux dont il s'agit ici étaient moins habiles que les autres et moins laborieuses.

Je dois ajouter ici une remarque en l'honneur des esprits appliqués, et à la honte des naturels paresseux et négligens. Lorsque j'allai voir les différentes plantations et la manière dont chaque petite colonie les gouvernait, je trouvai que celles des Anglais honnêtes gens surpassait tellement celles des trois vauriens, qu'il n'y avait pas la moindre comparaison. Il est vrai que les uns et les autres avaient cultivé autant de terre qu'il était nécessaire pour y semer du blé suffisamment; mais rien n'était plus aisé que de remarquer une très-grande différence dans la manière dont chaque petite colonie s'y était prise pour rendre les terres fertiles et pour les enfermer dans des enclos.

Les deux honnêtes gens avaient planté autour de leur

sabane une quantité prodigieuse d'arbres qui la rendaient inaccessible, et qui en cachaient la vue ; et, bien que la plantation eût été deux fois ruinée, la première fois par leurs propres compatriotes, et la seconde par les Sauvages, comme on va le voir, tout était déjà rétabli, et aussi florissant que jamais. Leurs vignes étaient arrangées comme si elles étaient venues des pays où elles se plaisent le plus, et les raisins en étaient aussi bons que ceux de l'île, quoique leurs vignes fussent beaucoup plus jeunes que celles des autres, pour les raisons que je viens d'alléguer. De plus, ils s'étaient pratiqué une retraite dans le plus épais du bois, où, par un travail assidu, ils avaient creusé une cave qui leur servit beaucoup dans la suite pour y cacher leur famille quand ils furent attaqués par les Barbares. Ils avaient planté tout autour un si grand nombre d'arbres, qu'elle n'était accessible que par de petits chemins qu'ils étaient seuls capables de trouver.

Pour les trois autres, quoique leur nouvel établissement les eût bien civilisés en comparaison de leur brutalité passée, et qu'ils ne donnassent plus de si fortes marques de leur humeur mutine et querelleuse, il leur restait toujours un des caractères d'un cœur vicieux, je veux dire la paresse. Ils avaient semé du blé, construit des enclos, et parfaitement vérifié ces paroles de Salomon : *Je passai dans la vigne du paresseux, et elle était toute couverte d'épines.* Quand les Espagnols vinrent pour voir la maison de ces trois Anglais, ils ne la purent découvrir qu'à peine à travers les mauvaises herbes. Ils avaient dans leur haie plusieurs trous que les boucs sauvages avaient faits pour manger les épis, et ils les avaient bouchés d'une manière telle quelle.

La plantation des deux autres au contraire, offrait partout d'un air d'application et de prospérité. On ne découvrait pas une mauvaise herbe entre leurs épis, ni la moindre ouverture dans leur haie. Ils vérifiaient cet autre passage de Salomon : *La main diligente enrichit.* Tout germait, tout croissait chez eux : ils jouissaient d'une pleine abondance ; ils avaient plus de bétail que les autres, plus de meubles, plus d'ustensiles, et en même temps plus de moyens de se distraire.

Il est vrai que les femmes des trois premiers, très-adroites, ménageaient parfaitement tout ce qui regardait l'économie intérieure, et qu'ayant appris la cuisine anglaise, elle donnait fort convenablement à manger à leurs maris, tandis qu'il avait été impossible d'y former les deux autres ; mais en récompense celui qui avait été cuisinier s'en acquittait très-bien, sans négliger aucune de ses occupations. Les trois fainéans n'avaient d'autre affaire que de parcourir toute l'île, de chercher des œufs de tourterelles et de chasser ; en un mot, ils s'occupaient de tout, excepté de ce qui était nécessaire. En récompense ils vivaient comme des mendians, au lieu que la manière de vivre des autres était agréable et aisée.

J'en viens à présent à une scène tragique, différente de tout ce qui était arrivé auparavant à la colonie et à moi-même ; en voici le récit fidèle et circonstancié.

CHAPITRE VII.

Un jour, de fort bon matin, cinq ou six canots pleins de Sauvages abordèrent, sans doute dans l'intention ordinaire de faire quelque festin. Cet accident était devenu si familier à la colonie, qu'elle ne s'en mettait plus en peine, et qu'elle ne songeait qu'à se tenir cachée, persuadée que si elle n'était pas découverte par les Sauvages, ils se rembarqueraient dès qu'ils auraient consommé leurs provisions, puisqu'ils n'avaient pas la moindre idée des habitans de l'île. Celui qui avait fait une pareille découverte se contentait d'en donner avis à toutes les plantations, afin qu'on se tînt clos et couvert, en plaçant seulement une sentinelle pour les avertir du rembarquement des Sauvages.

Ces mesures étaient justes ; mais un désastre imprévu

les rendit inutiles et faillit causer la ruine de toute la colonie en la découvrant aux Barbares. Dès que les canots des Sauvages furent remis en mer, les Espagnols sortirent de leur retraite, et quelques-uns d'entre eux eurent la curiosité d'aller examiner le lieu du festin. A leur grand étonnement, ils y trouvèrent trois Sauvages étendus à terre et ensevelis dans un profond sommeil; apparemment ils s'étaient tellement remplis de leurs horribles mets qu'ils s'endormirent comme des brutes sans vouloir se lever lorsque leurs compagnons sortirent, ou bien ils s'étaient peut-être égarés dans le bois, et n'étaient pas venu assez à temps pour se rembarquer avec eux.

Quoiqu'il en soit, les Espagnols en étaient fort embarrassés, et le gouverneur consulté sur cet accident, était aussi embarassé que les autres. Ils avaient des esclaves autant qu'il leur en fallait, et ils n'étaient pas d'humeur à tuer ceux-ci de sang-froid. Les pauvres gens ne leur avaient pas fait le moindre tort, et ils n'avaient aucun sujet de guerre légitime contre eux qui pût les autoriser à les traiter en ennemis.

Je dois rendre ici cette justice aux Espagnols, que, malgré tout ce qu'on raconte des cruautés que cette nation a exercées dans le Mexique et dans le Pérou, je n'ai de ma vie vu, aucun pays, dix sept hommes, de quelque nation que ce fût, si modestes, si modérés, si vertueux, si polis, et d'un si bon naturel. Ils n'étaient pas capable de la moindre inhumanité, ni d'aucune passion violente, et cependant ils avaient tous une valeur extraordinaire et une noble fierté. La douceur de ce tempérament, et l'empire qu'ils exerçaient sur leurs passions, avaient suffisamment paru dans la manière dont ils s'étaient conduits avec les trois Anglais : et dans cette circonstance ils donnèrent la plus belle preuve de leur humanité et de leur justice.

Le parti le plus naturel qu'il y eût à prendre c'était de se retirer et de donner par là le temps à ces Sauvages de s'éveiller et de sortir de l'île : mais une circonstance rendait ce parti inutile. Ils n'avaient point de barques, et s'ils se mettaient à rôder dans l'île, ils pouvaient découvrir les plantations, et par-là causer la ruine de la colonie.

Voyant donc qu'ils continuaient à dormir, ils résolurent de les éveiller et de les faire prisonniers. Ces pauvres gens furent extrêmement surpris quand ils se virent saisis et liés, et parurent agités d'abord par les mêmes craintes qu'on avait remarquées dans les femmes de nos Anglais, car il semble que ces peuples s'imaginent que leur coutume de manger les hommes soit généralement suivie par toutes les nations. Mais on les délivra bientôt de ces frayeurs, et on les mena dans le moment même à une des plantations.

Par bonheur on ne les conduisit pas à mon château : ils furent d'abord amenés à ma maison de campagne, qui était la ferme principale, et ensuite on les transporta jusqu'à l'habitation des deux Anglais.

Là, ces Anglais les firent travailler, quoiqu'ils n'eussent pas grand'chose à faire pour eux, et n'y prenant pas garde de si près, parce qu'ils n'en avaient guère besoin, ou qu'ils les trouvaient incapables de bien apprendre le labourage ; ils s'aperçurent qu'un des trois s'était échappé ; quelque recherche qu'on fit, on ne put le trouver. On finit par penser qu'il avait trouvé moyen de revenir chez lui avec les canots de quelques sauvages qui, par les motifs ordinaires, avaient fait deux mois après quelque séjour dans l'île.

Cette pensée effraya extrêmement tous mes colons ; ils en conclurent que s'il revenait parmi ses compatriotes, il ne manquerait pas de l'informer que l'île était habitée. Par bonheur il n'avait jamais été instruit du nombre des habitans et de leurs différentes plantations. Il n'avait jamais vu ni entendu l'effet de leurs armes à feu ; et il n'avaient en garde de lui découvrir aucune de leurs retraites, telles que ma grotte dans la vallée et la cave que les Anglais s'étaient creusée.

La première certitude qu'ils eurent de n'avoir que trop bien conjecturé, c'est que deux mois après six canots

tés par sept, huit ou dix Sauvages, vinrent raser la côte septentrionale de l'île où ils n'étaient jamais venus auparavant, et y débarquèrent une heure après le lever du soleil, à un mille de distance de l'habitation des deux Anglais où avait demeuré l'esclave en question.

Si toute la colonie s'était trouvée de ce côté-là, le mal n'aurait pas été si grand, et selon toutes les apparences, aucun des ennemis n'eût échappé: mais il n'était pas possible à deux hommes d'en repousser une cinquantaine, et de les combattre avec succès.

Les deux Anglais les avaient découverts en mer à une lieue de distance; par conséquent il se passa une heure avant qu'ils fussent à terre; et comme ils avaient débarqué à un mille de leur habitation, il leur fallait du temps pour revenir jusque-là. Nos pauvres Anglais ayant toute la raison imaginable de se croire trahis, prirent d'abord le parti de garotter les deux qui leur restaient, et d'ordonner à deux des trois autres qui avaient été amenés avec les femmes, et avaient donné à leurs maîtres des marques de leur fidélité, de conduire dans la cave les deux nouveaux venus avec les deux femmes et tous les meubles dont ils pouvaient se charger. Ils leur demandèrent encore de tenir là ces deux Sauvages pieds et poings liés jusqu'à nouvel ordre.

Ensuite, voyant les Sauvages débarqués venir droit du côté de leurs huttes, ils ouvrirent leur enclos où leurs chèvres apprivoisées étaient gardées: ils les chassèrent toutes dans les bois, aussi bien que les chevreaux, afin que les ennemis s'imaginassent qu'ils avaient toujours été sauvages. Mais l'esclave qui leur servait de guide les avait trop bien instruits, car ils continuèrent leur marche directement vers la demeure des deux Anglais.

Après que ceux-ci eurent mis en sûreté leurs femmes et leurs ustensiles, ils envoyèrent le troisième esclave qui était venu dans l'île avec les femmes, vers les Espagnols, pour les avertir au plus vite du danger qui les menaçait, et leur demander un prompt secours. En même temps ils prirent leurs armes et leurs munitions, et se retirèrent dans le bois où était la cave qui servait d'asile à leurs femmes. Ils s'arrêtèrent à quelque distance de là pour épier, s'il était possible, quel chemin prendraient les Sauvages.

Au milieu de leur retraite, ils découvrirent d'une colline un peu élevée toute la petite armée de leurs ennemis qui s'approchait de leurs cabanes, et un moment après ils les virent dévorées par les flammes de tous côtés, ce qui leur causa le plus cruel chagrin : c'était pour eux une perte irréparable, du moins pour fort long-temps.

Ils s'arrêtèrent pendant quelques instans sur cette petite colline, jusqu'à ce qu'ils virent les Sauvages se répandre partout comme une troupe de bêtes féroces, et rôdant pour trouver quelque butin, surtout pour déterrer les habitans dont il était aisé de voir qu'ils avaient connaissance.

Cette découverte fit sentir aux Anglais qu'ils n'étaient pas en sûreté dans le lieu où ils se trouvaient, parce qu'il était fort naturel de penser que quelques-uns des ennemis prendraient cette route, et dans ce cas, ils auraient pu y venir en trop grand nombre pour qu'il fût possible de leur résister.

En conséquence, ils trouvèrent à propos de pousser leur retraite une demi-lieue plus loin, s'imaginant que plus les Sauvages se répandraient au long et au large, et moins leurs pelotons seraient nombreux.

Ils firent leur première halte à l'entrée d'une partie fort épaisse du bois où se trouvait le tronc d'un vieux arbre fort touffu et entièrement creux. Ils s'y mirent l'un et l'autre, résolus d'attendre là l'issue de l'événement.

Ils ne s'y étaient pas tenus long-temps, quand ils aperçurent deux Sauvages s'avancer droit de ce côté-là, comme s'ils les avaient découverts et les allaient attaquer ; et à quelque distance, ils en virent trois autres suivis de cinq autres encore, tenant tous la même route. Outre ceux-là, ils en virent, à une plus grande distance, sept autres qui prenaient un chemin différent; car toute la troupe s'était répandue dans l'île, comme des chasseurs qui battent le bois pour faire lever le gibier.

Les pauvres Anglais se trouvèrent alors dans un grand embarras, ne sachant s'il valait mieux s'enfuir ou garder leur poste; mais après une courte délibération, ils pensèrent que si les ennemis continuaient à rôder partout de cette manière avant l'arrivée du secours, ils pourraient bien découvrir la cave, ce qu'ils regardaient comme le dernier des malheurs. Ils résolurent donc de les attendre, et s'ils étaient attaqués par une troupe trop forte, de monter jusqu'au haut de l'arbre d'où ils pouvaient se défendre tant que leurs munitions dureraient, quand même ils seraient environnés de tous les Sauvages qui étaient débarqués, à moins qu'ils ne s'avisassent de mettre le feu à l'arbre

Ayant pris ce parti, ils examinèrent encore s'il serait bon de faire d'abord feu sur les deux premiers, ou s'ils attendraient la venue des trois pour séparer ainsi les premiers d'avec les cinq qui suivaient les trois du milieu. Ce parti leur parut le meilleur, et ils résolurent de laisser passer les deux premiers, à moins qu'ils ne vinssent les attaquer. Ils furent confirmés dans cette résolution par la marche de ces deux Sauvages qui prirent un peu du côté de l'arbre en avant vers une autre partie du bois; mais les trois et les cinq autres qui les suivaient continuèrent leur chemin directement vers eux, comme s'ils eussent été instruits du lieu de leur retraite.

Comme ils se succédaient tous l'un après l'autre les Anglais qui jugeaient convenable de ne tirer qu'un à un, crurent qu'il n'était pas impossible d'abattre les trois premiers d'un seul coup. Là-dessus, celui qui devait tirer le premier mit trois balles dans son mousquet, et le plaçant dans un trou de l'arbre très-propre à assurer le coup, il attendit qu'ils fussent venus à trente verges de distance pour ne pas les manquer.

Pendant que l'ennemi avançait, ils virent distinctement, parmi les trois premiers, leur esclave fugitif, et ils résolurent de ne pas le laisser échapper, quand ils devaient tirer l'un immédiatement après l'autre : ainsi, l'un se tint prêt pour ne pas le manquer, si par hasard il ne tombait pas du premier coup.

Mais le premier savait trop bien viser pour perdre sa poudre; il fit feu et en toucha deux de la bonne manière. Le premier tomba raide mort, la balle lui ayant passé à travers la tête. Le second qui était l'esclave fugitif, eut la poitrine percée d'outre en outre et tomba par terre, quoiqu'il ne fût pas tout à fait mort, pour le troisième, il n'avait qu'une légère blessure à l'épaule, causée apparemment par la balle qui était passée par le corps du second : cependant effrayé mortellement, il s'était jeté par terre, en poussant des cris et des hurlemens épouvantables.

Les cinq qui les suivaient, plus étonnés du bruit qu'instruits du danger s'arrêtèrent d'abord. Les bois avaient rendu le bruit mille fois plus terrible par les échos qui le répétaient de toutes parts, et les oiseaux en se levant de tous côtés y mêlaient des cris confus.

Cependant, voyant que tout était rentré dans le silence, et ne sachant ce dont il s'agissait, ils s'avancèrent d'abord sans donner la moindre marque de crainte; mais arrivés à l'endroit où leurs compagnons avaient été si maltraités, ils se pressèrent tous autour du Sauvage blessé, et lui parlaient apparemment, en le questionnant sur la cause de son malheur sans savoir qu'ils étaient exposés au même danger.

Il leur répondit sans doute qu'un éclat de feu, suivi d'un affreux coup de tonnerre descendu du ciel, avait tué deux de ses camarades et l'avait blessé lui-même. Cette réponse du moins était fort naturelle; car comme il n'avait vu aucun homme près de lui et qu'il n'avait jamais entendu un coup de fusil, bien loin d'en connaître les terribles effets, il lui était difficile de faire quelqu'autre conjecture à cet égard. Ceux qui le questionnaient étaient certainement aussi ignorans que lui; sinon ils ne se seraient pas amusés à examiner d'une manière si tranquille la destinée de leurs compagnons; tandis qu'un sort pareil les attendait sans qu'ils s'en doutassent.

Nos deux Anglais étaient bien fâchés de se voir obligés de tuer tant de créatures humaines qui n'avaient pas la moindre idée du péril qui les menaçait de si près; cependant, forcés par le soin de leur propre conservation, et les voyant tous, pour ainsi dire, en leur puissance, ils résolurent de leur lâcher une décharge générale, car le premier avait eu tout le temps de recharger son fusil. Ils convinrent des différents côtés où ils viseraient pour rendre l'exécution plus terrible, et faisant feu en même temps, ils tuèrent et blessèrent quatre de la troupe des Sauvages, et le cinquième, quoiqu'il ne fût touché en aucune manière tomba avec le reste comme mort de peur, de manière que nos gens s'imaginèrent les avoir tous tués.

Cette opinion les fit sortir hardiment de l'arbre sans avoir rechargé, ce qui était une démarche fort imprudente; et ils furent bien étonnés en approchant de l'endroit d'en voir quatre en vie, parmi lesquels il y en avait deux de blessés assez légèrement, et un autre sain et sauf, découverte qui les obligea à donner dessus avec la crosse du fusil. Ils dépêchèrent d'abord l'esclave qui était la cause de tout ce désastre, et un autre qui se trouvait blessé au genou. Quant au Sauvage qui n'avait pas reçu la moindre blessure, il se mit à genoux devant eux, tendant ses mains vers le ciel, et par un murmure lamentable et d'autres signes aisés à comprendre, il demanda la vie; pour les paroles qu'il prononçait, elles leurs étaient absolument inintelligibles.

Ils lui ordonnèrent par signes de s'asseoir au pied d'un

arbre, et un des Anglais, ayant par hasard sur lui une corde, lui lia les pieds et les mains, et le laissant là dans cette situation, ils se mirent l'un et l'autre à la poursuite des deux premiers avec toute la vivacité possible; craignant qu'ils ne découvrissent la cave où étaient cachées leurs femmes et tout le bien qui leur restait. Ils les eurent en vue une fois, mais à une grande distance. Ce qui leur faisait pourtant grand plaisir, c'était de les voir traverser une vallée du côté de la mer, par un chemin qui était tout à fait à l'opposition de la retraite pour laquelle ils craignaient si fort. Satisfaits de cette découverte, ils s'en retournèrent vers l'arbre où ils avaient laissé leur prisonnier, mais ils ne l'y trouvèrent point : les cordes dont il avait été lié étaient à terre, au pied du même arbre, et ils crurent que les autres Sauvages l'avaient rencontré et délié.

Ils furent alors dans un aussi grand embarras qu'auparavant, ne sachant quelle route prendre, ni où était l'ennemi, ni en quel nombre. Là dessus ils résolurent de s'en aller vers la cave, pour voir si tout y était en bon état, et pour calmer la frayeur de leurs femmes qui, bien que Sauvages elles-mêmes, craignaient mortellement leurs compatriotes, parce qu'elles connaissaient parfaitement leur naturel. Arrivés en cet endroit, ils virent que les Sauvages avaient été dans le bois, et fort près de l'endroit en question, mais qu'ils ne l'avaient pas découvert. Il ne faut pas s'en étonner; les arbres étaient si touffus et si serrés qu'il était impossible d'y pénétrer sans un guide qui connût les chemins, et comme nous avions vu, celui qui les conduisait était aussi peu instruit qu'eux à cet égard.

Nos Anglais trouvèrent donc tout comme ils le souhaitaient, mais leurs femmes étaient dans une terrible frayeur. En même temps ils virent arriver à leur secours sept Espagnols : les dix autres avec leurs esclaves et le père de Vendredi s'étaient formés en petit corps pour défendre la ferme où ils avaient leur blé et leur bétail; mais les

Sauvages ne s'étaient pas portés jusques-là. Ces sept Espagnols étaient accompagnés de l'esclave que les Anglais leur avaient envoyé, et du Sauvage qu'ils avaient laissé lié au pied de l'arbre, ils virent alors qu'il n'avait pas été délié par ses compagnons, mais bien par les Espagnols qui s'étaient rendus dans cet endroit où ils avaient vu sept cadavres et ce malheureux qu'ils jugèrent à propos d'emmener avec eux. Il fallut pourtant le lier de nouveau, et lui faire tenir compagnie aux deux qui étaient restés lorsque le troisième, auteur de tout mal, s'était enfui.

Les prisonniers commencèrent alors à leur être à charge, et ils craignaient si fort qu'ils n'échappassent, qu'ils résolurent une fois de les tuer tous, persuadés qu'ils y étaient contraints par le soin de leur propre conservation. Le gouverneur espagnol ne voulut pourtant pas y consentir, et ordonna en attendant mieux qu'on les envoyât à la vieille grotte dans la vallée avec deux Espagnols pour les garder et pour leur donner la nourriture nécessaire. On le fit, et ils y restèrent toute la nuit suivante, liés et garrottés.

Les deux Anglais, voyant les troupes auxiliaires des Espagnols, reprirent tellement courage qu'ils ne voulurent pas en demeurer là : ils se firent accompagner de cinq Espagnols, et ayant à eux tous cinq mousquets, un pistolet et deux bâtons à deux bouts, ils partirent aussitôt pour aller à la chasse des Sauvages. Ils s'en allèrent du côté de l'arbre où ils leur avaient d'abord résisté, et ils virent sans peine qu'il en était venu d'autres depuis ce temps-là, et qu'ils avaient fait de vains efforts, pour emporter leurs compagnons qui avaient perdu la vie, puisqu'en ayant entraîné deux assez loin de cet endroit, ils avaient été obligés de se désister de leur entreprise. De là ils avancèrent vers la colline leur premier poste et d'où ils avaient eu la douleur d'apercevoir leurs maisons en feu. Ils eurent le déplaisir de les voir encore toutes fumantes : mais ils ne découvrirent aucun de leurs ennemis.

Ils résolurent alors d'aller, avec toute la précaution possible, vers leurs plantations ruinées ; mais chemin faisant, étant à portée du rivage, ils virent distinctement les Sauvages empressés à se jeter dans leurs canots pour se retirer de cette île qui leur avait été si fatale.

Ils furent d'abord fâchés de les laisser partir sans les saluer encore d'une bonne décharge ; mais en examinant la chose avec plus de sang froid, ils se trouvèrent heureux d'en être quittes.

Ces pauvres Anglais étant ruinés alors pour la second fois, et privés de tout le fruit de leur travail, les autres s'accordèrent unanimement à les aider à relever leurs habitations et à leur donner tous les secours possibles. Leur trois compatriotes eux-mêmes, qui jusque-là n'avaient pas marqué la moindre inclination pour eux, et qui n'avaient rien su de toute cette affaire, parce qu'ils s'étaient établis du côté de l'est, vinrent offrir leur assistance, et travaillèrent pour eux pendant plusieurs jours avec beaucoup de zèle. De cette manière, et en fort peu de temps, ils furent en état de subsister par eux-mêmes.

Deux jours après, la colonie eut la satisfaction de voir trois canots sur le rivage, et près de là, deux hommes noyés ; ce qui leur fit croire, avec beaucoup de fondement que les ennemis avaient essuyé une tempête qui avait fait périr quelques-unes de leurs barques : cette conjecture était confirmée par un vent violent qu'on avait senti dans l'île la nuit même d'après leur départ. Cependant, si la tempête en avait fait périr, il en restait assez pour informer leurs compatriotes de ce qu'ils avaient fait et de ce qui leur était arrivé, et pour les porter à une seconde entreprise où ils pourraient employer des forces suffisantes pour n'en pas avoir le démenti.

Quoiqu'il en soit, cinq ou six mois se passèrent avant qu'on entendit parler dans l'île de quelque nouvelle entreprise des Sauvages ; et les nôtres commençaient à croire que les Indiens avaient oublié leur malheureuse tentative, ou bien qu'ils désespéraient de la réparer, quant tout à coup ils furent attaqués par une flotte formidable de vingt-huit canots remplis de Sauvages armés d'arcs, de flèches, de massues, de sabres de bois, et d'autres armes semblables. Leur nombre était si grand, qu'il jeta la colonie dans la plus terrible consternation. Comme ils débarquèrent vers le soir dans la partie orientale de l'île, nos gens eurent toute la nuit pour consulter sur ce qu'ils avaient à faire. Sachant que leur sûreté avait consisté entièrement à n'être pas découvert, ils crurent qu'ils devaient prendre les mêmes précautions dans la conjoncture présente, et cela par des motifs d'autant plus forts, que le nombre de leurs ennemis était plus grand.

Conformément à cette opinion, ils résolurent d'abord d'abattre les cabanes des deux Anglais, et de renfermer le bétail dans l'ancienne grotte, car ils supposaient que les Sauvages iraient tout droit de ce côté-là, quoiqu'ils eussent débarqué à plus de deux lieues de cette habitation. Ensuite ils emmenèrent tout le bétail qui était dans ma maison de campagne et qui apartenait aux Espagnols; en un mot, ils écartèrent, autant qu'il fut possible, tout ce qui était capable de faire croire que l'île fût habitée. Le jour d'après, ils se portèrent de bon matin, avec toutes leurs forces, devant la plantation des deux Anglais pour y attendre l'ennemi de pied ferme.

La chose arriva précisément comme ils l'avaient conjecturé. Les Sauvages, laissant leurs canots près de la côte orientale de l'île, s'avancèrent sur le rivage, directement vers le lieu en question, au nombre d'environ deux cent cinquante, autant que nos gens en pouvaient juger.

Notre armée était fort petite en comparaison de la leur, et ce qui était le plus affligeant, il n'y avait pas de quoi la pourvoir suffisamment d'armes. Elle se composait de dix-sept Espagnols et de cinq Anglais, du père de Vendredi, de trois esclaves venus dans l'île avec les femmes sauvages, qui s'étaient montrés très-fidèles, et de trois autres esclaves, qui servaient les Espagnols : total, vingt-neuf.

Pour armer ces combattans, il y avait onze mousquets, cinq pistolets, trois fusils de chasse, cinq fusils que j'avais ôtés aux mutins en les désarmant, deux sabres et trois vieilles hallebardes ; total, vingt-neuf.

Pour en tirer tout l'usage possible, ils ne donnèrent point d'armes à feu aux esclaves; mais ils confièrent à chacun une hallebarde ou un bâton à deux bouts, avec une hache. Chaque combattant européen en prit une aussi. Il y avait encore deux femmes qu'il ne fut pas possible d'empêcher d'accompagner leurs maris au combat. On leur donna les arcs et les flèches des Sauvages, que les Espagnols avaient ramassés après la bataille qui s'était donnée dans l'île, il y avait quelque temps, entre deux troupes de Sauvages. On donna encore une hache à chacune de ces amazones.

Le gouverneur espagnol était généralissime; Guillaume Atkins, homme terrible quand il s'agissait de commettre quelque crime, était cependant plein de valeur, et commandait sous lui.

Les Sauvages avancèrent sur les nôtres comme des lions, et ce qu'il y avait de fâcheux, c'est que nos gens ne pouvaient tirer le moindre secours du lieu où ils étaient postés. Mais Atkins, qui, dans cette occasion, rendit de grands services, était caché avec six hommes derrière quelques broussailles en garde avancée, avec ordre de laisser passer les premiers ennemis, de faire feu ensuite au milieu de la troupe, et de se retirer après avec toute la promptitude possible, en prenant un détour dans le bois pour se placer derrière les Espagnols qui avaient une rangée d'arbres devant eux.

Les Sauvages s'avançant par petits pelotons, sans aucun ordre, Atkins en laissa passer une cinquantaine, et voyant que le reste composait une troupe aussi épaisse qu'en désordre, fit faire feu à trois des siens qui avaient chargé leurs fusils de six ou sept balles à peu près du calibre d'un pistolet. Il n'est pas possible de dire combien ils en tuèrent et blessèrent; mais la surprise et la consternation des Sauvages furent inexprimables. Ils étaient dans un étonnement et dans une frayeur terribles d'entendre un bruit si inouï, et de voir leurs gens tués et blessés sans en pouvoir découvrir la cause, quand Atkins lui-même et les trois autres firent une nouvelle décharge dans le plus épais de leur bataillon; en moins d'une minute, les trois premiers ayant eu le temps de charger de nouveau leurs fusils, leur envoyèrent une troisième décharge.

Si Atkins, et ses gens s'étaient retirés immédiatement comme on le leur avait ordonné, ou si les autres colons eussent été à porté de continuer le feu, les Sauvages étaient défaits indubitablement; car leur consternation venait principalement de ce qu'ils s'imaginaient que c'étaient les dieux qui les tuaient par le tonnerre et par la foudre. Mais Atkins s'arrêtant là pour charger de nouveau, les tira d'erreur. Quelques-uns des ennemis les plus éloignés le découvrirent, et le vinrent prendre par derrière; et quoique Atkins fit encore feu sur eux deux ou trois fois, et qu'il en tua une vingtaine, il fut cependant blessé lui même, un Anglais fut tué à coups de flèches, et le même malheur arriva quelques temps après à un Espagnol et à un des esclaves qui était venu dans l'île avec les épouses des Anglais. C'était un garçon d'une bravoure étonnante; il s'était battu en désespéré, et il avait tué lui seul cinq ennemis, quoiqu'il n'eût d'autres armes qu'un bâton à deux bouts et une hache.

Nos gens étant pressés de cette manière, et ayant souffert une perte considérable, se retirèrent vers une colline dans le bois, et les Espagnols, après trois décharges, firent aussi retraite.

Le nombre des ennemis était trop considérable pour mes colons, et ils se battaient tellement en désespérés, que, quoiqu'il y en eût une cinquantaine de tués et autant de blessés au moins, ils ne laissaient pas de charger nos gens, sans se mettre en peine du danger, et leur envoyaient continuellement des nuées de flèches. On observa même que leurs blessés, qui étaient encore en état de combattre, en devenaient plus furieux, et qu'ils étaient plus à craindre que les autres.

Lorsque les nôtres commencèrent leur retraite, ils laissèrent leurs morts sur le champ de bataille, et les Sauvages maltraitèrent ces cadavres de la manière du monde la plus horrible, leur cassant les bras, les jambes et la tête avec leurs massues et leurs sabres de bois comme de vrais barbares.

Voyant que nos gens s'étaient retirés, ils ne songèrent pas à les suivre; mais s'étant rangés en cercle, selon leur coutume, ils poussèrent deux grands cris, en signe de victoire. Leur joie ne tarda pourtant pas à être troublée peu après par plusieurs de leurs blessés qui tombèrent à terre, et perdirent la vie à force de perdre du sang.

Le gouverneur ayant rallié son armée sur une terre peu élevée, Atkins, quoique blessé fut d'avis qu'on marchât, ce qu'on donnât de nouveau avec toutes les forces unies. — Atkins, dit le gouverneur, vous voyez de quelle manière désespérée leurs blessés combattent, laissons les en repos jusqu'à demain; tous ces malheureux seront à moitié morts de leurs blessures trop affaiblis par la perte de leur sang pour en venir aux mains de nouveau, et nous aurons meilleur marché du reste.

— C'est fort bien dit, répliqua Atkins avec une gaîté brusque, mais il en sera de moi précisément comme des Sauvages; je ne serais bon à rien demain, et c'est pour cela que je veux recommencer la danse pendant que je suis encore échauffé. — Vous parlez en brave, répartit l'Espagnol, et vous avez agi de même; vous avez fait votre devoir, et nous nous battrons pour vous si vous n'êtes pas en état d'être de la partie, attendons jusqu'à demain, je crois que c'est le parti le plus sage.

Néanmoins, comme il faisait un beau clair de lune et que nos gens savaient que les Sauvages étaient dans un grand désordre, car on les voyait courir confusément d'un côté et d'autre près de l'endroit où gisaient leurs morts et leurs blessés, ils résolurent de tomber sur eux pendant la nuit, persuadés que s'ils pouvaient leur envoyer une seule décharge avant que d'être découverts, l'avantage serait pour nos colons. L'occasion était très-favorable, un des Anglais près de l'habitation duquel le combat avait commencé, sachant un moyen sûr pour les surprendre. Il fit faire à nos gens un détour dans le bois du côté de l'ouest, puis, tournant du côté du sud, il les mena si près du lieu où était le plus grand nombre des sauvages, qu'avant d'avoir été vus ou entendus, huit d'entr'eux firent une décharge sur les ennemis avec un succès terrible. Une demi-minute après, huit autres les saluèrent de la même manière et répandirent parmi eux une si grande quantité de grosses dragées, qu'il y en eut un grand nombre de tués et de blessés, et pendant tout ce temps-là il ne leur fut pas possible de découvrir ce carnage, et de quel côté ils devaient fuir.

Les nôtres ayant rechargé leurs armes avec toute la promptitude possible, se partagèrent en trois troupes, résolus de tomber sur les ennemis tous à la fois.

Ils partagèrent également les armes à feu, ainsi que les hallebardes et les bâtons à deux bouts. Ils voulaient laisser les femmes derrière, mais elles dirent qu'elles étaient résolues de mourir avec leurs maris. S'étant mis en bataille, ils sortirent du bois en poussant un cri de toutes leurs forces. Les Sauvages tinrent ferme, mais ils tombaient dans la dernière consternation, en entendant nos gens pousser leurs cris de trois côtés. Ils étaient assez courageux pour combattre s'ils avaient vu leurs ennemis; et effectivement dès que nos gens approchèrent, ils tirèrent plusieurs flèches dont l'une blessa le père de Vendredi, mais non d'une manière dangereuse. Les nôtres ne leur donnèrent guère le temps de respirer, et se ruant sur eux, après avoir fait feu, ils engagèrent la mêlée, et à coups de crosse, de sabre, de hache, et de bâton à deux bouts, ils firent tant que les ennemis se mirent à pousser des hurlemens affreux et à s'enfuir, l'un d'un côté, l'autre de l'autre, ne songeant plus qu'à se dérober à des ennemis si terribles.

Nous étions fatigués de les assommer, et il ne faut pas en être surpris, puisque, dans les deux actions, nous en avions tué ou blessé mortellement au moins cent quatre-vingt. Les autres, saisis d'une frayeur inexprimable, couraient par les collines et les vallées avec toute la rapidité que la peur pouvait ajouter à leur vitesse naturelle.

Comme on ne se mettait guère en peine de les poursuivre, ils gagnèrent le rivage sur lequel ils avaient débarqué; mais il faisait cette nuit un vent terrible qui, venant du côté de la mer, les empêchait de quitter le rivage. La tempête continua pendant toute la nuit, et quand la marée monta, leurs canots furent poussés si avant sur le rivage qu'il aurait fallu une peine infinie pour les remettre à flot; quelques-uns même en heurtant contre le sable ou les uns contre les autres avaient été mis en pièces.

CHAPITRE VIII.

Nos gens, quoique charmés de leur victoire, eurent peu de repos tout le reste de la nuit; mais s'étant rafraîchis du mieux qu'il leur était possible, ils prirent le parti de marcher vers la partie de la contrée où les Sauvages s'étaient retirés. Ce dessein les força de passer sur le champ de bataille, où ils virent plusieurs de leurs malheureux ennemis encore vivans, mais hors d'espérance d'en revenir : spectacle affligeant pour des cœurs bien placés; car une ame véritablement grande, quoique forcée par les lois naturelles à détruire ses ennemis, est bien éloignée de se réjouir de leurs malheurs.

Il ne fut pas nécessaire de s'inquiéter à l'égard de ces Sauvages; car les esclaves eurent soin de finir leurs misères à grands coups de hache.

Nos colons parvinrent enfin à un endroit où ils découvrirent le reste de l'armée des vaincus, qui consistâ encore en une centaine d'hommes. Ils étaient assis à terre, le menton appuyé sur les genoux et la tête soutenue par les deux mains.

Dès que nos gens se furent approchés d'eux à la distance d'une double portée de mousquet, le gouverneur ordonna qu'on en tirât deux sans balles pour leur donner l'alarme et pour voir leur contenance. Il voulait découvrir par-là s'ils étaient d'humeur à se battre encore, ou si leur défaite les avait entièrement découragés, afin de prendre ses mesures sur ce qu'il remarquerait.

Ce stratagème réussit; car dès que les Sauvages eurent entendu le premier coup et qu'ils virent le feu du second, ils se relevèrent avec toute la frayeur imaginable et s'enfuirent vers le bois, en poussant une sorte de hurlement que nos gens n'avaient pas encore entendu et dont ils ne purent deviner le sens.

Ils auraient mieux aimé que le temps eût été tranquille, et que les ennemis eussent pu se rembarquer; mais ils ne considéraient pas alors que leur retraite pouvait être la cause d'une nouvelle expédition et qu'ils seraient peut-être revenus avec des forces auxquelles il n'aurait pas été possible de résister, ou bien qu'ils auraient pu revenir si souvent, que la colonie uniquement occupée à les repousser, eût été réduite à mourir de faim.

Atkins, qui, malgré sa blessure, n'avait pas voulu se retirer, donna le meilleur conseil; il fut d'avis de se servir de la frayeur des ennemis pour les séparer de leurs barques et les empêcher de regagner leur pays.

Ils consultèrent long-temps là-dessus : quelques-uns s'opposaient à cette opinion, craignant que l'exécution de ce projet ne poussât les Barbares à se cacher dans les bois, ce qui forcerait les nôtres à leur donner la chasse comme à des bêtes féroces, et empêcherait de travailler, pour ne s'occuper qu'à garder le bétail et les plantations, et les ferait vivre dans des inquiétudes continuelles.

Atkins répondait qu'il valait mieux avoir affaire à cent hommes qu'à cent nations, et qu'il fallait absolument détruire et les canots et les ennemis, s'ils voulaient n'être pas détruits eux-mêmes, en un mot, il leur montra si bien l'utilité de son sentiment, qu'ils y entrèrent tous. Ils mirent aussitôt la main à l'œuvre, et ayant ramassé du bois sec, ils essayèrent de brûler quelques-uns des canots, mais ils étaient trop mouillés; néanmoins le feu en gâta tellement les parties supérieures, qu'il n'était plus possible de s'en servir.

Quand les Sauvages se furent aperçus de notre projet, quelques-uns d'entre eux sortirent des bois, et s'approchant, ils se jetèrent à genoux en criant : *Oa Oa Warantokoa*, et en prononçant quelques autres paroles dont les nôtres ne purent rien comprendre; mais, comme ils se tenaient dans une attitude suppliante, les cris qu'ils poussaient étaient destinés sans doute à prier que l'on épargnât leurs canots, et qu'on leur permît de s'en retourner.

Mais nos gens avaient l'intime conviction que l'unique moyen de conserver la colonie était d'empêcher qu'aucun des Sauvages ne retournât chez lui, convaincu que, s'il en échappait un seul pour aller raconter la catastrophe de ses camarades, c'était fait d'eux. Ainsi, faisant signe aux Barbares qu'il n'y avait point de quartier pour eux, ils détruisirent toutes les barques que la tempête avait épargnées. A la vue de ce spectacle, les Sauvages qui étaient dans les bois poussèrent des hurlemens épouvantables que les nôtres entendirent distinctement, et ensuite ils se mirent à courir dans l'île comme des hommes qui avaient perdu l'esprit ; ce qui troubla beaucoup les nôtres, indécis sur ce qu'ils devaient faire pour se délivrer de ces misérables.

Les Espagnols eux-mêmes, malgré toute leur prudence, ne considéraient pas qu'en portant ces Sauvages au désespoir, ils se mettaient dans la nécessité de placer des gardes auprès de leurs plantations. Il est vrai qu'ils avaient mis leurs troupeaux sûr... et qu'il était tout possible aux Indiens de trouver mon château, non plus que ma grotte dans la vallée; is malheureusement ils déterrèrent la grande ferme, la mirent en pièces, ruinèrent l'enclos et la plantation qui était à l'entour, foulèrent le blé aux pieds, arrachèrent les vignes, gâtèrent les raisins qui étaient en maturité; en un mot, ils firent des dommages inestimables, quoiqu'ils n'en profitassent pas eux-mêmes.

Nos gens étaient à la vérité en état de les combattre partout où ils les trouveraient; mais ils étaient fort embarrassés sur la manière de leur donner la chasse. Quand ils les rencontraient un à un, ils les poursuivaient en vain, ces Sauvages trouvant aisément leur sûreté dans leur vitesse extraordinaire; et d'un autre côté, nous n'osions marcher isolément pour les surprendre, de peur d'être environnés et accablés par le nombre.

Ce qu'il y avait de rassurant, c'est que les Sauvages ne possédaient point d'armes; leurs arcs leur étaient inutilés; fautes de flèches et de matériaux pour en faire de nouvelles, et personne n'avait d'armes tranchantes parmi toute la troupe.

L'extrémité à laquelle ils se voyaient réduits était certainement déplorable; mais la situation où ils avaient mis la colonie n'était guère meilleure; car, quoique nos retraites fussent conservées, les provisions se trouvaient ruinées pour la plupart; la moisson était détruite, et il ne restait plus de ressources que le bétail de la vallée, près de la grotte, un petit champ de blé qui se trouvait aussi de ce côté-là, et les plantations de Guillaume Atkins et de son camarade. L'autre avait perdu la vie dans la première action par une flèche qui lui avait traversé la tête à la tempe. Il est à remarquer que c'était le scélérat qui avait donné cet affreux coup de hache au pauvre esclave, et projeté ensuite de faire main basse sur les Espagnols.

A mon avis, ils furent alors dans un cas plus triste

que je n'avais été depuis que je m'avisai de semer du millet et du riz, et que je commençai à apprivoiser des chèvres. Il y avait dans les Sauvages une centaine de loups qui dévoraient tout ce qu'ils pouvaient trouver, et qu'il était impossible d'atteindre.

La première chose dont ils purent convenir dans cet embarras, ce fut de pousser les ennemis vers l'endroit le plus reculé de l'ile, afin que si d'autres Sauvages abordaient, ils ne pussent les découvrir. Ils résolurent encore de les harasser continuellement, d'en tuer autant qu'ils pourraient pour en diminuer le nombre, et s'ils réussissaient à la fin à les apprivoiser, de leur enseigner à semer, et de les faire vivre de leur propre travail.

Conformément à ces résolutions, ils les poursuivirent avec tant de chaleur, et les effrayèrent tellement par leurs armes à feu, dont le seul bruit les faisait tomber à terre, qu'ils s'éloignèrent de plus en plus : leur nombre diminuait de jour en jour, et enfin ils furent réduits à se cacher dans les bois et dans les cavernes où plusieurs périrent de faim, comme il parut dans la suite, par leurs cadavres qu'on trouva.

La misère de ces pauvres gens remplit les nôtres d'une généreuse compassion, surtout le gouverneur espagnol, qui était l'homme du monde qui avait le cœur le mieux placé. Il proposa aux autres de chercher à prendre un des Sauvages pour lui faire entendre l'intention de la colonie, et pour l'envoyer parmi les siens, afin de les amener à une capitulation qui assurât leur vie, et qui rendît à la colonie le repos qu'elle avait perdu depuis la dernière invasion.

Ils furent assez long-temps avant de pouvoir parvenir à leur but ; mais enfin la disette ayant affaibli les Sauvages, on en saisit un. Il était au commencement tellement accablé de son malheur, qu'il ne voulut ni manger ni boire; mais voyant qu'on le traitait avec douceur, et qu'on lui donnait ce qu'il fallait pour sa subsistance, sans lui faire le moindre mal, il revint de ses frayeurs, et se tranquillisa peu à peu.

On lui amena le père de Vendredi qui entrait souvent en conversation avec lui et l'assurait de l'intention qu'on avait, non-seulement de sauver la vie à lui et à tous ses compagnons, mais encore de leur donner une partie de l'île, à condition qu'ils se tiendraient dans certaines limites, sans en sortir jamais pour causer le moindre dommage à la colonie. Il lui promit aussi de leur faire donner du grain pour ensemencer des terres, ajoutant qu'on leur fournirait du pain jusqu'à ce qu'ils fussent en état d'en faire pour eux-mêmes. De plus il lui ordonna d'aller parler à ses compatriotes, et de leur déclarer que s'ils ne voulaient pas accepter des conditions si avantageuses, ils seraient tous détruits.

Les malheureux Sauvages, extrêmement humiliés par leur misère et réduits au nombre d'environ trente-sept, reçurent cette proposition sans balancer et demandèrent qu'on leur donnât quelques alimens. Là-dessus, douze Espagnols et deux Anglais bien armés marchèrent vers l'endroit où ils se trouvaient alors, avec trois esclaves et le père de Vendredi. Ces derniers portaient une bonne quantité de pain, quelques gâteaux de riz séchés au soleil et trois chevreaux vivans. On leur ordonna de se placer au pied d'une colline pour manger ensemble, ce qu'ils firent avec toutes les marques possibles de reconnaissance.

Dans la suite, ils se montrèrent observateurs religieux de leur parole, ils ne sortaient jamais de leur territoire que quand ils étaient obligés de venir demander des vivres et des conseils pour diriger leur plantation.

C'est encore dans ce même endroit qu'ils vivaient quand je débarquai dans l'île, et que je leur rendis une visite.

On leur avait enseigné à semer du blé, à faire du pain, à traire les chèvres; rien en un mot ne leur manquait. On leur avait assigné une partie de l'île, bordée de rochers par derrière, et de la mer par-devant. Elle était située du côté du sud-est, et ils avaient autant de terres fertiles qu'il leur en fallait; elles étaient étendues d'un mille et demi en largeur, et d'environ quatre en longueur.

Nous leur enseignâmes ensuite à fabriquer des pelles de bois, comme j'en faisais autrefois, et on leur fit présent de douze haches et de trois couteaux; à l'aide de ces outils, ils facilitaient leur travail, et vivaient avec toute la tranquillité et toute l'innocence qu'on pouvait désirer.

Après cette guerre, la colonie jouit d'une sécurité parfaite relativement aux Sauvages, jusqu'à l'époque où je revins la voir. Les canots des Indiens ne laissaient pas d'y aborder de temps en temps pour faire leurs repas humains; mais comme ils étaient de différentes nations, et qu'ils n'avaient apparemment jamais entendu parler de ce qui était arrivé aux autres, ils ne firent aucune recherche dans l'île pour trouver nos Sauvages, et quand ils l'auraient fait ç'eût été un grand hasard qu'ils les eussent rencontrés.

Tel est le récit fidèle et complet de tout ce qui arriva de considérable à ma colonie pendant mon absence. Elle avait extrêmement civilisé les Indiens, et leur rendaient de fréquentes visites; mais elle leur défendait, sous peine de mort, de la venir voir à leur tour, de peur d'en être trahie.

Ce qu'il y a de remarquable encore, c'est que nos gens avaient enseigné aux Sauvages à façonner des paniers et d'autres ouvrages d'osier; mais bientôt ils avaient surpassé leurs maîtres. Ils savaient faire en ce genre les choses du monde les plus curieuses; des tamis, des cages, des tables, des gardes-manger, des chaises, des lits, etc.

Mon arrivée leur fut d'un grand secours, puisque je les pourvus abondamment de couteaux, de ciseaux, de pelles, de bêches, de pioches, en un mot de tous les outils dont ils pouvaient avoir besoin. Ils s'en servirent bientôt avec beaucoup d'adresse, et s'ils eurent assez d'industrie pour se fabriquer des maisons entières d'un tissu d'osier; ce qui, malgré la singularité, était d'un grand avantage contre la chaleur et contre toutes sortes d'insectes.

Cette invention plut tant à mes gens qu'ils firent venir les Sauvages afin d'exécuter la même chose pour eux; quand je retournai voir la colonie des deux Anglais, leurs huttes parurent de loin à mes yeux être de grandes ruches. Guillaume Atkins qui commençait à devenir sobre, industrieux, appliqué, s'était fait une tente d'ouvrage de vannier qui passait l'imagination. Elle avait cent vingt pas de circuit; les murailles en étaient aussi serrées que le meilleur panier; elles consistaient en trente-deux compartimens fort épais, et de la hauteur de sept pieds. Il y avait au milieu une autre hutte qui n'allait pas au-delà de vingt-deux pas de contour. Elle était beaucoup plus forte et plus épaisse que la tente extérieure; la forme en était octogone, et chacun des huit coins était soutenu d'un bon poteau. Sur le haut de ces poteaux, on avait posé de grandes pièces de même ouvrage, jointes ensemble par des chevilles de bois; ces pièces servaient de base à huit solives qui faisaient le dôme de tout le bâtiment, et qui étaient parfaitement bien unies, quoiqu'au lieu de clous il n'eût que quelques chevilles de fer qu'il avait trouvé moyen de faire avec de la vieille ferraille que j'avais laissée dans l'île.

Certainement il montrait une grande industrie dans plusieurs choses où il n'avait jamais eu occasion de s'appliquer. Il se fit non-seulement une forge, avec deux soufflets de bois et de fort bon charbon, mais encore une enclume de médiocre grandeur dont il avait trouvé la matière dans un levier de fer; ce qui lui donna le moyen de forger des crochets, des gâches de serrures, des chevilles de fer, des verroux et des gonds.

Quant à son bâtiment, après avoir dressé le dôme de sa tente intérieure, il remplit les vides entre les solives d'ouvrages de vannier aussi bien tissu qu'il fût possible.

Il le couvrit d'un second tissu de paille de riz, et sur le tout il mit encore des feuilles fort larges d'un certain arbre, ce qui rendait le toit aussi impénétrable à la pluie que s'il eût été couvert de tuiles ou d'ardoises : il fit tout lui-même, excepté l'ouvrage de vannier que les Sauvages avaient tissu pour lui.

La tente extérieure formait comme une espèce de galerie couverte, et de ses trente-deux angles de solives s'étendaient les poteaux qui soutenaient le dôme, et qui étaient éloignés du circuit de l'espace de vingt pieds, de manière qu'il avait entre les murailles extérieures et intérieures une promenade large de vingt pieds, à peu près.

Il partagea tout l'intérieur en six appartemens par le moyen de ce même ouvrage d'osier, mais plus proprement tissu et plus fin que le reste. Dans chacune de ces six chambres de plein-pied, il y avait une porte qui servait à entrer par la tente du milieu, et une autre donnant dans la galerie extérieure, qui était aussi partagée en six pièces égales, propres non-seulement à servir de retraite, mais encore de décharge. Ces six espaces n'emportaient pas toute la circonférence, et les autres appartemens de la tente extérieure étaient arrangés de la manière suivante : dès qu'on était entré par la porte du dehors, on avait droit devant soi un petit passage qui menait à la porte de la maison intérieure : à chaque côté du passage il y avait une muraille d'ouvrage de vannier, avec une porte par où l'on entrait dans une espèce de magasin large de vingt pieds et long de quarante, et de là dans un autre un peu moins long : de sorte que dans la tente extérieure il y avait dix belles chambres, dans six desquelles on ne pouvait entrer que par les appartemens de la tente intérieure dont elles étaient, pour ainsi dire, les cabinets. Les quatre autres, comme je viens de dire, étaient de grands magasins : deux d'un côté et deux de l'autre du passage qui menait de la porte du dehors à celle de la maison intérieure.

Je crois qu'on n'a jamais entendu parler d'un pareil ouvrage de vannier, ni d'une hutte faite avec autant de propreté et de symétrie. Cette grande ruche servait de demeure à trois familles, savoir : à celle d'Atkins, de son compagnon, et de la femme du troisième Anglais qui avait perdu la vie dans la dernière guerre, et qui avait laissé sa veuve avec trois enfans.

Les autres en usèrent parfaitement bien envers cette famille, et lui fournirent avec libéralité tout ce dont elle avait besoin, du grain, du lait, des raisins secs, etc. S'ils tuaient un chevreau, ou s'ils trouvaient une tortue, elle en avait toujours sa part, de manière qu'ils vivaient tous ensemble assez bien, quoiqu'il s'en fallût de beaucoup qu'ils eussent la même application que les Anglais qui formaient une colonie à part.

Il y avait dans la conduite de tous ces derniers une particularité que je ne dois pas omettre. La religion était une chose absolument inconnue parmi eux. Il est vrai qu'ils se faisaient souvenir assez souvent les uns les autres qu'il y avait un Dieu ; mais cette espèce d'hommages qu'ils rendaient à la divinité était fort éloignée d'être un acte de dévotion, et leurs femmes, pour être mariées à des chrétiens, n'en étaient pas plus éclairées. Ils étaient eux-mêmes fort ignorans dans la religion ; et par conséquent fort incapables d'en donner quelque idée à leurs épouses. Toutes les lumières qu'elles avaient acquises par leur hymen, c'est que leurs maris leur avaient enseigné à parler l'anglais passablement, ainsi qu'à leurs enfans, qui étaient environ au nombre de vingt, et qui apprenaient à s'énoncer en anglais dès qu'ils étaient en état de former des sons articulés, quoiqu'ils s'en acquittassent d'abord d'une manière assez burlesque, aussi bien que leurs mères.

Parmi tous ces enfans, pas un ne passait l'âge de six ans quand j'arrivai. À peine sept années s'étaient écoulées depuis que les Anglais avaient amené ces femmes dans l'île. Il ne s'en trouvait pas une qui ne fût douce, modérée, laborieuse, modeste, et prompte à secourir ses compagnes. Il ne leur manquait plus rien que d'être instruites dans le christianisme, et mariées légitimement.

Il me reste maintenant à entrer dans quelques détails sur les Espagnols qui constituaient le corps le plus puissant de mes sujets, et dont l'histoire n'est pas moins remarquable.

Ils m'informèrent dans plusieurs de nos conversations de la situation où ils s'étaient trouvés parmi les Sauvages. Ils me dirent avec franchise qu'ils n'avaient pas songé seulement à chercher dans l'industrie quelque secours contre la misère, et que quand même cela se fut trouvé, ils avaient été si fort accablés par le fardeau de leurs infortunes, si abîmés par le désespoir, qu'ils s'étaient abandonnés à la résolution de se laisser mourir de faim.

Un homme fort grave et fort sensé d'entre eux ajouta qu'il sentait bien qu'ils avaient eu tort, puisque le sage, au lieu de se laisser entraîner à sa misère, doit tirer du secours de tous les moyens que lui offre la raison, afin d'adoucir le malheur présent, et se préparer une délivrance entière pour l'avenir ; ce qui le conduisit naturellement à porter ses réflexions sur toutes les commodités que je m'étais autrefois procurées dans ma solitude, et sur les soins infatigables par lesquels, d'un état plus triste que le leur avait jamais été, j'en avais su faire un plus heureux que n'était le leur, alors même qu'ils se trouvaient tous ensemble dans l'île.

Je lui répondis qu'il y avait une grande différence entre leur cas et le mien, puisqu'ils avaient été jetés à terre sans aucune chose nécessaire pour subsister ; qu'en effet mon malheur avait été accompagné de ce désavantage que j'étais seul, mais qu'en récompense les secours que la Providence m'avait mis entre les mains en poussant les débris du vaisseau si près du rivage, auraient été capables de ranimer le courage de l'homme du monde le plus faible. —Si nous avions été dans votre situation, repartit l'Espagnol, nous n'aurions jamais tiré du vaisseau la moitié des choses utiles que vous sûtes en tirer; nous n'aurions jamais eu l'esprit de faire un radeau pour les porter à terre ou de le faire border à l'île sans voiles et sans rames : nous ne nous en serions pas avisés tous ensemble, bien loin qu'un seul d'entre nous eût été capable de l'entreprendre et de l'exécuter. Ensuite, continuant le récit de leur embarcation dans l'endroit où ils avaient si mal passé leur temps, il me dit que par malheur ils étaient abordés dans une île où il y avait un peuple sans provisions, et que s'ils eussent eu la prudence de se remettre en mer, et d'aller vers une île peu éloignée de là, ils auraient des provisions sans habitans; que les Espagnols de l'île de la Trinité, s'y étant rendus fréquemment, n'avaient rien négligé pour la remplir de boucs et de porcs; que d'ailleurs les tourterelles et les oiseaux de mer y abondaient tellement, que s'ils n'y avaient pas trouvé du pain, du moins ils n'auraient jamais pu manquer de viande. Dans l'endroit où ils avaient abordé au contraire, ils n'avaient eu que quelques herbes et quelques racines sans goût et sans suc, dont la charité des Sauvages les avait pourvus, encore fort sobrement, parceque ces bonnes gens n'étaient pas en état de les nourrir mieux, à moins qu'ils n'eussent voulu avoir part à leurs festins de chair humaine.

Les Espagnols me firent encore le récit de tous les moyens qu'ils avaient employés pour civiliser les Sauvages leurs bienfaiteurs, et pour leur donner des coutumes et des sentimens plus raisonnables que ceux qu'ils avaient hérités de leurs ancêtres; mais tous les soins avaient été inutiles. Les Sauvages avaient trouvé fort étrange que des gens qui étaient venus là pour chercher de quoi vivre, voulussent se donner le ton d'instruire ceux qui leur procuraient leur subsistance; selon eux, il ne fallait se mêler de donner ses idées aux autres que quand on pouvait se passer d'eux.

Les Espagnols avaient été souvent exposés à de terribles extrémités, étant quelquefois absolument sans vivres.

L'île où le malheur les avait portés était habitée par des Sauvages indolens, et par conséquent plus pauvres et plus misérables que d'autres peuples de cette même partie du monde. En récompense, ceux-ci étaient moins barbares et moins cruels que ceux qui étaient plus à leur aise.

Les Sauvages, à ce qu'ils me racontèrent encore, avaient voulu, pour prix de leur hospitalité, les conduire avec eux à la guerre. Il est vrai qu'ils possédaient des armes à feu, et s'ils n'avaient pas eu le malheur de perdre leurs munitions, non-seulement ils auraient été en état de rendre des services considérables à leurs hôtes, mais encore de se faire respecter par leurs amis et par leurs ennemis ; mais n'ayant ni poudre ni plomb, obligés pourtant de suivre leurs bienfaiteurs dans les combats, ils y étaient plus exposés que les Sauvages eux-mêmes. Il n'avaient ni arcs ni flèches, et ils ne savaient pas faire usage de ces sortes d'armes que leurs amis auraient pu leur fournir ; ils étaient donc forcés de rester dans l'inaction, en butte aux dards des ennemis, jusqu'à ce que les deux armées se serrassent de près. Alors effectivement ils étaient d'un grand service : avec trois hallebardes et leurs mousquets, dans le canon desquels ils mettaient des morceaux de bois pointus au lieu de baïonnettes, ils rompaient quelquefois des bataillons entiers.

Il ne laissait pas d'arriver fort souvent qu'environnés par une grande multitude d'ennemis, ils ne se sauvaient d'une grêle de flèches que par une espèce de miracle. Mais enfin ils avaient su se garantir de ce danger en se couvrant de larges boucliers de bois couvertes de peaux de certains animaux dont il ne savait pas le nom. Un jour cependant le malheur avait voulu que cinq d'entre eux fussent jetés à terre par les massues des Sauvages, ce qui avaient donné occasion à l'ennemi d'en faire un prisonnier ; c'était précisément l'Espagnol que j'avais eu la satisfaction d'arracher à la cruauté de ses vainqueurs. Ses compagnons le crurent mort dans le commencement ; mais en apprenant qu'il avait été pris, ils auraient hasardé volontiers leur vie tous tant qu'ils étaient pour le délivrer.

Au moment où ces Espagnols avaient été terrassés, les autres les avaient renfermés au milieu d'eux sans les abandonner, jusqu'à ce qu'ils fussent revenus à eux-mêmes. Alors formant tous ensemble un petit bataillon, il s'étaient fait jour au travers de mille Sauvages, renversant tout ce qui s'opposait à eux, et procurant à leurs amis une victoire entière, mais peu satisfaisante pour eux-mêm, à cause de la perte de leur compagnon.

On peut juger par là quelle avait été leur joie en revoyant un ami qu'ils avaient cru dévoré par les Sauvages, la plus terrible espèce d'animaux féroces. Cette joie était parvenue au plus haut degré par la nouvelle qu'il y avait pris de là un chrétien assez humain pour former le dessein de finir leurs malheurs, et capable de l'exécuter.

Ils me firent encore la description la plus pathétique de la surprise que leur avait causé le secours que je leur avais envoyé, le pain surtout, qu'ils n'avaient pas vu depuis tant d'années; ils l'avaient béni mille et mille fois, comme un aliment descendu du ciel, et en le goûtant, ils y avaient trouvé le plus restaurant de tous les cordiaux. Plusieurs autres choses que je leur avais envoyées pour leur subsistance, leur avaient causé à peu près le même ravissement.

Mes Espagnols, en me faisant ce récit, trouvaient des termes pour exprimer leurs sentimens; mais ils n'en avaient point pour donner une idée de la joie qu'avait excitée dans leur ame la vue d'une barque et de pilotes tout prêts à les tirer de cette île malheureuse, et à leur faire voir le lieu d'où ce secours inespéré leur était venu.

CHAPITRE IX.

Il est temps que j'entre dans le détail de ce que je fis pour ma colonie; et de la situation où je la laissai en sortant de l'île. Ces gens étaient persuadés aussi bien que moi qu'ils ne seraient plus importunés par les visites des Sauvages, et que, s'ils revenaient, ils étaient en état de les repousser, quand ils seraient deux fois plus nombreux qu'auparavant : il n'y avait donc rien à craindre de ce côté-là. Un point plus important que je traitai avec le gouverneur, c'était leur demeure dans l'île. Mon intention n'était pas d'en amener un seul avec moi, aussi n'était-il pas juste de faire cette grâce, à quelques-uns, et de laisser là les autres, qui auraient été au désespoir d'y rester, si j'eusse diminué leur nombre.

Je leur dis donc à tous que j'étais venu pour les établir dans l'île et non pour les en retirer ; que dans ce dessein, j'avais fait des dépenses considérables, afin de les pourvoir de tout ce qui était nécessaire pour leur subsistance et leur sûreté ; que de plus, je leur amenais des personnes non-seulement propres à augmenter avantageusement leur nombre, mais encore à leur rendre de grands services, étant artisans et capables de faire pour la colonie mille choses nécessaires qui lui avaient manqué jusqu'à présent.

Avant de leur livrer tout ce que j'avais apporté pour eux, je leur demandai à chacun, l'un après l'autre, s'ils avaient absolument banni de leur cœur leurs anciennes animosités, et s'ils voulaient bien se toucher réciproquement dans la main, en se promettant une étroite amitié et un attachement sincère pour l'intérêt commun de toute la société.

Guillaume Atkins répondit d'une manière gaie et cordiale qu'ils avaient eu assez de malheurs pour devenir modérés, et assez de discorde pour devenir amis ; que pour sa part il promettait de vivre et de mourir avec les autres ; que bien loin de nourrir quelque haine contre les Espagnols, il avouait qu'il avait mérité de reste tout ce qu'ils avaient fait à son égard, et que s'il avait été à leur place, et eux à la sienne, ils n'en auraient pas été quittes à si bon marché ; qu'il était prêt à leur demander pardon, s'ils le voulaient, de ses folies et de ses brutalités; qu'il souhaitait leur amitié de tout son cœur, et qu'il ne négligerait aucune occasion de les en convaincre; qu'au reste il se résignait à ne pas revoir encore sa patrie de vingt ans.

Pour les Espagnols, ils dirent qu'en effet ils avaient dans le commencement désarmé et exilé Atkins et ses compagnons à cause de leur mauvaise conduite, et qu'ils s'en rapportaient à moi pour décider s'ils l'avaient fait sans raison; mais qu'Atkins avait déployé tant de bravoure dans la grande bataille contre les Sauvages, et qu'ensuite il avait donné tant de marques de l'intérêt qu'il prenait à toute la société, qu'ils avaient oublié tout le passé, et qu'ils le croyaient aussi digne d'être fourni d'armes et de tout ce qui lui était nécessaire que tout autre; qu'ils avaient parfaitement, lui et ses compagnons, mérité leur confiance par tout ce qui peut porter les hommes à se fier les uns aux autres; enfin qu'ils embrassaient avec plaisir l'occasion de m'assurer qu'ils n'auraient jamais d'autre intérêt que celui de toute la colonie.

Sur ces déclarations qui paraissaient pleines de franchise et d'amitié, je les priai tous à dîner pour le lendemain, et véritablement je leur donnai un repas magnifique. Pour le faire préparer, je fis venir à terre le cuisinier du vaisseau et son compagnon, et je leur donnai pour aide le cuisinier qui était dans l'île. On apporta du vaisseau six pièces de bœuf et quatre de porc, une grande jatte de porcelaine pour faire du punch, avec les ingrédiens nécessaires, dix bouteilles de vin rouge de Bordeaux, et dix bouteilles de bière d'Angleterre. Toutes ces douceurs furent d'autant plus agréables à mes convives qu'ils n'avaient goûté rien de pareil depuis bien des années.

Les Espagnols ajoutèrent à nos mets cinq chevreaux entiers que les cuisiniers firent rôtir, et dont on envoya trois bien couverts dans le vaisseau, afin que l'équipage se régalât de viande fraîche pendant que mes insulaires faisaient bonne chair avec les provisions salées du vaisseau.

Après avoir savouré avec eux tous les plaisirs innocens de la table, je fis porter à terre la cargaison que je leur avais destinée, et pour empêcher qu'il n'y eût des disputes sur le partage, j'ordonnai que chacun prît une portion égale de tout ce qui devait servir à les vêtir pour lors. Je commençai par leur distribuer autant de toile qu'il leur en fallait pour faire quatre chemises, et j'augmentai ensuite le nombre jusqu'à six, à l'instante prière des Espagnols. Rien au monde n'était capable de leur faire plus de plaisir; il y avait si long-temps qu'ils n'en avaient porté que l'idée même leur en était presque sortie de la mémoire.

Je destinai les étoffes minces d'Angleterre à leur faire à chacun un habit long et peu serré, à cause de la chaleur du climat. J'ordonnai en même temps qu'on leur en confectionnât de nouveaux dès que ceux-ci seraient usés. Je donnai à peu près les mêmes ordres pour ce qui regardait les escarpins, les souliers, les bas et les chapeaux.

Il m'est impossible d'exprimer la joie qui éclatait dans les regards de tous ces pauvres gens en voyant le soin que j'avais pris de leur fournir tant de choses utiles et commodes. Ils me dirent que j'étais leur véritable père, et que tant que, dans un endroit si éloigné de leur patrie, ils auraient un correspondant comme moi, ils oublieraient qu'ils étaient dans un désert. Ils déclarèrent tous qu'ils s'engageaient à ne jamais abandonner l'île sans mon consentement.

Je leur présentai ensuite les ouvriers que j'avais amenés avec moi, surtout le tailleur, le serrurier, les deux charpentiers, et mon artisan universel, qui leur était plus utile que personne au monde. Le tailleur, afin de leur témoigner son zèle, se mit d'abord à travailler, et avec ma permission il commença par leur faire à chacun une chemise. En même temps il enseigna aux femmes la manière de manier l'aiguille, de coudre et de piquer, et les employa de suite à faire les chemises de leurs maris et de tous les autres.

Pour les charpentiers, il n'est pas nécessaire de dire de quelle utilité ils furent à ma colonie. Ils mirent d'abord en pièces tous mes meubles grossiers, et les remplacèrent en très-peu de temps par des tables fort propres, des chaises, des bois de lit, des buffets, etc.

Pour leur faire voir comment la nécessité avait instruit mes artisans, je menai mes charpentiers voir la maison d'Atkins. Ils m'avouèrent tous deux qu'ils n'avaient jamais vu pareil exemple de l'industrie humaine : l'un d'eux-mêmes, après avoir rêvé pendant quelques momens, se tournant de mon côté : En vérité, dit-il, cet homme n'a pas besoin de nous ; il ne lui manque que des outils.

Ce mot me fit souvenir de montrer ceux que j'avais apportés ; je distribuai à chaque homme une bêche, une pelle et un râteau, afin de suppléer à la charrue et à la herse. Je donnai encore à chaque colonie une pioche, un levier, une grande hache et une scie, en leur permettant d'en prendre de nouveaux dans le magasin général dès qu'ils seraient usés ou rompus.

J'avais mené avec moi à terre le jeune homme dont la mère était morte de faim, et la servante. C'était une jeune fille douce, bien élevée et pieuse, dont la conduite charmait tout le monde : elle avait vécu sans beaucoup d'agrément sur le vaisseau où il n'y avait point d'autre femme qu'elle; mais elle s'était soumise à son sort avec beaucoup de résignation. Quand elle vit l'ordre qui régnait dans mon île, et l'air florissant qui y éclatait partout, considérant qu'elle n'avait aucune affaire dans les Indes Orientales, elle me pria de la laisser dans l'île et de l'agréger comme un membre de ma famille. Le jeune homme m'adressa la même prière, et j'y consentis avec plaisir. Je leur donnai un petit terrain, où on leur fit trois tentes entourées d'ouvrages de vannier, construites comme la maison d'Atkins.

Ces tentes étaient liées ensemble d'une telle manière, que chacun avait son appartement, et que celle du milieu pouvait servir de salle à manger pour l'usage de l'un et de l'autre. Les deux Anglais trouvèrent à propos de changer de demeure, et d'approcher davantage de ces nouveaux venus. C'est ainsi que l'île resta toujours partagée en trois colonies.

Les Espagnols, avec le père de Vendredi et les premiers esclaves, étaient toujours dans mon vieux château sous la colline, lequel devait passer à juste titre pour la capitale de mon empire : ils l'avaient tellement étendu, qu'ils y pouvaient vivre fort au large, quoique entièrement cachés ; et je suis sûr qu'il n'y eut jamais au monde une petite ville dans un bois si parfaitement à l'abri de toute insulte. Mille hommes auraient parcouru toute l'île pendant un mois entier sans la trouver, à moins que d'être avertis qu'elle y était réellement. Les arbres qui l'entouraient étaient si serrés, et leurs branches tellement entrelacées les unes dans les autres, qu'il aurait fallu les abattre pour voir le château ; il devenait presque impossible de découvrir les deux petits chemins par lesquels les habitans eux-mêmes entraient et sortaient. L'un était tout au haut de la petite baie, à plus de deux cents verges derrière l'habitation ; l'autre, encore plus caché, menait par-dessus la colline par le moyen d'une échelle. Ils avaient planté encore au-dessus de la colline un bois fort épais, d'un acre d'étendue, où il n'y avait pas la moindre ouverture, excepté une fort petite entre deux arbres, par laquelle on entrait de ce côté-là.

La seconde colonie était celle de Guillaume Atkins, de son compagnon et de la famille de leur camarade défunt. Dans celle-là, demeuraient encore les deux charpentiers et le serrurier, d'autant plus utile à tous les habitans, qu'il était encore bon armurier, et capable par conséquent de tenir toujours en bon état les armes à feu ; ils avaient avec eux mon artisan universel qui valait lui seul vingt autres ouvriers. Ce n'était pas seulement un garçon fort industrieux, mais encore fort gai et fort divertissant, en sorte qu'on trouvait chez lui l'agréable et l'utile. Enfin, la troisième colonie était celle des deux autres Anglais, du jeune homme et de la servante.

Cependant, pour en revenir à mon jeune religieux français qui avait voulu nous suivre, je trouvai en lui, non-seulement un homme bien élevé, mais encore un cœur bien placé, et si j'ose le dire du bon sens, et une grande érudition.

Il me fit un récit très-intéressant de sa vie et des événemens extraordinaires dont elle avait été comme tissue. Parmi ses nombreuses aventures pendant les deux années qu'il avait employées à voyager, la plus remarquable à mon avis, était sa dernière course dans laquelle il s'était vu forcé cinq fois de changer de vaisseau, sans que jamais aucun des cinq fût parvenu à l'endroit pour lequel il avait été destiné. Son premier dessein était d'aller à Saint-Malo dans un vaisseau prêt à faire ce voyage; mais contraint par le mauvais temps d'entrer dans le Tage, le navire avait donné contre un ban, et l'on avait été obligé d'en retirer toute la cargaison. Dans cet embarras, il avait trouvé un vaisseau prêt à faire voile pour l'île de Madère, et il s'y était embarqué; mais le maître n'étant pas un fort excellent marin, s'était trompé dans son estime, et avait laissé dériver son navire jusqu'à Fial où, par un heureux hasard, il avait trouvé une bonne occasion de se défaire de sa marchandise qui consistait en grains. Ce bonheur l'avait fait résoudre à ne point aller à Madère, mais à charger du sel dans l'île de Mai, et à se diriger de là vers Terre-Neuve. Dans cette conjoncture, mon religieux n'avait pu que suivre la destinée du vaisseau, et le voyage avait été heureux jusqu'aux bancs où l'on prend le poisson. Rencontrant là un vaisseau français destiné pour Québec, dans la rivière du Canada, et de là pour la Martinique, pour y porter des vivres, il avait cru trouver l'occasion d'exécuter son premier dessein; mais après être arrivé à Québec, le maître du bâtiment étant mort, le vaisseau n'était pas allé plus loin. Se voyant traversé de cette manière, il s'était mis dans le navire destiné pour la France, qui avait été consumé en pleine mer, et nous l'avions reçu à bord d'un vaisseau destiné pour les Indes Orientales. C'est ainsi qu'il avait échoué successivement en cinq voyages qui étaient, pour ainsi dire, les parties d'une seule course, sans parler de ce qui lui arriva dans la suite.

Mais racontons l'heureux changement qui s'opéra dans l'île, grace à mon religieux. Comme il était logé avec nous pendant tout le temps de mon séjour, il me vint voir un matin que j'avais résolu d'aller visiter la colonie des Anglais, qui était dans l'endroit le plus éloigné de l'île. Il me dit avec beaucoup de gravité que depuis quelques jours il avait attendu avec impatience l'occasion de m'entretenir, espérant que ce qu'il avait à me dire ne me déplairait pas, parce qu'il tendait à mon dessein général, à la prospérité de ma colonie, et qu'il se flattait qu'une telle mesure y attirerait les bénédictions du Ciel, dont jusqu'ici elle ne jouissait pas autant qu'il l'aurait souhaité.

Surpris de la fin de son discours, je lui répondis d'une manière assez précipitée : — Comment pouvez-vous avancer, monsieur, que nous ne jouissons pas des bénédictions du Ciel, nous à qui Dieu a daigné accorder des secours si merveilleux et une délivrance si peu attendue, comme vous avez pu voir par le récit que je vous en ai fait?

— S'il vous avait plu, me réplique-t-il d'une manière aussi prompte que modeste, d'attendre la fin de mon discours, vous n'auriez point eu lieu de vous fâcher contre moi, et de me croire assez dépourvu de sens pour douter de l'assistance miraculeuse dont Dieu vous a favorisé. J'espère par rapport à vous que vous êtes en état de jouir des faveurs du Ciel, parce qu'effectivement votre dessein est extrêmement bon; mais quand il serait encore meilleur, il peut y en avoir parmi vos gens dont les actions n'ont pas la même pureté.

5.

Son discours me toucha fort, et je lui dis que son raisonnement était juste, et que son dessein me paraissait si sincère et si plein de piété, que mortifié de l'avoir interrompu, je ne pouvais que le prier de vouloir bien continuer. Persuadé que ce qu'il avait à me dire demandait quelque temps, je l'avertis de mon intention d'aller voir les plantations des Anglais, et je lui proposai de m'y accompagner et de m'expliquer ses vues en chemin. Il me répondit qu'il y consentait avec d'autant plus de plaisir que ce qu'il avait à me dire regardait ces mêmes Anglais. Là-dessus nous nous mîmes en route, et je le conjurai de me parler avec toute la franchise possible.

— Monsieur, me dit-il alors, mon dessein n'est pas que vous sépariez des couples unis depuis plusieurs années, mais que vous les fassiez épouser légitimement; et puisqu'il serait difficile de leur inculquer ma méthode, quoique valable selon les lois de votre patrie, je vous crois qualifié devant Dieu et devant les hommes pour vous en acquitter vous-même par un contrat écrit, signé par les hommes et par les femmes devant tous les témoins qui peuvent se trouver dans l'île. Je ne doute pas qu'un pareil mariage ne passe pour légitime chez tous les peuples de l'Europe.

J'étais surpris de trouver dans son discours tant de véritable piété, un zèle si sincère, et une impartialité si généreuse pour les intérêts de son Église; enfin, une si grande ardeur pour le salut de ces personnes qu'il ne connaissait pas seulement, bien loin d'avoir la moindre relation avec elles. Je puis dire que je n'ai jamais vu une charité plus grande et plus délicate. Prêtant surtout attention à ce qu'il avait avancé touchant l'expédient de les marier moi-même, dont je connaissais toute la validité, je lui dis que je tombais d'accord de tout ce qu'il venait de dire, que je le remerciais de sa charité généreuse, et que je ferais la proposition de cette affaire à mes Anglais; mais que je ne voyais pas qu'ils dussent trouver le moindre scrupule à se faire marier par lui-même, sachant que la chose serait aussi valable en Angleterre que s'ils étaient mariés par un prêtre anglican.

Je le pressai ensuite de m'expliquer le reste de ses scrupules, en le remerciant de mon mieux des lumières qu'il m'avait déjà données concernant une question aussi importante.

Il me dit qu'il le ferait avec la même candeur, persuadé que je ne le trouverais pas mauvais.

Sa censure avait pour objet la négligence inexcusable de mes compatriotes qui, ayant vécu avec leurs femmes l'espace de sept années, leur ayant enseigné à parler et à lire l'anglais, et leur voyant de la pénétration et du jugement, n'avaient pas songé à leur dire un mot de la religion chrétienne, de l'existence d'un seul Dieu, et de la manière de le servir, bien loin de les en instruire à fond, et de les désabuser de la grossière absurdité de leur idolâtrie.

Il traita cette négligence de crime, dont non-seulement ils auraient à rendre compte devant le tribunal de Dieu, mais que peut-être par une juste punition ils ne trouveraient plus occasion de réparer, Dieu leur pouvant arracher ces femmes dont il leur avait confié, pour ainsi dire, le salut.

— Je suis persuadé, continua-t-il avec beaucoup de ferveur, que s'ils avaient été obligés de vivre parmi les Sauvages d'entre lesquels ils ont tiré leurs femmes, ces idolâtres auraient pris plus de peine pour les engager dans le culte de leurs idoles qu'ils n'en ont pris pour donner à leurs prisonniers la connnissance de Dieu. Quoique nous ne soyons pas de la même religion, monsieur, me répondit-il, cependant en qualité de chrétiens, nous devons être ravis de voir les païens instruits des principes généraux du christianisme, de les voir admettre un Dieu, un rédempteur, une résurrection et une vie à venir, dogmes auxquels nous souscrivons tous. Ils seraient du moins alors plus près de la véritable Église qu'à présent qu'ils font une profession ouverte de l'idolâtrie.

Ne pouvant plus résister à la tendresse que la vertu éclairée de cet honnête homme m'inspirait pour lui, je le serrai entre mes bras avec passion. — Combien n'ai-je pas été éloigné, lui dis-je, de bien connaître ce qu'il y a de plus essentiel dans les vertus chrétiennes, qui consiste à aimer l'Église de Jésus-Christ et le salut du prochain ! En vérité j'ai ignoré jusqu'ici le caractère d'un vrai chrétien. — Ne parlez pas ainsi, mon cher monsieur, me répondit-il ; vous n'êtes point coupable de toutes ces négligences. — Il est vrai, répliquai-je ; mais je n'ai pas pris ces sortes de choses à cœur comme vous. — Il est temps encore de remédier à tous ces inconvéniens, repartit-il ; ne soyez pas si prompt à vous condamner vous-même. — Mais que ferai-je ? lui dis-je. Vous savez que mon départ ne saurait être différé. — Eh bien ! me répondit-il, voulez-vous me permettre de parler à ces pauvres gens ? — De tout mon cœur, lui dis-je ; et je ne négligerai rien pour appuyer de mon autorité tout ce que vous leur direz. — Pour ce qui regarde ce point, répliqua-t-il, nous devons les abandonner à la grâce de Jésus-Christ. Notre devoir se borne à les instruire, à les exhorter, à les encourager : si vous voulez me laisser faire, si le ciel daigne bénir mes faibles efforts, je ne désespère pas de porter ces ames ignorantes dans le sein du christianisme, et de leur faire embrasser les articles fondamentaux dont nous convenons tous, j'espère même réussir pendant que vous serez encore dans l'île.

Je le priai alors de passer au troisième article sur lequel il s'étaient offert de m'éclairer. — Cet article est de la même nature, me dit-il ; il s'agit de vos pauvres Sauvages qui sont devenus vos sujets, pour ainsi dire, par le droit de la guerre. C'est une maxime qui devrait être reçue de tous les chrétiens, de quelque secte qu'ils puissent être, que la connaissance de notre sainte religion doit être étendue par tous les moyens honorables et dans toutes les occasions.

C'est sur ce principe que notre Église envoie des missionnaires dans la Perse, les Indes, la Chine, et que nos prélats eux-mêmes s'engagent dans des voyages dangereux, et demeurent parmi des barbares et des meurtriers pour leur donner la connaissance de Dieu, et les faire entrer dans le sein de l'Église chrétienne. Vous avez ici toute prête l'occasion d'une pareille charité ; vous pouvez détourner de l'idolâtrie trente-sept Sauvages, et les conduire à la connaissance d'un Dieu créateur et rédempteur. Auriez-vous le courage de négliger un pareil moyen d'exercer votre piété, et de faire une bonne œuvre, qui vaut la peine qu'un chrétien y emploie tout le temps de sa vie ?

Ces paroles me rendaient muet d'étonnement, et j'étais charmé d'avoir devant mes yeux un véritable modèle du zèle chrétien, quels que pussent être les sentimens particuliers de cet homme de bien. J'avoue que jamais pareille pensée ne m'était venue dans l'esprit, et sans lui j'aurais été peut-être incapable toute ma vie d'en avoir de semblables.

La confusion de mes pensées dura donc long-temps sans que je fusse en état de répondre un mot à son discours ; il remarqua mon désordre, et me regardant d'un air sérieux : — Je serais au désespoir, me dit-il, d'avoir laissé échapper la moindre expression qui pût vous offenser. — Effectivement, lui répondis-je, je suis en colère, mais c'est contre moi-même. Je suis confus de n'avoir jamais formé quelque idée à ce sujet, et de ne pas savoir comment pourra servir la notion que vous m'en donnez à présent. Vous savez, continuai-je, dans quelles circonstances je me trouve. Le vaisseau où je suis est destiné pour les Indes ; il est équipé par des marchands particuliers, et ce serait une injustice criante de l'arrêter plus long-temps ici, sachant que les provisions que consomme l'équipage et les gages qu'il tire, jettent les marchands dans des dépenses inutiles. Il est vrai que j'ai stipulé de pouvoir demeurer douze jours ici, et si j'y demeure plus long-temps, de payer trois livres sterling par jour : cependant il ne m'est même permis de prolonger de cette manière-là mon séjour dans l'île que de huit jours. Je ne peux donc absolument entreprendre l'exécution d'un dessein si louable, à moins que de souffrir qu'on me laisse de nouveau dans l'île, et de m'exposser, si le vaisseau ne réussit pas dans le voyage, à rester ici toute ma vie à peu près dans le même état d'où la Providence m'a tiré d'une manière si miraculeuse.

Il m'avoua qu'il m'en coûterait beaucoup si je voulais exécuter cette entreprise; mais il s'en rapportait à ma conscience sur cette importante question, si le salut d'un si grand nombre d'ames ne valait pas la peine que je hasardasse tout ce que j'avais dans le monde. N'ayant pas le cœur aussi touché de cette vérité que lui : — Je conviens, monsieur, lui dis-je, que c'est quelque chose de très-glorieux que d'être un instrument dans la main de Dieu pour convertir trente-sept paiens à la connaissance de Jésus-Christ; mais vous êtes un ecclésiastique, votre vocation particulière vous porte naturellement de ce côté-là, et je m'étonne qu'au lieu de m'y exhorter, vous ne songiez pas vous-même à l'entreprendre.

A ces mots il s'arrêta tout à coup, se plaça devant moi, et me faisant un profond salut : — Je rends grâce à Dieu, et à vous, monsieur, me dit-il, de me donner, pour une œuvre si excellente, une vocation si manifeste. Si vous croyez être dispensé d'y mettre la main, par la situation où vous vous trouvez, et si vous voulez bien vous confier à moi, je m'y livrerai avec la plus grande satisfaction, et je me croirai dédommagé de tous les malheurs de mon triste voyage, en me voyant employé dans un dessein si glorieux.

Pendant qu'il parlait je découvrais dans l'air de son visage une espèce d'extase; ses yeux brillaient d'un feu nouveau, ses joues étaient rouges, et cette couleur allait et venait comme on le voit arriver à un homme agité par différentes passions. Je me tus pendant quelque temps, faute de trouver des termes propres à exprimer mes sentimens : j'étais extraordinairement surpris de voir dans cet homme tant de zèle et tant de candeur, et un dévoûment aussi surnaturel.

Après avoir réfléchi quelques momens je lui demandai s'il parlait sérieusement ; s'il était réellement résolu de s'enfermer dans ce désert, peut-être le reste de sa vie, uniquement pour entreprendre la conversion de ces malheureux, et s'il était capable de s'y hasarder sans aucune espérance certaine de réussir dans cette entreprise.

— Qu'appelez-vous me hasarder ? me répliqua-t-il vivement. Dites-moi, je vous prie, dans quelle vue vous croyez que j'ai pris la résolution de vous suivre aux Indes ? Je n'en sais rien, lui dis-je, à moins que ce ne soit pour aller prêcher l'Évangile au Indiens. — Vous devinez juste, me répondit-il ; et si je puis convertir ces trente-sept Sauvages à la foi de Jésus-Christ, pensez-vous que je n'aurais pas bien employé mon temps, quand je devrais être enterré ici ? Le salut de tant d'ames ne vaut pas seulement toute ma vie, mais encore celle de vingt autres de ma profession. Oui, oui, monsieur, je bénirais toujours Jésus-Christ, si je pouvais être le moindre instrument du salut de tant d'ames, quand je ne devrais jamais revoir ma patrie. Mais puisque vous voulez me faire l'honneur de m'employer à ce saint ouvrage, ce qui me portera à prier pour vous tous les jours de ma vie, j'espère que vous ne me refuserez pas une seule grâce que je vous demanderai : c'est de me laisser Vendredi, afin de me seconder et de me servir d'interprète ; car vous savez que sans un pareil secours, il m'est impossible d'entre en conversation avec ces pauvres idolâtres.

Je fus fort troublé à cette demande, ne pouvant se résoudre à me séparer de ce fidèle domestique pour plusieurs raisons. Il avait été mon compagnon dans tous mes voyages ; non-seulement il était plein de franchise, mais il m'aimait avec toute la tendresse possible, et j'avais résolu de faire quelque chose de considérable pour sa fortune, s'il me survivait, ce qui était très-présumable. D'ailleurs, comme je lui avait fait embrasser la religion protestante, il aurait couru risque de ne plus savoir où s'en tenir, si l'on s'était efforcé de lui donner d'autres idées; bien persuadé que, quelque chose qu'on dût lui dire, il ne se mettrait jamais dans l'esprit que son bon maître fût un hérétique, et dût être damné. De nouvelles instructions auraient pu être le vrai moyen de le faire renoncer à ses principes, et de le rejeter dans l'idolâtrie.

Une pensée qui me vint tout d'un coup me tranquillisa; je déclarai à mon religieux que je ne pouvais dire avec sincérité que j'étais prêt à me défaire de Vendredi, car quelque motif que ce pût être, quoique naturellement je ne dusse pas me faire une affaire de sacrifier l'usage d'un domestique à cette charité à laquelle il sacrifiait sa vie même; que ce qui m'en détournait le plus était la persuasion où j'étais que Vendredi ne consentirait jamais à me quitter, et que je ne pouvais pas l'y forcer sans une injustice criante, puisqu'il y aurait une affreuse dureté à éloigner de moi un homme qui avait bien voulu s'engager solennellement à ne m'abandonner jamais.

Cette réponse l'embarrassa fort; il lui était impossible de communiquer ses pensées à ces pauvres Sauvages, pour qui son langage était aussi barbare que le leur l'était pour lui. Afin de remédier à cet inconvénient, je lui dis que le père de Vendredi avait appris l'espagnol : qu'il l'entendait aussi lui-même, et que par conséquent ce vieillard pouvait lui servir d'interprète.

Il fut fort satisfait de cette proposition, et rien n'était désormais capable de le détourner de ce dessein; mais la providence donna un autre tour à cette affaire, et la fit réussir par un autre moyen.

CHAPITRE X.

Quand nous fûmes arrivés à l'habitation des Anglais, je les fis tous assembler, et après leur avoir mis devant les yeux tout ce que j'avais fait pour leur rendre la vie réable, ce dont ils témoignèrent une grande reconnaissance, je commençai à leur parler de la vie scandaleuse qu'ils menaient ; je leur dis qu'un ecclésiastique de mes amis traitait leur conduite de criminelle et d'impie. Je leur demandai ensuite si, en contractant ces liaisons illicites, ils étaient déjà mariés ou non. Ils me répondirent que deux d'entre eux étaient veufs et que les trois autres étaient encore garçons. Je continuai à leur demander s'ils avaient cru pouvoir en conscience avoir commerce avec ces femmes, et les appeler leurs épouses sans être mariés légitimement. Ils me répondirent, comme je m'y étais bien attendu, qu'il n'y avait eu personne pour les marier ; mais qu'ils s'étaient engagés devant le gouverneur à les prendre en qualité d'épouses légitimes, et que selon eux, dans les circonstances où ils se trouvaient alors, ce mariage était aussi légitime que s'il eût été contracté devant un prêtre, et avec toutes les formalités requises.

Je leur répliquai que sans doute ils étaient mariés réellement par rapport à Dieu, et qu'ils étaient obligés en conscience de regarder leurs prisonnières comme leurs légitimes épouses ; mais que n'étant pas mariés selon les lois humaines, ils pouvaient, s'ils voulaient abandonner leurs femmes et leurs enfans, ce qui mettrait leurs malheureuses familles, dépourvues de biens et d'amis, dans un état déplorable ; qu'en conséquence je ne pouvais rien faire pour eux, à moins que d'être convaincu de la bonté de leurs intentions, et que je serais obligé de tourner toute ma charité du côté de leurs enfans. Je leur dis encore que s'ils ne m'assuraient pas qu'ils étaient prêts à épouser ces femmes, il m'était impossible de les laisser ensemble dans une liaison criminelle et scandaleuse qui devait indubitablement éloigner d'eux la bénédiction de Dieu.

Atkins prenant alors la parole pour tous les autres, me répondit qu'il avait autant d'amour pour leurs femmes que si elles étaient nées dans leur patrie, et que rien ne les porterait jamais à les abandonner, et que pour lui en particulier, si on lui offrait de le ramener en Angleterre et de lui donner le commandement du plus beau vaisseau de guerre, il le refuserait, à moins qu'on ne lui permît de prendre sa famille avec lui; et que, s'il y avait un ecclésiastique dans le vaisseau, il se marierait dans le moment de tout son cœur.

C'était là justement où je l'attendais : le prêtre ne se trouvait pas alors avec moi, mais il n'était pas loin. Je répondis à Atkins qu'effectivement j'avais un homme d'église avec moi, que je les voulais faire marier le lendemain, et qu'il n'avait qu'à délibérer avec ses camarades. — Je n'ai que faire de délibération, dit-il, je suis prêt, si le ministre est prêt de son côté, et je suis sûr que tous mes compagnons sont de mon sentiment. J'ajoutai que mon ami le ministre était Français, et qu'il ne savait pas un mot de la langue anglaise, mais que je m'offrais à lui servir d'interprète. Il ne songea pas seulement à me demander s'il était papiste ou protestant, ce que j'avais extrêmement craint. Nous nous séparâmes; j'allai rejoindre mon prêtre, et Atkins alla se consulter sur cette affaire avec ses camarades.

Je communiquai au religieux la réponse que mes gens m'avaient donnée, et je leur priai de ne leur en parler que quand l'affaire serait en état d'être conclue.

Avant que je puisse m'éloigner de leur plantation, ils vinrent me trouver tous en corps, et me dirent qu'ils avaient mûrement considéré ma proposition, qu'ils étaient ravis que j'eusse un homme d'église avec moi, et qu'ils étaient prêts, dès que je le trouverais bon, à me donner la satisfaction de se marier dans les formes, car ils étaient fort éloignés d'avoir la moindre envie de quitter leurs femmes, et ils n'avaient eu que des intentions droites en les choisissant. Je leur ordonnai de me venir trouver tous le lendemain, et d'instruire leurs épouses en attendant de la nature d'un mariage légitime qui devait les assurer de leurs maris, et de leur ôter la crainte d'en être abandonnées, quelque chose qui pût arriver.

Il ne fut pas difficile de faire comprendre cette affaire

aux femmes et de la leur faire goûter. Ils ne manquèrent pas de venir le lendemain à mon appartement, et je trouvai à propos alors de produire mon homme d'église. Ils ne doutèrent point de ses titres requis pour une telle œuvre dès qu'ils virent sa gravité et la répugnance qu'il avait à marier ces femmes avant qu'elles fussent baptisées, et qu'elles eussent embrassé la religion chrétienne. Cette délicatesse de conscience leur donna un respect extraordinaire pour lui.

Pour moi je commençai à craindre qu'il ne poussât à scrupules assez loin pour ne les pas marier du tout; j'avais beau l'en vouloir détourner, il me résista avec fermeté, quoique avec modestie, et enfin il refusa absolument d'aller plus loin avant d'avoir pressé là-dessus les hommes et les femmes. J'avais peine d'abord à y consentir, mais enfin j'en tombai d'accord, parce que je voyais la sincérité de son intention.

Ses premières paroles furent que je l'avais instruit de leur situation et de leur dessein, qu'il désirait fort de l'accomplir, et de les marier comme ils le souhaitaient; mais qu'avant de le faire, il devait absolument avoir une conversation sérieuse avec eux. — Il ne m'est pas permis, continua-t-il, de marier des Chrétiens à des Sauvages qui n'ont pas reçu le baptême, et je ne vois pas que vous ayez le temps de persuader à vos femmes de se faire baptiser et d'embrasser le christianisme dont elles n'ont peut-être jamais entendu parler, ce qui rend leur baptême impossible.

— Bon Dieu! dit Guillaume Atkins, comment enseignerions-nous la religion à nos femmes? Nous n'y entendons rien nous-mêmes. — Atkins, lui répondis-je, je crains bien que tout ce que vous venez de dire ne soit que trop vrai, mais cela n'empêche pas que vous ne puissiez donner quelques idées de religion à votre femme: vous pouvez lui dire qu'il y a un Dieu et une religion meilleure que la sienne; qu'il y a un être souverain qui a fait tout et qui peut tout détruire; qu'il récompense les bons, qu'il punit les méchans, et qu'il nous jugera tous selon notre conduite. Quelque ignorant que vous soyez, la nature elle-même doit vous avoir enseigné ces vérités, et je suis sûr que vous en êtes pleinement convaincu.

— Vous avez raison, dit Atkins; mais de quel front le dirai-je à ma femme ? Elle me répondra d'abord qu'il n'y a pas un mot de vérité dans tout ce discours.

— Pas un mot de vérité ! lui répliquai-je brusquement; que prétendez-vous dire par là ? — Oui, monsieur, répliqua-t-il, elle me dira que tout cela ne saurait être, et qu'il est impossible que Dieu soit juste dans ses récompenses et dans ses punitions, puisque je ne suis pas puni depuis long-temps, moi qui ai donné tant de marques de méchanceté à ma femme même et à toutes les personnes avec qui j'ai eu quelque commerce. Elle ne comprendra jamais comment Dieu peut me laisser vivre encore, après m'avoir toujours vu agir d'une manière directement opposée à ce que je lui dois représenter comme la vertu et comme la règle de mes actions.

— Certainement, Atkins, lui dis-je, je crains bien que vous n'ayez raison; et me tournant alors du côté de l'ecclésiastique, fort impatient de savoir le résultat de notre entretien, je lui communiquai les réponses de Guillaume.

— Monsieur, me dit-il, dites à Atkins que je sais un moyen sûr de le rendre un excellent prédicateur pour sa femme : c'est de se convertir lui-même; car il faut être véritablement repentant pour prêcher avec fruit la repentance. S'il peut regarder ses péchés passés avec une véritable contrition, il sera mieux qualifié pour convertir sa femme que qui que ce puisse être. Il sera propre alors à lui persuader que Dieu est un juge équitable par rapport au bien et au mal, un être miséricordieux dont la bonté et la patience infinie diffèrent la punition du coupable pour lui donner le temps d'avoir recours à sa grâce; qu'il ne veut pas la mort du pécheur, mais qu'il se repente et qu'il vive; qu'il souffre même que les scélérats les plus abominables prospèrent long-temps dans leurs mauvais desseins, et qu'il réserve leur châtiment jusqu'à la vie à venir ; que c'est une preuve évidente d'une vie future, et qu'enfin souvent les gens vertueux ne reçoivent leur récompense, et les méchans leur punition, que dans l'autre monde. Cette réflexion lui donnera une occasion naturelle d'enseigner à sa femme le dogme de la résurrection et du dernier jugement. Encore un coup, qu'il se répente lui-même, et je suis garant de la conversion de sa femme.

J'expliquai tout ce discours à Atkins, qui l'écouta d'un air fort sérieux et qui en parut extrêmement touché, ne pouvant souffrir qu'avec peine que j'allasse jusqu'à la fin. — Je sais tout cela, monsieur, me dit-il, et je sais plus encore ; mais je n'ai pas l'effronterie de parler là-dessus à ma femme, sachant que Dieu, ma conscience et mon épouse témoigneront que j'ai vécu jusqu'ici comme si je n'avais jamais entendu parler de Dieu, d'une vie future ou de quelque matière semblable. Pour ce que vous dites touchant ma conversion, hélas !.... Là-dessus, il poussa de profonds soupirs, et je vis ses yeux se remplir de larmes. — Ah ! monsieur, reprit-il, c'est une affaire faite, il n'en faut plus parler. — Une affaire faite, Atkins ! lui dis-je. Qu'entendez-vous par là ! — Je sais bien ce que j'entends me répondit-il ; je veux dire qu'il n'en est plus temps, et cela n'est que trop vrai.

Je traduisis au prêtre mot à mot ce qu'Atkins venait de dire, et ce religieux zélé qui, malgré les opinions particulières de son Église, avait tant de soin du salut d'autrui, qu'il serait absurde de croire qu'il fût indifférent sur le sien propre, ne put s'empêcher de verser quelques larmes. Mais s'étant remis, il me pria de demander à Atkins s'il était bien aise que le temps de sa conversion fût passé, ou bien s'il en était touché, et qu'il souhaitait sincèrement de se tromper là-dessus. — Quelle demande ! dit Atkins avec beaucoup de passion. Comment est-il possible qu'un homme soit content de se trouver dans un état qui ne peut finir que par des peines éternelles ? Je suis si éloigné d'en avoir de la joie que je crains bien que le désespoir ne me porte un jour à me couper la gorge, pour mettre fin à la crainte qui me donne de si mortelles inquiétudes.

Le religieux à qui je rapportai les tristes paroles du pauvre Atkins, demeura pensif pendant quelques momens; mais revenant bientôt de sa méditation : — S'il se trouve véritablement dans cette situation, me dit-il, assurez-le qu'il a encore le temps de se convertir, et que Jésus-Christ mettra le repentir dans son ame. Dites-lui en même temps que personne n'est sauvé que par le mérite et la mort de Jésus-Christ, qui donne accès au trône de la grâce, et que par conséquent, il n'est jamais trop tard pour ceux qui y recourent sincèrement. Pense-t-il qu'un pécheur soit jamais capable de se mettre par ses crimes hors de la portée de la miséricorde divine ? Dites-lui encore, je vous prie, que quand il serait vrai que la grâce de Dieu, lassée, pour ainsi dire, de s'offrir si souvent en vain, se retire quelquefois entièrement d'un pécheur obstiné, il n'est jamais trop tard néanmoins pour l'implorer, et que les ministres de l'Évangile ont un ordre général de prêcher la grâce au nom de Jésus-Christ à tous ceux qui se repentent sincèrement.

Atkins m'ayant écouté avec attention et d'une manière très-sérieuse, ne répondit rien; mais il me dit qu'il allait parler à sa femme, et il se retira dans le moment même. J'adressai cependant les mêmes discours aux autres, et remarquai qu'ils étaient tous ignorans jusqu'à la stupidité dans les matières de la religion, comme je l'étais lorsque je quittai mon père pour aller courir le monde. Cependant ils m'écoutèrent tous d'un air très-attentif, et ils me promirent fortement de parler à leurs femmes, et de ne négliger rien pour leur faire embrasser le christianisme.

Quand je rapportai leurs réponses au prêtre, il me regarda en souriant et en secouant la tête : — Nous qui sommes les serviteurs de Jésus-Christ, dit-il, nous ne pouvons qu'instruire et exhorter ; quand les gens reçoivent nos instructions et promettent de les suivre, nous avons fait tout ce que nous sommes capables de faire, et nous sommes obligés de nous contenter de leurs promesses. Mais croyez-moi, continua-t-il, quels que puissent être les crimes passés de cet Atkins, je pense que c'est le seul de la troupe qui se repente sincèrement. Je ne désespère pas des autres, mais je crois cet homme-là véritablement touché des égaremens de sa vie passée. Je suis sûr que quand il parlera de religion à sa femme, il commencera par se convertir lui-même ; car on n'apprend jamais mieux que quand on s'efforce d'enseigner aux autres. Si ce pauvre Atkins commence une fois à parler de Jésus-Christ à sa femme, je parierais ma vie qu'il sera sensiblement touché de ses propres discours, et se repentira réellement, ce qui pourrait avoir de très-bonnes suites.

Sur la promesse que les autres Anglais lui firent de travailler à la conversion de leurs femmes, il les maria en attendant qu'Atkins vînt avec la sienne. Il était fort curieux de savoir où ce dernier s'en était allé, et se tournant vers moi : — Je vous conjure, dit-il, sortons de votre labyrinthe pour nous promener ; je suis persuadé que nous trouverons quelque part ce pauvre Atkins en conversation avec sa femme, et occupé à lui enseigner quelques dogmes de la religion. Je le voulus bien, et je le menai par un chemin qui n'était connu que de moi, où les arbres étaient tellement épais qu'il était difficile de voir de dehors ce qui se passait où nous étions. Quand nous fûmes au coin du bois, nous vîmes Atkins et sa femme assis à l'ombre, et engagés dans la conversation la plus sérieuse. J'en avertis mon religieux, et nous considérâmes pendant quelque temps avec attention pour juger de leurs discours par leurs attitudes.

Nous vîmes qu'il lui montrait du doigt successivement le soleil, tous les côtés du ciel, la mer, les bois, lui-même et sa femme. — Vous le voyez, me dit le prêtre, il lui fait un sermon, il lui dit, selon toutes les apparences, que Dieu a fait le ciel, la terre, la mer, etc.

Immédiatement après, nous le vîmes se lever, se jeter à genoux, et tendre ses deux mains vers le ciel; nous supposâmes qu'il parlait tout haut, mais nous étions trop loin pour en rien entendre. Après être resté dans cette attitude une demi-minute, il revint près de sa femme, et se mit à l'entretenir de nouveau. Nous la vîmes fort attentive, sans savoir si elle parlait à son tour ou non. Tandis que son mari était à genoux, j'avais vu de grosses larmes couler sur les joues du prêtre, et moi-même j'avais eu toutes les peines du monde à m'empêcher d'en verser. Ce qui nous chagrina beaucoup, c'était l'impossibilité d'entendre quelques expressions de sa prière. Néanmoins nous ne voulûmes pas approcher davantage, de peur de l'interrompre, et nous nous contentâmes de certains gestes qui nous faisaient assez comprendre le sens de sa conversation. S'étant assis de nouveau, comme je l'ai déjà dit, Atkins continua de parler à sa femme d'une manière très-pathétique. D'autres fois nous le voyions tirer son mouchoir et essuyer les yeux de sa femme. Nous le vîmes ensuite se lever tout d'un coup, lui donner la main pour se lever aussi, et, l'ayant menée à quelques pas de là, se mettre à genoux avec elle et y demeurer pendant quelques minutes.

A ce spectacle mon ami ne fut plus le maître de son zèle. Il s'écria à haute voix : — O saint Paul, saint Paul, les voilà qui prient Dieu ensemble ! J'eus peur qu'Atkins ne l'entendît, et je le conjurai de se modérer pendant quelques moments, afin que nous puissions voir la fin d'une scène si touchante. Jamais il ne m'en parut de plus propre à émouvoir le cœur, et en même temps de plus agréable. Mon prêtre se retint en effet; mais il marqua par son air une sorte d'extase de joie de voir cette malheureuse païenne prête à entrer dans notre sainte religion. Tantôt il pleurait, tantôt il priait pour remercier Dieu d'une preuve si manifeste du succès merveilleux de nos desseins; quelquefois il levait les mains vers le ciel; tantôt il faisait le signe de la croix, tantôt il parlait à voix basse et quelquefois haut; ses actions de grâces étaient tantôt en latin, tantôt en français, et souvent les pleurs étouffaient sa voix, de manière que ce qu'il disait ne ressemblait pas à des sons articulés.

Je le conjurai de nouveau de se tranquilliser, afin que nous pussions examiner ensemble et avec attention tout ce qui se passait sous nos yeux. La scène n'était pas encore finie, et après qu'ils se furent relevés, nous vîmes encore Atkins adresser la parole à sa femme avec toutes les marques d'une très-grande ferveur.

Nous conjecturâmes par ses gestes qu'elle était fort touchée de ses discours; elle levait les mains, les croisait sur sa poitrine, et se mettait dans plusieurs autres attitudes convenables à un cœur touché et à un esprit attentif. Ces mouvemens continuèrent pendant un demi-quart d'heure; ils s'en allèrent, de sorte qu'il fallut mettre des bornes à notre curiosité.

Je profitai de cet intervalle pour parler à mon religieux et pour lui dire que j'étais charmé de ce que nous venions de voir; que, bien que je ne fusse pas fort crédule sur ces conversions subites, je croyais pourtant qu'il n'y avait ici que de la sincérité, quelle que pût être l'ignorance de l'homme et de la femme, et que j'attendais une heureuse fin d'un si heureux commencement. — Que sait-on, dis-je, si ces deux Sauvages par la voie de l'instruction et de l'exemple, n'influeront pas sur la conversion de quelques autres?

— De quelques autres! me répondit-il avec précipitation, oui, de tous généralement. Fiez-vous-en à moi; si ces deux Sauvages, car le mari ne l'a été guère moins que la femme, se rendent à Jésus-Christ, ils ne cesseront jamais de s'attacher à la conversion des autres. La véritable religion est communicative, et celui qui est devenu réellement chrétien ne laissera pas un seul païen dans l'erreur, s'il espère l'en pouvoir tirer. Je lui avouai que son sentiment était fondé sur un principe très-chrétien, et que c'était une preuve d'un cœur fort généreux.

Enfin, j'admirais de plus en plus ce pieux ecclésiastique à mesure que j'étais convaincu par la force de son raisonnement, et je me mis d'abord dans l'esprit que si une pareille modération était générale parmi les hommes, nous pourrions être tous chrétiens catholiques, quelle que pût être la différence de nos sentimens particuliers, et que cet esprit de charité nous conduirait bientôt tous aux mêmes principes.

Comme Atkins et sa femme n'étaient plus dans cet endroit, nous n'avions aucune raison pour nous y arrêter. Nous revînmes donc sur nos pas; déjà ils nous attendaient. Quand je les vis, je demandai au prêtre s'il trouvait à propos de leur découvrir que nous les avions vus dans le bosquet. Ce ne fut pas là son avis; il voulait lier conversation avec Atkins pour voir ce qu'il nous dirait de son propre mouvement. Là-dessus nous le fîmes entrer, sans permettre que personne y fût que nous trois, et voici quel fut notre entretien.

Robinson. Je vous prie, Atkins, dites-moi quelle éducation avez-vous eue? de quelle profession était votre père?

Atkins. Un plus honnête homme que je ne serai de ma vie : c'était un ecclésiastique, monsieur.

Robinson. Quelle éducation vous a-t-il donnée?

Atkins. Il n'a rien négligé pour me porter à la vertu; mais j'ai méprisé ses préceptes et ses réprimandes, comme une véritable bête féroce que j'étais.

Robinson. Salomon dit effectivement que celui qui méprise la correction est semblable aux bêtes.

Atkins. Hélas! monsieur, je n'ai été que trop semblable aux bêtes les plus cruelles, puisque j'ai assassiné pauvre père. Ah! mon Dieu! monsieur, n'en parlons plus ; j'ai tué mon propre père!

Le prêtre, à qui j'interprétais tout mot à mot, recula à ces dernières paroles, et, devenant pâle comme la mort, s'écria : O ciel! un parricide!

Robinson. J'espère, Atkins, qu'il ne faut pas prendre à la lettre ce que vous venez de dire : auriez-vous tué réellement votre père ?

Atkins. Il est bien vrai que je ne lui ai pas plongé un poignard dans le sein ; mais j'ai abrégé ses jours en lui ôtant toute sa consolation et en empoisonnant tous ses plaisirs. Je l'ai tué, monsieur, en répondant par la plus noire ingratitude à la tendresse la plus forte que jamais père eut pour son fils.

Robinson. Tranquillisez-vous, Atkins, je ne vous ai pas adressé cette question pour vous arracher l'aveu que vous venez de me faire ; je prie Dieu de vous en donner un sincère repentir, comme de tous vos autres péchés. Je vous l'ai fait seulement parce que je m'aperçois que, quoique vous ne soyez pas extrêmement éclairé, vous ne laissez pas d'avoir une idée de la religion et de la morale, et que vous en savez plus que vous n'en avez pratiqué.

Atkins. Ce n'est pas vous qui m'avez arraché cet aveu, monsieur, c'est ma conscience. Quand nous commençons à jeter la vue sur nos péchés passés, il n'y en a point qui nous touchent plus sensiblement que ceux que nous avons commis contre des parens pleins d'indulgence. Il n'y en a point qui fassent une impression plus profonde et qui nous accablent davantage.

Robinson. Il y a dans votre discours quelque chose de si prophétique, Atkins, que je ne saurais l'entendre sans me troubler.

Atkins. Et pourquoi vous troubleriez-vous, monsieur, des sentimens comme les miens vous doivent être absolument étrangers.

Robinson. Non, non, Atkins, tout ce rivage, chaque arbre, chaque colline de cette île, est un témoin des inquiétudes affreuses qui m'a causé le souvenir de l'ingratitude que j'eus dans ma première jeunesse pour les soins d'un père aussi tendre que paraît avoir été le vôtre. J'ai tué mon père aussi bien que vous, mon pauvre Atkins; mais je crains fort que votre repentir ne surpasse de beaucoup le mien.

J'en aurais dit davantage si j'eusse été le maître de ma douleur; le repentir d'Atkins me paraissait l'emporter si fort sur le mien, que je n'étais plus en état de soutenir cette conversation. Je voyais que cet homme que j'avais appelé pour lui donner des leçons m'en donnait à moi-même de fort touchantes auxquelles naturellement je ne devais pas m'attendre.

Le jeune prêtre à qui je communiquai tout ce discours en fut très-ému. — Eh bien! me dit-il, ne vous ai-je pas averti d'avance que dès que cet homme-là serait converti il deviendrait notre prédicateur? Je vous assure, monsieur, que s'il persévère dans sa repentance, je serai inutile ici, et qu'il fera des chrétiens de tous les habitans de l'île.

Me tournant alors de nouveau du côté d'Atkins: — D'où vient, lui dis-je, que précisément dans ce moment-ci vos péchés vous touchent si fortement?

ATKINS. Hélas! monsieur, vous m'avez mis à un ouvrage qui m'a percé le cœur. Je viens de parler à ma femme de Dieu et de la religion, afin de lui faire goûter le christianisme, et elle m'a fait un sermon elle-même qui ne me sortira jamais de l'esprit tant que je vivrai.

ROBINSON. Ce n'est pas votre femme qui vous a prêché, mon cher Atkins; votre conscience vous a inspiré à vous-même les argumens dont vous vous êtes servi.

ATKINS. Il est vrai, monsieur, ma conscience me les a inspirés avec une force à laquelle il m'a été impossible de résister.

ROBINSON. Informez-nous de ce qui vient de se passer

entre vous et votre femme ; j'en sais déjà quelque chose.

ATKINS. Ah, monsieur, il ne m'est pas possible de vous en rendre un compte exact ; quoique j'en sois pénétré, je ne saurais pourtant trouver des termes pour m'expliquer comme il faut ; mais qu'importe dans le fond ; il suffit que j'en sois touché et que j'aie pris une ferme résolution de réformer ma vie.

ROBINSON. Mais encore, Atkins, dites-nous en quelque chose ; par où avez-vous entamé la conversation? Le cas est tout à fait extraordinaire ; certainement si votre femme vous a porté à une résolution si louable, elle vous a fait effectivement un excellent sermon.

ATKINS. J'ai débuté par la nature de nos lois sur le mariage, qui tendent à lier l'homme et la femme par des nœuds indissolubles. Je lui ai fait entendre que, sans de pareilles lois, l'ordre ne pouvait être maintenu dans la société ; que les hommes abandonneraient leurs familles, et qu'ils se mêleraient confusément avec d'autres femmes ; ce qui troublerait toutes les successions et rendrait tous les héritages incertains.

ROBINSON. Comment! Guillaume, vous parlez comme un docteur en droit. Mais avez-vous pu faire comprendre ce que c'est qu'héritages et familles?

ATKINS. J'y suis parvenu après bien des efforts, et cependant elle a la meilleure volonté du monde...

Pour abréger une aussi édifiante histoire, je dirai que le récit de la double conversion d'Atkins et de sa femme nous toucha beaucoup, mais le jeune prêtre y fut surtout sensible. D'un côté, il était ravi de joie ; mais de l'autre, cruellement mortifié de ne pas entendre l'anglais, afin de pouvoir parler lui-même à cette femme qui avait de si excellentes dispositions. Revenu de ses réflexions, il se tourna vers moi en me disant qu'il y avait plus à faire avec cette femme que de la marier. Je ne le compris pas d'abord ; mais il s'expliqua en me disant qu'il croyait qu'il fallait la baptiser.

J'y consentis, et lui, voyant que je me hâtais d'en ordonner les préparatifs : — Patience, monsieur, me dit-il ; mon sentiment est qu'il faut la baptiser absolument ; son mari l'a décidée à embrasser le christianisme ; il lui a donné des idées justes de l'existence d'un Dieu, de son pouvoir, de sa justice et de sa clémence ; mais il faut que je sache, avant que d'aller plus loin, s'il lui a dit quelque chose de Jésus-Christ et du salut qu'il nous a procuré par sa mort.

J'appelai Atkins et je lui demandai. Il se mit à pleurer en disant qu'il en avait dit quelque chose, mais fort superficiellement ; qu'il était un homme si criminel, et que sa conscience lui reprochait avec tant de force sa conduite impie, qu'il tremblait à la seule idée que la connaissance que sa femme avait de sa mauvaise vie ne lui donnât du mépris pour tous ces dogmes sacrés et importans ; mais qu'il était sûr que son esprit était tellement disposé à recevoir les impressions de toutes ces vérités, que si je voulais bien lui en parler, je réussirais facilement à l'en persuader, et que je n'y perdrais ni mon temps ni mes peines.

En conséquence je la fis venir, et m'étant placé entre elle et le prêtre pour servir d'interprète, je le priai d'entrer en matière : c'est ce dont il s'acquitta avec tout le zèle et la sincérité d'un vrai chrétien.

Enfin il réussit à porter cette pauvre femme à embrasser la connaissance du Sauveur et de la rédemption, non-seulement avec surprise et avec étonnement, comme elle avait reçu d'abord les notions de Dieu et de ses attributs, mais encore avec joie, avec foi, et avec un degré de lumière qu'on aurait de la peine à s'imaginer, bien loin de pouvoir en donner une idée juste.

La cérémonie du baptême achevée, il la maria, et se tournant ensuite du côté d'Atkins, il l'exhorta d'une manière très-pathétique non-seulement à persévérer dans ses bonnes dispositions, mais encore à répondre par une sainte vie aux lumières qui venaient d'être répandues dans sa conscience. Il lui dit qu'il serait en vain profession de se repentir, si actuellement il ne renonçait à tous ses crimes. Il lui représenta que, puisque Dieu leur avait fait la grâce de se servir de lui comme d'un instrument pour la conversion de sa femme, il devait bien prendre garde de ne pas rendre inutile cette faveur du ciel.

Il ajouta un grand nombre d'autres excellentes leçons, et les recommandant l'un et l'autre à la bonté divine, il leur donna sa bénédiction de nouveau, se servant toujours de moi comme de son interprète. Ainsi finit toute la cérémonie.

Pour mon religieux, il n'avait pas encore rempli tous ses pieux desseins; ses pensées continuaient toujours à rouler sur la conversion des trente-sept Sauvages, et il serait resté de tout son cœur dans l'île pour y travailler; mais je lui fis voir que son entreprise était impraticable, et que je trouverais peut-être moyen de la faire réussir sans qu'il fût besoin qu'il s'en mêlât.

CHAPITRE XI.

Ayant ainsi réglé les affaires de mon île, je me préparais à retourner à bord du vaisseau, quand le jeune Anglais que j'avais tiré du bâtiment affamé, vint me dire qu'il venait d'apprendre que j'avais un ecclésiastique avec moi; que, par son moyen, j'avais marié les Anglais dans les formes avec les femmes sauvages; il ajouta qu'il savait un autre mariage à faire entre deux chrétiens, qui pourrait bien ne m'être pas désagréable.

Lorsque je lui dis que je le soupçonnais de parler pour lui-même et d'avoir en vue la servante de sa mère, il m'interrompit en souriant, pour me déclarer avec modestie que je me trompais dans ma conjecture, et qu'il n'avait rien de tel dans l'esprit, se trouvant dans des circonstances assez tristes pour n'y pas mettre encore le comble par un mariage mal assorti; qu'il connaissait trop dessein de le faire retourner dans sa patrie ; mais que mon voyage devant être de long cours, selon toutes les apparences, et très-hasardeux, il ne me demandait pour toute grâce, par rapport à lui, que de lui donner quelques esclaves, et tout ce qui était nécessaire pour établir une plantation ; que de cette manière là ; il attendrait avec patience l'occasion de retourner en Angleterre, persuadé que, quand j'y serais revenu, je ne l'oublierais pas. Enfin, il ajouta qu'il avait envie de me donner des lettres pour ses parens, afin de les informer des bontés que j'avais eues pour lui, et de l'endroit où je l'avais laissé ; et il me promit que dès que je le ferais sortir de l'île, il me céderait sa plantation, de quelque valeur qu'elle pût être.

Ce petit discours était fort convenable pour un jeune homme de cet âge, et il me plaisait d'autant plus qu'il m'assurait positivement que le mariage en question ne le regardait pas lui-même. Je lui donnai toutes les assurances possibles de rendre ses lettres, si je revenais sain et sauf en Angleterre, de n'oublier jamais la fâcheuse situation dans laquelle il voulait demeurer, et d'employer tous les moyens possibles pour l'en tirer.

J'étais fort impatient cependant de savoir de quel mariage il avait voulu parler, et il m'apprit qu'il s'agissait de Suzanne (c'était le nom de la servante) et de mon artisan universel.

J'en fus charmé réellement, parce que le parti me paraissait très-bon de côté et d'autre. J'ai déjà retracé le caractère du jeune homme. Pour la fille, elle était modeste, douce et pieuse ; elle avait du bon sens et assez d'agrément ; elle parlait bien et à propos, d'une manière décente et polie ; elle était toujours prête à répondre quand il fallait ; et jamais elle ne s'empressait de se mêler de ce qui ne la regardait pas ; elle avait beaucoup d'adresse pour faire toutes sortes d'ouvrages, et elle était si bonne ménagère qu'elle aurait pu être la femme de charge de toute la colonie ; elle savait parfaitement bien se conduire avec des personnes d'un certain rang, et par conséquent il ne lui était pas difficile de plaire à tous les habitans de l'île.

Nous les mariâmes ce même jour, et comme je lui tenais lieu de père dans cette cérémonie, je lui donnai aussi une dot, car je lui assignai à elle-même et à son époux un espace de terre assez considérable pour en faire une plantation. Ce mariage et la proposition que le jeune homme m'avait faite de lui donner en propre une petite étendue de terrain, me firent penser à partager toute l'île aux habitans, afin de leur ôter toute occasion de querelles.

J'en donnai la commission à Atkins qui était devenu grave, modéré, économe, en un mot, qui était alors un parfait honnête homme, très-pieux, fort attaché à la religion, et si j'ose décider d'une affaire de cette nature, véritablement converti.

Il s'acquitta de ce soin avec tant de prudence que tout le monde en fut satisfait, et qu'ils me prièrent tous de ratifier le partage par un écrit de ma main. Je le fis dresser sur-le-champ, et en spécifiant les limites de chaque plantation je leur donnais à chacun un droit de possession pour eux et pour leurs héritiers, en me réservant que le *haut domaine* de toute l'île, et une redevance pour chaque plantation, payable en onze ans à moi ou à celui de mes héritiers qui, venant la demander produirait une copie authentique du présent écrit.

Quand à la forme du gouvernement et des lois, je leur dis qu'ils étaient aussi capables que moi de prendre des mesures utiles là-dessus, et que je souhaitais seulement qu'ils me promissent de nouveau de vivre ensemble en bons amis et bons voisins.

Il y a encore une particularité que j'aurais tort de passer sous silence. Comme tous les habitans de mon île vivaient dans une espèce de république, et qu'ils avaient beaucoup à faire, il paraissait ridicule qu'il y eût trente sept Sauvages relégués dans un coin de l'île, à peine capables de gagner leur vie, bien loin de contribuer à l'utilité générale. Cette considération me fit proposer au gouverneur espagnol d'y aller avec le père de Vendredi, et de leur offrir de se joindre avec le reste des habitants, afin de planter pour eux-mêmes ou bien de servir les autres, pour la nourriture et l'entretien, en qualité de domestiques, et non pas en qualité d'esclaves, car je ne voulus pas absolument permettre qu'on les réduisit à l'esclavage ; ce qui eût été contraire à la capitulation qu'ils avaient faite en se rendant.

Ils acceptèrent la proposition de grand cœur, et quittèrent leurs habitations dans le moment même. Il n'y en eut que trois ou quatre qui prirent le parti de cultiver leurs propres terres, les autres aimèrent mieux être distribués dans les différentes familles que nous avions établies.

Toutes les colonies se réduisaient alors à deux. Il y avait celle des Espagnols, qui demeuraient dans mon château, et qui étendaient leur plantation du côté de l'est, le long de la petite baie, jusqu'à ma maison de campagne. Les Anglais vivaient dans le nord-est de l'île, où Atkins et ses camarades s'étaient établis dès le commencement, et ils s'étendaient du côté du sud et du sud-ouest, derrière la plantation des Espagnols. Chaque colonie avait encore à sa disposition une assez grande étendue de terre en friche qu'elle pouvait cultiver en cas de besoin ; en sorte que, de ce côté, il ne s'y trouvait aucun sujet de jalousie ni de discorde.

On avait laissé déserte la partie orientale de l'île, afin que les Sauvages pussent y aller à leur ordinaire, et on avait résolu de ne point se mêler de leurs affaires, s'ils ne se mêlaient point de celles des habitants. Il ne faut pas douter qu'ils n'y vinssent souvent comme autrefois : mais je n'ai jamais entendu dire qu'ils aient entrepris la moindre chose contre mes colonies.

J'avais fait espérer à mon religieux que la conversion des trente-sept Sauvages pouvait se faire sans lui d'une manière dont il serait satisfait. Je lui fis sentir que cette affaire s'avançait, et que ces gens étaient ainsi distribués, parmi les chrétiens, il serait facile de leur faire goûter les principes de notre religion, pourvu que chacun de leurs maîtres voulût bien redoubler d'efforts pour y réussir. Il en convint. — Mais, dit-il, comment les porterons-nous à travailler avec application ? Je lui répondis qu'il fallait les y engager en les assemblant tous, ou bien en leur parlant à chacun en particulier. Ce second parti lui parut le plus convenable. Il entreprit donc d'aller voir les Espagnols pendant que j'irais adresser mes exhortations aux Anglais. Nous recommandâmes aux uns et aux autres de se contenter de leur enseigner les principes généraux de la religion chrétienne ; comme l'existence de Dieu, les mérites de Jésus-Christ, etc. C'est ce qu'ils nous promirent.

En allant à la maison, ou plutôt à la ruche d'Atkins, je vis avec plaisir que la jeune femme de mon machiniste et l'épouse de l'Anglais étaient devenues amies intimes, et que cette personne pieuse avait perfectionné l'ouvrage que son mari avait commencé. Quoiqu'il n'y eût que quatre jours d'écoulés depuis le jour du baptême de la femme d'Atkins, elle était déjà devenue si bonne chrétienne, que je n'ai de ma vie entendu parler d'une conversion si subite, et poussée si loin en si peu de temps.

Je pensai qu'en laissant à mes colons tout ce qui leur était nécessaire, j'avais oublié de leur donner une Bible; sur ce point, je confesse que j'avais pour eux moins de soin que ma bonne veuve n'en avait eu pour moi. La charité de cette pauvre femme eut un effet plus étendu qu'elle ne l'avait prévu, car ses Bibles furent une mine d'instruction et de consolation pour des hommes qui en firent un meilleur usage que je n'en avais fait moi-même alors.

J'avais une de ces Bibles dans ma poche en arrivant à la maison d'Atkins. Je remarquai que les deux femmes venaient de parler religion.— Ah ! monsieur, dit Atkins, dès qu'il me vit, quand Dieu veut que les pécheurs se réconcilient avec lui, il en sait bien trouver les moyens.

Mon épouse a rencontré un prédicateur nouveau ; je sais que j'étais aussi indigne qu'incapable de mettre la main à un pareil ouvrage : cette jeune femme paraît nous être envoyée du ciel, elle est en état de convertir une île pleine de Sauvages.

La jeune femme rougit à ces mots, et se leva pour s'en aller; mais en la priant de demeurer, je lui dis qu'elle avait entrepris une œuvre excellente, et que je souhaitais de tout mon cœur que le ciel voulût bénir ses soins.

Nous continuâmes sur ce sujet pendant quelque temps, et les voyant sans livre, je tirai ma Bible de ma poche.— Voici du secours que je vous apporte, Atkins, lui dis-je, et je ne doute point que vous ne les receviez avec plaisir. Il prit le livre avec respect, et se tournant du côté de sa femme :— Ne vous ai-je pas dit, ma chère, dit-il, que, quoique Dieu soit dans le ciel, il peut entendre nos prières ! Voici le livre que je lui ai demandé ; il m'a entendu et me l'a envoyé. Après avoir fini ce discours, il tomba dans de si grands transports de joie, qu'au milieu des actions de grâces qu'il adressait au ciel, il versait un torrent de larmes.

Certes, jamais homme ne fut plus reconnaissant de quelque présent que ce puisse être, qu'il le fut du don de cette Bible, et jamais non plus mortel ne se réjouit d'un don pareil; par un meilleur principe. Après avoir été un des plus grands scélérats de l'univers, il prouva par son changement que les pères ne doivent jamais désespérer du succès des instructions qu'ils donnent à leurs enfans, quelque insensibles qu'ils y paraissent. Si Dieu trouve bon dans la suite de toucher leur cœur, la force de l'éducation se saisit de nouveau de leur ame, les instructions qu'ils ont reçues dans leur jeunesse opèrent sur eux avec tout le succès imaginable. Les préceptes qui ont été endormis, pour ainsi dire, pendant long-temps, se réveillent alors et produisent des effets merveilleux.

Il en était ainsi du pauvre Atkins. Il n'était pas des

plus éclairés, mais voyant que le ciel l'appelait à instruire une personne plus ignorante que lui, il cherchait à se ressouvenir des leçons de son père et s'en servait avec beaucoup de fruit.

Il se ressouvenait surtout de ce qu'il lui avait dit sur l'excellence de la Bible, qui a répandu sur des nations entières les bénédictions du ciel, vérité dont il n'avait jamais compris l'évidence que dans cette occasion, où, voulant instruire des païens et des Sauvages, il ne pouvait se passer du secours de la parole divine.

Je ne jugeai point à propos de parler à mes colons de la chaloupe que j'avais eu soin d'embarquer par pièces détachées, avec l'intention de les faire joindre ensemble dans l'île. J'en fus détourné d'abord en y arrivant, par les semences de discorde répandues dans la colonie; persuadé qu'au moindre mécontentement, ils se serviraient de cette chaloupe pour se séparer les uns des autres; peut-être aussi en auraient-ils fait usage pour pirater, et de cette manière mon île serait devenue un repaire de brigand, au lieu d'être une colonie de gens modérés et pieux. Je ne voulus pas leur laisser non plus les deux canons de bronze, ni les deux petites pièces de tillac que je leur avais destinés. Je les crus assez forts sans cet arsenal, et assez bien armés pour soutenir une guerre défensive; mon but n'était nullement de les mettre en état d'entreprendre des conquêtes.

Je revins à bord, après avoir passé vingt-cinq jours dans l'île, promettant à ceux de mes gens qui avaient pris la résolution d'y rester jusqu'à ce que je les en tirasse, de leur envoyer du Brésil de nouveaux secours si je pouvais en trouver l'occasion. Je m'étais engagé surtout à leur procurer quelque bétail, tels que vaches, moutons, etc.

Le jour suivant, nous fîmes voiles après avoir salué la colonie de cinq coups de canon.

Le troisième jour, après avoir mis à la voile, la mer étant calme et le courant allant avec force vers l'est-nord-est, nous fûmes un peu entraînés hors de notre cours, et nos gens crièrent jusqu'à trois fois : Terre du côté de l'est ? sans qu'il nous fût possible de savoir si c'était le continent ou une île. Vers le soir, nous vîmes la mer du côté de la terre, toute couverte de quelque chose de noir que nous ne pûmes distinguer ; mais notre contre-maître étant monté sur le grand mât avec une lunette d'approche, se mit à crier que c'était toute une armée. Je ne savais ce qu'il voulait dire avec son armée, et je le traitai d'extravagant.—Ne vous fâchez pas, monsieur, dit il, c'est une armée navale de plus de mille canots, et je les vois distinctement venir droit à nous.

Je fus un peu surpris de cette nouvelle, ainsi que mon neveu le capitaine, qui avait entendu raconter dans l'île de si terribles choses de ces Sauvages, et qui n'étant jamais allé dans ces mers, ne savait qu'en penser. Il s'écria deux ou trois fois qu'il fallait nous attendre à être dévorés. J'avoue que voyant la mer calme et le courant qui nous portait vers le rivage, je n'étais pas sans frayeur. Je l'encourageai pourtant, en lui conseillant de laisser tomber l'ancre aussitôt qu'on verrait qu'il serait inévitable d'en venir aux mains avec ces Barbares.

Le calme continuant et cette flotte étant fort près de nous, je commandai qu'on jetât l'ancre, et qu'on ferlât les voiles. Afin d'empêcher qu'ils ne missent le feu au vaisseau, je fis remplir les deux chaloupes d'hommes bien armés, et les fis bien placer l'une à la poupe et l'autre à la proue. Je leur fis prendre un bon nombre de seaux pour éteindre le feu que les Sauvages pourraient s'efforcer de mettre au dehors du navire.

Nous attendîmes les ennemis dans cette position, et bientôt nous les vîmes de près : je ne crois pas que jamais un plus terrible spectacle se soit offert aux yeux d'un Européen. Le contre-maître s'était prodigieusement trompé dans son calcul : au lieu de mille canots, il n'y en avait que cent vingt-six, mais ils étaient tellement chargés que plusieurs contenaient dix-sept personnes ; les plus petits étaient montés de sept hommes.

Ils s'avançaient hardiment et paraissaient avoir le projet d'environner le vaisseau; nous ordonnâmes à nos chaloupes de ne pas permettre qu'ils nous approchassent de trop près.

CHAPITRE XII.

Cet ordre nous engagea, contre notre intention, dans un combat avec les Sauvages. Cinq ou six de leurs canots approchèrent tellement de la plus grande de nos chaloupes, que nos gens leur firent signe de la main de se retirer; ils le comprirent fort bien, mais en se retirant ils lancèrent une cinquantaine de javelots, et blessèrent dangereusement un de nos hommes. Je criai à nos gens de ne point faire feu, et je leur fis jeter des planches pour se mettre à couvert contre les flèches, en cas qu'ils vinssent à tirer de nouveau.

Environ une demi-heure après ils avancèrent du côté de la poupe, et ils approchèrent assez pour que je visse sans peine que c'étaient de mes anciens ennemis. Un moment après ils s'éloignèrent de nouveau, jusqu'à ce qu'ils fussent tous réunis, et alors ils firent force de rames pour venir sur nous. Ils approchèrent si près qu'ils pouvaient nous entendre parler : je commandai à tout l'équipage de se tenir en repos, jusqu'à ce qu'ils tirassent leurs flèches une seconde fois, et qu'on tint le canon tout prêt.

En même temps j'ordonnai à Vendredi de se mettre sur le tillac, et de leur demander quel était leur dessein. Immédiatement après Vendredi s'écria qu'ils allaient tirer, et ils firent voler en effet dans le vaisseau plus de trois cents flèches dont personne ne fut blessé, si ce n'est mon fidèle Sauvage lui-même qui eut à mes yeux le corps percé de trois blessures mortelles.

La vive douleur que j'éprouva en voyant tomber ce compagnon dévoué de tous mes travaux m'inspira un violent désir de vengeance. Voyant la grêle de flèches qu'ils lançaient sur nous sans raison, et la mort du pauvre Vendredi, qui méritait si bien mon estime et toute ma tendresse, je crus être en droit devant Dieu et devant les hommes, de repousser la force par la force.

J'ordonnai qu'on chargeât cinq canons à cartouches et quatre à boulet, et nous leur envoyâmes une telle bordée que le souvenir doit en être resté parmi ces nations.

Ces sauvages féroces n'étaient éloignés de nous que de la moitié de la longueur d'un câble, et nos canonniers pointèrent si juste, que quatre de leurs canots furent renversés, selon toutes les apparences, d'un seul et même coup de canon.

Notre bordée fit une exécution terrible : je ne saurais dire précisément combien nous en tuâmes ; mais il est certain que jamais il n'y eut dans une multitude de gens une pareille frayeur et une consternation semblable. Treize ou quatorze de leurs canots, tant brisés que renversés, furent coulés à fond ; une partie de ceux qui les montaient furent tués, et les autres s'efforçaient de se sauver à la nage ; le reste ne songeait qu'à s'éloigner, sans se mettre en peine de leurs camarades.

Leur fuite fut si précipitée qu'en trois heures ils furent hors de notre vue, excepté trois ou quatre canots qui faisaient eau, selon toute apparence, et qui ne pouvaient suivre le gros de la flotte avec la même rapidité. Nous n'en prîmes qu'un seul qui nageait encore une heure après le combat.

Notre prisonnier était tellement étourdi de son malheur qu'il ne voulait ni parler ni manger, et nous crûmes tous qu'il avait l'intention de se laisser mourir de faim. Je trouvai pourtant le moyen de lui rendre la parole : on feignit de le jeter à la mer, puis on l'y jeta effectivement et on s'éloigna de lui. Il suivit la chaloupe à la nage, et y étant rentré, il devint plus traitable et se mit à parler un langage dont personne de nous ne pouvait entendre un seul mot.

Un vent frais s'étant élevé, nous remîmes à la voile. Tout le monde était charmé de s'être tiré de cette affaire, excepté moi qui était au désespoir de la perte du pauvre Vendredi.

Notre prisonnier commençait à comprendre quelques mots anglais, et à s'apprivoiser avec nous. Nous lui demandâmes de quel pays il était venu avec ses compagnons; mais il nous fut impossible d'entendre un mot de sa réponse. Il tirait sa voix du gosier d'une manière si creuse et si étrange, qu'il ne paraissait pas seulement former des sons articulés. Nous ne pûmes pas remarquer qu'il se servit des dents, des lèvres, de la langue, ni du palais : ses paroles ressemblaient aux différens tons qui sortent d'un cor de chasse. Lorsqu'enfin il sut quelques mots d'anglais, il nous fit entendre que la flotte qui nous avait attaqués était destinée par leurs rois à donner une grande bataille. Nous lui demandâmes combien de rois ils avaient. Il dit qu'ils étaient cinq nations; qu'ils avaient cinq rois, et que leur dessein était d'aller combattre deux nations ennemies. Nous lui demandâmes encore par quelle raison ils s'étaient approchés de nous. Il répondit que leur intention n'avait été d'abord que de contempler notre vaisseau. Tout fut exprimé dans un langage plus incorrect encore que ne l'avait été celui de Vendredi, quand il commençait à s'énoncer en anglais.

Un dernier mot sur ce fidèle serviteur. Nous lui rendîmes les derniers honneurs avec toute la solennité possible; nous le mîmes dans un cercueil, et après l'avoir jeté à la mer, nous prîmes congé de lui par onze coups de canon.

Continuant notre voyage avec un bon vent, nous découvrîmes la terre le douzième jour après cet événement au cinquième degré de latitude méridionale : c'était la partie de toute l'Amérique qui s'avance le plus vers le nord-est. Nous fîmes cours vers le sud quart à l'est, en ne perdant point le rivage de vue pendant quatre jours, au bout desquels nous doublâmes vers le cap Saint-Augustin; et trois jours après nous laissâmes tomber l'ancre dans la baie de Todos-los-Santos, lieu d'où était venu toute ma bonne et mauvaise fortune.

Jamais il n'y était arrivé de vaisseau qui y eût moins d'affaires; et cependant nous n'obtînmes qu'avec beaucoup de peine l'autorisation d'avoir la moindre correspondance avec les habitans du pays; ni mon associé qui jouissait dans ce pays d'une très-grande considération, ni mes deux facteurs, ni le bruit de la manière miraculeuse dont j'avais été tiré de mon désert, ne me purent obtenir cette faveur. Mon associé à la fin, se souvenant que j'avais donné autrefois cinq cents moidores au prieur du monastère des Augustins, et deux cents aux pauvres, pria ce religieux d'aller parler au gouverneur et de lui demander la permission d'aller à terre pour moi, le capitaine et huit hommes. On nous l'accorda, mais à condition que nous ne débarquerions aucune denrée, et que nous n'emmenerions personne avec nous sans une permission expresse.

Ils nous firent observer ces conditions avec tant de sévérité que j'eus toutes les peines du monde à débarquer trois balles de draps fins, d'étoffes et de toiles que j'avais apportées pour en faire présent à mon associé. C'était un homme très-généreux et qui avait de nobles sentimens; sans savoir que j'eusse le moindre dessein de lui faire un cadeau, il m'envoya du vin, du tabac, des confitures pour plus de trente moidores et quelques médailles d'or. Mon présent n'était pas de moindre valeur que le sien et devait lui être très-agréable; j'y joignis la valeur de cent livres sterling en marchandises et le priai de faire dresser ma chaloupe afin de l'employer pour envoyer à ma colonie ce que je lui avais promis.

L'affaire se trouva faite en fort peu de jours, et quand ma barque fut équipée, je donnai au pilote de telles instructions pour reconnaitre mon île qu'il était impossible qu'il la manquât : aussi la trouva-t-il, comme je l'ai appris dans la suite.

Bientôt elle fut chargée de la cargaison que je destinais à mes gens : un de nos matelots, qui était allé à terre en même temps que moi dans l'île, s'offrit d'aller avec la chaloupe et de s'établir dans ma colonie, pourvu que j'ordonnasse par une lettre au gouverneur espagnol de lui donner des habits, du terrain, et les outils nécessaires pour commencer une plantation, genre d'industrie qu'il entendait fort bien, ayant été planteur autrefois à Maryland et boucanier. Je l'encourageai dans ce dessein, en lui accordant tout ce qu'il me demandait; et je lui fis présent du Sauvage que nous avions pris dans notre dernière rencontre; de plus, je chargeai le gouverneur espagnol de lui remettre une portion de tout ce qui lui était nécessaire, égale à celle qui avait été distribuée aux autres.

J'envoyais trois femmes portugaises à mes Espagnols, en les priant de leur donner des époux et de les traiter avec douceur. J'aurais pu leur en faire avoir un plus grand nombre; mais je savais que mon Portugais persécuté avait avec lui deux filles en état de se marier, et que les autres Espagnols avaient des femmes dans leur patrie.

J'envoyais de plus, ainsi que je l'avais promis, trois vaches à lait, cinq veaux, vingt-deux porcs, trois truies pleines, deux cavales et un cheval.

Toute cette cargaison arriva en bon état dans l'île, et l'on croira sans peine qu'elle y fut reçue avec plaisir par mes sujets qui se trouvaient alors au nombre de soixante ou soixante-dix, sans compter les enfans dont il y avait un grand nombre.

Au lieu d'abandonner ainsi pour toujours une île que j'avais voulu revoir malgré mon âge et les dangers de voyage, j'aurais pu m'assurer la propriété de ce pays en le soumettant à la Grande-Bretagne. J'aurais pu y transporter du canon, des munitions et des planteurs; en faire une colonie florissante et m'y fixer moi-même; expédier mon petit navire chargé de riz, et prier mes correspondans de me le renvoyer avec tout ce qui pourrait être utile et agréable à la colonie. Mais j'étais seulement possédé du démon des aventures qui me forçaient à courir le monde, uniquement pour courir. Je ne songeais pas même à donner un nom à cette île où j'avais trouvé un asile contre la fureur des flots; je négligeai d'établir un lien social entre elle et le reste du monde civilisé. Au lieu de consacrer ma fortune et le reste de ma vie à faire le bonheur des hommes qu'un puéril orgueil me faisait appeler mes sujets, je n'eus alors aucune idée des choses auxquelles était appelé par la Providence le fondateur de cet état naissant.

Nous trouvâmes dans la baie de Todos-los-Santos un navire en charge pour Lisbonne, et le jeune prêtre français me demanda la permission d'en profiter pour aller en Europe; j'y consentis malgré le plaisir que je trouvais dans le commerce de cet homme à la fois si pieux et si aimable.

Du Brésil nous allâmes par la mer Atlantique au Cap de Bonne-Espérance; nous eûmes des vents contraires et quelques tempêtes; mais le temps de mes malheurs sur mer était fini: mes disgrâces futures devaient m'arriver sur terre.

Notre vaisseau étant uniquement destiné au commerce, nous avions à bord un subrécargue qui devait en régler tous les mouvemens lorsque nous serions arrivés au Cap de Bonne-Espérance. Tout avait été confié à ses soins: il n'était limité que dans le nombre de jours qu'il fallait rester dans chaque port. Ainsi je n'étais pour rien dans la marche du vaisseau: le subrécargue et mon neveu délibéraient entre eux sur ce qu'il y avait à faire.

Nous ne nous arrêtâmes au cap que pour prendre de l'eau fraîche et les autres choses nécessaires, et nous nous hâtâmes pour arriver à la côte de Coromandel, parce que nous étions informés qu'un vaisseau de guerre français de cinquante canons, et deux grands vaisseaux marchands avaient pris la route des Indes. Nous étions en guerre avec les Français; nous craignions leur rencontre: heureusement il n'en fut rien.

Nous touchâmes d'abord à l'île de Madagascar. Le peuple qui l'habite est féroce et traître, armé d'arcs et de lances dont il se sert avec beaucoup d'adresse. Cependant nous y fûmes fort bien pendant quelque temps ; les habitans nous traitèrent avec civilité, et pour de légers cadeaux que nous leurs fîmes, tels que des couteaux, des ciseaux, etc., ils nous amenèrent onze jeunes bœufs gras et bons ; nous en destinâmes une partie à notre nourriture pendant notre séjour dans cette île, et nous salâmes le reste pour la provision du vaisseau.

Lorsque nous débarquions dans l'île, les habitans qui s'y trouvent en grand nombre, se pressaient autour de nous, et d'une certaine distance ils nous regardaient avec attention. Étant traités par eux fort honnêtement nous ne nous croyions pas en danger; nous coupâmes seulement trois branches d'arbre que nous plantâmes en terre à quelques pas de nous, ce qui dans ce pays, est une marque de paix et d'amitié; les insulaires firent de même de leur côté, pour indiquer qu'ils acceptaient la paix. Après cette cérémonie il ne leur est pas permis de passer vos branches et vous ne sauriez passer les leurs sans leur déclarer la guerre. De cette manière chacun est en sûreté derrière ses limites; la place qui est entre deux sert de marché; et de côté et d'autre on y trafique librement. En y allant il n'est pas permis de porter des armes, et les gens du pays même, avant que d'avancer jusque-là, plantent leurs lances en terre; mais si on rompt la convention en leur faisant quelque violence, ils s'élancent d'abord sur leurs armes, et cherchent à repousser la force par la force.

Un soir que nous étions venus à terre, les insulaires s'assemblèrent en plus grand nombre que de coutume; mais tout se passa avec le bon accord ordinaire. Ils nous apportèrent différentes sortes de provisions qu'ils échangèrent contre quelques bagatelles; et leurs femmes nous fournirent du lait et des racines, que nous reçûmes avec plaisir. Tout était si paisible que nous résolûmes de passer la nuit à terre dans une hutte que nous nous étions faite de quelques branches : je ne sais par quel pressentiment je n'étais pas si content que les autres d'y rester toute la nuit. Notre chaloupe était à l'ancre à un jet de pierre du rivage, avec deux hommes pour la garder ; j'en fis venir un pour couper quelques branches, afin de nous en couvrir dans la chaloupe ; ayant étendu la voile je me couchai dessus, abrité par cette verdure.

Vers deux heures du matin nous entendîmes les cris terribles d'un de nos marins qui nous priait de faire approcher la chaloupe, si nous ne voulions pas qu'ils fussent massacrés : aussitôt j'entendis cinq coups de fusil qui furent répétés deux fois immédiatement après.

Ce tumulte m'ayant réveillé en sursaut je fis avancer la chaloupe, et me voyant trois fusils sous la main je pris la résolution d'aller à terre avec les deux matelots et de secourir nos gens.

Nous fûmes près du rivage en un instant ; aussitôt nos matelots, poursuivis par trois ou quatre cents de ces Barbares, se jetèrent à la nage pour venir à nous. Ils n'étaient que neuf et n'avaient que cinq fusils ; il est vrai que les autres étaient armés de pistolets et de sabres ; mais ces armes leur avaient été de peu d'usage.

Nous en sauvâmes sept avec bien de la peine, parmi lesquels il y en avaient trois grièvement blessés. Pendant que nous étions occupés à les faire entrer dans la chaloupe, nous nous trouvâmes aussi exposés qu'eux, et les Barbares nous jetèrent une grêle de dards, et nous fûmes obligés de barricader ce côté avec nos bancs et quelques planches qui étaient là par hasard.

Si l'affaire fût arrivée en plein jour, ces Sauvages visent si juste qu'ils nous eussent percés de leurs flèches. La lumière de la lune ne nous les laissait voir que peu distinctement, pendant qu'ils faisaient voler une quantité de dards vers notre barque. Nous fîmes feu sur eux, et leurs cris nous donnèrent assez à entendre que nous en avions blessé plusieurs ; ce qui ne les empêcha pas de rester sur le rivage en ordre de bataille jusqu'au matin, espérant sans doute avoir meilleur marché de nous dès qu'ils pourraient nous voir.

Nous fûmes forcés de rester dans cet état, sans savoir comment faire pour lever l'ancre et mettre à la voile, ne pouvant y réussir sans nous tenir debout, ce qui leur eût donné plus de facilité pour nous tuer. Tout ce que nous pûmes faire, ce fut d'indiquer au vaisseaux, par des signaux, que nous étions en danger; et quoiqu'il fût à une lieue de là, mon neveu, entendant nos coups de fusil, et voyant par sa lunette que nous faisions feu du côté du rivage, comprit d'abord toute l'affaire, et leva l'ancre au plus vite. Il vint aussi près de nous qu'il fut possible, et nous envoya l'autre chaloupe, avec dix hommes; mais nous leur criâmes de ne pas approcher, en leur apprenant notre situation. Alors un des matelots prenant le bout d'une corde, et nageant entre les deux chaloupes, de manière qu'il était difficile aux Sauvages de l'apercevoir, alla à bord de ceux qui étaient envoyés pour nous tirer de ce danger. Nous coupâmes alors notre petit câble, et, laissant l'ancre, nous fûmes remarqués par l'autre chaloupe, jusqu'à ce que nous nous vîmes hors de la portée des flèches. Pendant tout ce temps nous nous étions tenus cachés derrière notre barricade.

Dès que nous ne fûmes plus entre le vaisseau et le rivage, le capitaine ayant fait charger plusieurs canons à cartouches, envoya une bordée terrible aux Barbares, et le carnage fut horrible.

Revenus à bord, et hors de danger, nous examinâmes la cause de cette émeute des Sauvages. Notre subrécargue, qui était allé souvent à Madagascar, nous assura qu'il fallait absolument qu'on eût irrité les habitans, car ils ne nous auraient jamais attaqués après nous avoir reçus comme amis. Tout fut à la fin découvert, et nous apprîmes qu'un de nos matelots avait enfreint le traité et dépassé la limite pour insulter les Barbares.

Cependant un des nôtres avait été tué d'un coup de javelot en sortant de la hutte. Tous les autres s'étaient tirés d'affaire, excepté celui qui avait été la cause de ce malheur. Nous fûmes assez long-temps à savoir ce qu'il était devenu ; pendant deux jours nous longeâmes le rivage avec la chaloupe, quoique le vent nous exhortât à partir, et nous fîmes toutes sortes de signaux pour lui apprendre que nous l'attendions, mais inutilement. Nous le crûmes perdu.

Je ne pus cependant me résoudre à partir sans hasarder d'aller une seconde fois à terre, pour voir si je pourrais découvrir ce malheureux. Je résolus de débarquer pendant la nuit, de peur d'essuyer une seconde attaque des Noirs. Mais je fus fort imprudent en me hasardant de mener avec moi une troupe de marins féroces, sans m'en être fait donner le commandement ; ce qui m'engagea malgré moi dans une entreprise aussi malheureuse que criminelle.

Nous choisîmes, le subrécargue et moi, vingt des plus déterminés de l'équipage, et nous débarquâmes dans le même endroit où les Indiens s'étaient assemblés quand ils nous avaient attaqués avec tant de fureur. Mon dessein était de voir s'ils avaient quitté le champ de bataille et d'en surprendre quelques-uns pour les échanger contre le matelot égaré, s'il existait encore.

Arrivés à terre, sans bruit, à dix heures du soir, nous partageâmes notre troupe en deux pelotons, dont je commandai l'un et le bosseman l'autre. Nous ne vîmes ni n'entendîmes personne d'abord, et nous nous avançâmes, en laissant quelque distance entre nos deux petits corps, vers l'endroit où l'action s'était passée, nous ne découvrîmes rien, à cause des ténèbres ; mais quelques momens après, notre bosseman tomba, ayant donné du pied contre un cadavre. Il fit halte jusqu'à ce que je l'eusse joint, et nous résolûmes de nous arrêter, en attendant le lever de la lune, qui devait paraître en moins d'une heure. Nous découvrîmes alors distinctement le carnage que nous avions fait parmi les Indiens : nous en vîmes trente-deux à terre, parmi lesquels il y en avaient deux qui respiraient encore.

J'étais d'avis de retourner à bord; mais le bosseman me fit dire qu'il était résolu, avec les siens, d'aller rendre une visite à la ville où les Indiens demeuraient, et me fit prier de l'y accompagner, ne doutant point que nous n'y puissions faire un butin considérable, et avoir des nouvelles de Thomas Jeffery (c'était le nom du matelot que nous avions perdu).

S'ils m'avaient demandé la permission de tenter cette entreprise, je leur aurais positivement ordonné de se rembarquer à l'instant; mais ils se contentèrent de me faire savoir leur intention, et de me prier d'être de la partie. Quoique je sentisse combien un tel dessein, où l'on pouvait perdre beaucoup de monde, serait peut-être préjudiciable à un vaisseau dont l'unique but était d'aller faire des affaires de négoce, je n'avais pas l'autorité nécessaire pour détourner le coup; je refusai de les accompagner, et priai ceux qui me suivaient de rentrer dans la chaloupe. Deux ou trois de ces derniers commencèrent à murmurer, et à dire qu'ils voulaient y aller malgré moi, que je n'avais aucun commandement sur eux. — Jean, s'écria l'un, veux-tu y venir? pour moi j'y vais. Jean y consentit; il fut suivi d'un autre et de plusieurs, et ils m'abandonnèrent tous, excepté un seul que je priai instamment de rester et qui voulut bien y consentir. Le subrécargue et moi nous retournâmes vers la chaloupe où il n'y avait qu'un mousse. Je leur représentai encore combien leur entreprise était criminelle, et qu'ils pourraient avoir le sort de Jeffery. Ils me répondirent qu'ils agiraient prudemment; qu'ils étaient d'ailleurs certains de réussir, et qu'ils seraient de retour dans moins d'une heure. La ville des Indiens n'était, disaient-ils, qu'à un demi-mille du rivage; mais ils se trompaient de plus de deux milles.

Ils prirent d'ailleurs toutes les précautions possibles. Ils étaient tous parfaitement armés; car, outre leur fusil, ils avaient chacun un pistolet et une baïonnette; quelques-uns avaient des sabres; le bosseman et deux autres avaient des haches d'armes. Ils étaient tous pourvus de treize grenades ; jamais hommes plus hardis et mieux armés n'entreprirent un dessein plus abominable et plus extravagant.

Ils partirent animés par le désir du butin ; mais une circonstance imprévue les remplit de l'esprit de vengeance. Arrivés à un petit nombre de maisons indiennes qu'ils avaient prises pour la ville même, ils se virent fort éloigné de leur compte, puisqu'il n'y avait là que treize huttes. Ils délibérèrent long-temps pour savoir s'ils attaqueraient ce hameau, et s'ils en égorgeraient tous les habitans, sans en laisser un seul qui pût aller donner l'alarme à la ville.

Ils se déterminèrent enfin à épargner ce hameau, voulant pénétrer jusqu'à la ville, pour exercer leur vengeance et satisfaire leur avarice sur un plus grand théâtre. Après avoir marché quelque temps ils trouvèrent une vache attachée à un arbre, et ils résolurent de s'en faire un guide. Voici quel fut leur raisonnement : la vache appartient au hameau ou à la ville ; une fois déliée elle cherchera sans doute son étable ; si elle va en avant, nous n'aurons qu'à la suivre, elle nous menera où nous devons aller. Ils coupèrent la corde ; la vache marcha devant eux, et par ce singulier stratagème ils arrivèrent à la ville, composée de deux cents cabanes, dont quelques-unes contenaient plusieurs familles.

Il y régnait le plus profond silence : tous les habitans dormaient tranquillement, comme dans un lieu qui n'est point susceptible d'être attaqué. Ils tinrent alors un nouveau conseil de guerre et résolurent de se partager en trois corps, de mettre le feu à trois maisons, dans trois différentes parties du bourg, de saisir et de garotter les habitans à mesure qu'ils sortiraient de leurs maisons embrasées. Ils commencèrent à visiter toute la ville, sans faire le moindre bruit, afin d'en examiner l'étendue et de juger si leur dessein était praticable.

Tandis qu'ils s'animaient les uns les autres, ceux qui

s'étaient le plus avancés crièrent qu'ils avaient trouvé Thomas Jeffery, ce qui les fit courir tous de ce côté. Ils trouvèrent effectivement ce malheureux à qui on avait coupé la gorge, nu et pendu par un bras à un arbre. La vue de leur camarade égorgé leur inspira une telle fureur qu'ils jurèrent de le venger, et de ne faire quartier à aucun Indien qui tomberait entre leurs mains : aussitôt ils se mirent à l'œuvre. Les maisons étaient basses et couvertes de chaume; ils y mirent le feu, et en moins d'un quart-d'heure toute la ville brûlait. Ils commencèrent par une cabane dont les habitans s'étaient éveillés depuis leur arrivée. Dès que le feu commença, ces malheureux effrayés cherchèrent la porte pour se sauver; mais ils y rencontrèrent un danger qui n'était pas moindre : le bossemau en tua deux avec sa hache d'armes. La hutte étant fort grande et remplie de monde, il ne voulut pas y entrer pour en achever le massacre; mais il y jeta une grenade qui en tua et blessa plusieurs; d'autres furent massacrés à coups de baïonnettes; nos gens forcèrent le reste à demeurer dans la maison en proie aux flammes, jusqu'à ce que le toit leur fût tombé sur la tête.

Pendant cette exécution, ils ne tirèrent pas un coup de fusil, ne voulant éveiller le peuple qu'à mesure qu'ils étaient en état de l'exterminer; mais le feu fit sortir les Indiens de leur sommeil, ce qui força les assaillans à se tenir réunis. L'incendie ne trouvant que des matières extrêmement combustibles, se répandit en un instant par toute la ville et rendit les rues presque impraticables. Il leur fallut pourtant suivre le feu pour exécuter leur affreux dessein avec plus de sûreté; et dès que la flamme faisait sortir les habitans hors de leurs maisons, ils étaient assommés par ces furieux qui, pour entretenir leur rage, ne cessaient de crier les uns aux autres de se souvenir du *pauvre Jeffery.*

Pendant ce temps j'étais dans de grandes inquiétudes, particulièrement quand j'aperçus l'incendie que l'obscurité de la nuit me faisait paraître comme s'il n'était qu'à quelques pas de moi.

Mon neveu voyant ces flammes en fut dans une grande surprise ; il n'en pouvait deviner la cause, et il craignait que je ne fusse dans quelque grand danger, aussi bien que le subrécargue. Mille pensées lui roulaient dans l'esprit, et quoiqu'il pût à peine tirer plus de monde du vaisseau, il se jeta dans l'autre chaloupe et vint lui-même à notre secours avec treize hommes.

Il fut fort étonné de me trouver avec le subrécargue dans la chaloupe, accompagné d'un matelot et du mousse. Quoique fort aise de nous voir sains et saufs, il était très-impatient d'avoir des nouvelles des autres. La flamme augmentait de moment à autre ; les fréquens coups de fusil que nous entendions nous causaient de vives inquiétudes.

Le capitaine dit qu'il voulait donner du secours aux siens, quelque chose qui en pût arriver. Je tâchai de l'en détourner par les mêmes raisons que j'avais employées contre les autres ; je lui offris d'aller avec les deux hommes qui m'étaient restés, pour découvrir quelle pouvait être la cause de cet incendie, et ce que nos gens étaient devenus.

Mais mon neveu était aussi peu capable d'entendre raison que tout le reste. Il voulait partir, et il était fâché d'avoir laissé plus de dix matelots dans le vaisseau. Il n'était pas, disait-il, homme à laisser périr ses gens faute de secours ; et il résolut de leur en donner quand il devrait perdre le vaisseau, et même la vie.

Bien loin de persuader au capitaine de rester, je fus obligé de le suivre. Il ordonne à deux hommes de retourner à bord et d'y prendre encore douze de leurs camarades, dont six devaient garder les chaloupes pendant que les six autres marchaient vers la ville. Il ne resta que seize hommes dans le vaisseau.

Guidés par le feu, nous allâmes droit vers la ville. Si les coups de fusil nous avaient étonnés de loin, nous fûmes remplis d'horreur quand nous fûmes près de là, par les cris des malheureux habitans.

Je n'avais jamais été présent au sac d'une ville ; j'avais bien entendu parler de Drogheda en Irlande, où Cromwell avait fait massacrer tout le peuple, hommes, femmes et enfans. J'avais lu la description de la prise de Magdebourg par le comte de Tilly, et du massacre de plus de vingt-deux mille personnes de tout sexe et de tout âge, mais je n'avais jamais vu rien de pareil, et il m'est impossible d'en donner une idée, ni d'exprimer la terrible impression que cette scène horrible fit sur mon esprit.

Parvenus jusqu'à la ville, nous ne vimes aucun moyen d'entrer dans les rues ; nous fûmes donc obligés de la côtoyer, et les premiers objets qui s'offrirent à nos yeux furent les cendres d'une cabane où nous vimes à la lumière du feu, les cadavres de quatre hommes et de trois femmes ; nous crûmes en découvrir quelques autres au milieu des flammes.

Nous vimes trois femmes poussant les cris les plus affreux, s'enfuir de notre côté, comme si elles eussent eu des ailes : seize ou dix-sept hommes du pays les suivaient, poursuivis par quatre de nos féroces matelots qui, ne pouvant les atteindre, firent feu sur eux et en renversèrent un tout près de nous. Quand les pauvres fuyards nous découvrirent, ils nous prirent pour un autre corps de leurs ennemis, et firent des hurlemens épouvantables, persuadés que nous allions les massacrer. Cet affreux spectacle me remplit d'horreur, et je crois que si nos matelots étaient venus jusqu'à nous, j'aurais tiré sur eux. Nous nous mimes un peu à l'écart pour faire comprendre aux pauvres Indiens qu'ils n'avaient rien à craindre de nous. Ils s'approchèrent, se jetèrent à nos pieds, et semblaient nous demander, par les cris les plus lamentables, que nous leur fissions grâce de la vie.

Nous leur fimes comprendre que c'était notre dessein : calmés par cette promesse, ils se mirent tous en peloton derrière un retranchement. J'ordonnai à mes gens de se tenir réunis, et de n'attaquer personne, mais de tâcher de saisir quelque Anglais, pour savoir quelle intention dirigeait leur fureur. Je leur dis que s'ils rencontraient leurs camarades engagés ils s'efforçassent de les faire retirer, en leur assurant que s'ils restaient là jusqu'au jour ils se verraient environnés de cent mille Indiens. Je les quittai, et suivi seulement de deux hommes, je me mêlai aux fuyards que nous avions sauvés. Quel spectacle affreux ! quelques-uns avaient les pieds grillés à force de courir à travers le feu, une des femmes, étant tombée dans les flammes, avait le corps à moitié rôti ; trois hommes avaient plusieurs coups de sabre sur le dos et sur les cuisses ; un quatrième percé d'un coup de fusil, mourut à mes yeux.

Cet horrible entreprise m'effraya tellement que je résolus de retourner vers nos gens, de pénétrer dans la ville à travers les flammes, pour mettre fin à cette boucherie, à quelque prix que ce fût.

Au moment où je communiquais ma résolution aux miens, nous vîmes quatre de nos Anglais, avec le bosseman à leur tête, courir comme des furieux par dessus les corps de ceux qu'ils avaient tués. Ils étaient couverts de sang et de poussière : nous leur criâmes de venir à nous, ce qu'ils firent aussitôt.

Dès que le bosseman nous apperçut, il poussa un cri de triomphe, charmé de voir arriver du secours.

— Ah ! mon brave capitaine, s'écria-t-il ; je suis ravi de vous voir, nous n'avons pas encore à moitié fait avec ces maudits Indiens ; j'en tuerai autant que le pauvre Jeffrey avait de cheveux. Nous avions juré de ne pas en épargner un seul, et d'exterminer cette exécrable nation. En prononçant ces mots il se remit à courir tout échauffé et hors d'haleine.

— Arrête, barbare ! lui dis-je : je te défends de toucher à un seul de ces malheureux ; si tu ne t'arrêtes à l'instant, tu es mort.

— Comment donc, monsieur ! répondit-il ; savez-vous

ce qu'ils ont fait? Si vous voulez voir la raison de notre conduite, vous n'avez qu'à vous approcher. Alors il nous montra le cadavre du malheureux Jeffery pendu à un arbre.

Ce triste objet inspira aussitôt à mon neveu et à ceux qui le suivaient une rage aussi difficile à calmer que celle du bosseman et de ses camarades. Mon neveu me dit qu'il craignait seulement que les siens ne fussent pas les plus forts, et qu'au reste il croyait qu'il ne fallait pas faire quartier à un seul de ces Indiens, qui tous avaient trempé dans un meurtre si abominable. Aussitôt huit des derniers venus volèrent sur les pas du bosseman pour mettre la dernière main à ce cruel attentat; et moi, voyant devenir inutile tout ce que je faisais pour les modérer, je m'en revins triste et pensif, ne pouvant plus soutenir la vue des infortunés qui tombaient entre les mains de nos barbares matelots.

Je n'étais accompagné que du subrécargue et de deux autres hommes, et j'avoue qu'il y avait de l'imprudence à retourner vers nos chaloupes en si petit nombre. Le jour approchait, et l'alarme qui s'était répandue par tout le pays avait rassemblé près du petit hameau une quarantaine d'Indiens armés de lances, d'arcs et de flèches: heureusement j'évitai cet endroit en allant droit au rivage; quand nous y arrivâmes, il était grand jour. Nous nous mîmes aussitôt dans la pinasse, et après être revenus à bord, nous la renvoyâmes, pour que nos gens pussent s'en servir afin de se sauver.

Je vis alors que le feu commençait à s'éteindre et que le bruit cessait, mais une demi-heure après j'entendis une salve de mousqueterie: les nôtres l'avaient faite sur les Indiens qui s'étaient attroupés près du petit hameau. Ils en tuèrent seize ou dix-sept et mirent le feu à leurs cabanes mais ils épargnèrent les femmes et les enfans. Lorsque nos gens s'approchèrent du rivage avec la pinasse, ceux qui venaient de faire cette affreuse expédition commençaient à paraître sans aucun ordre répandus çà et là, et dans une telle confusion, qu'ils auraient pu être facilement défaits par un très-petit nombre d'hommes déterminés.

Heureusement pour eux, ils avaient jeté la terreur dans tout le pays, et les Indiens étaient tellement effrayés par une attaque si peu attendue, qu'une centaine de leurs braves n'auraient pas attendu de pied ferme six de nos matelots : aussi dans toute l'action il n'y en eut pas un seul qui se défendit. Ils étaient tellement étonnés du feu d'une part, et de l'attaque de nos gens de l'autre, que dans l'obscurité de la nuit ils ne savaient de quel côté se tourner, la mort se présentant partout à eux. Dans toute cette affaire aucun de nos Anglais ne reçut le moindre mal, excepté deux, dont l'un s'était donné une entorse au pied.

J'étais fort en colère contre tout l'équipage, mais surtout contre mon neveu qui avait non-seulement négligé son devoir en hasardant le succès de tout le voyage mais en animant la fureur des siens plutôt que de la calmer. Il répondit à mes reproches avec beaucoup de respect, en disant que la vue de Jeffery, égorgé d'une manière si cruelle, l'avait transporté d'une fureur dont il n'avait pas été le maître ; qu'il n'aurait pas dû s'y laisser entraîné en qualité de commandant du vaisseau, mais que comme homme : il avait été incapable de raisonner dans cette occasion. Pour les matelots, comme il n'étaient pas soumis à mes ordres, ils s'inquiétaient fort peu que leur expédition me déplût ou non.

CHAPITRE XIII.

Le lendemain nous remîmes à la voile : nous étions destinés pour le golfe Persique, et de là pour la côte de Coromandel ; nous n'avions le projet d'aller à Surate qu'en passant. Le principal dessein du subrécargue regardait la baie du Bengale, et s'il ne trouvait pas occasion d'y faire ses affaires, il devait aller à la Chine et revenir ensuite au Bengale.

Le premier désastre qui nous arriva fut dans le golfe de Perse, où cinq de nos gens étant allés à terre sur la côte d'Arabie, furent tués ou emmenés comme esclaves par les naturels du pays. Leurs compagnons ne furent point en état de les délivrer, ayant assez à faire eux-mêmes pour se sauver dans la chaloupe. Je leur dis que je regardais ce malheur comme une punition méritée du massacre de Madagascar, expression dont je me servais toujours, quelque choquante qu'elle fût pour l'équipage.

Les sermons fréquens que je leur faisais sur ce sujet eurent pour moi de plus fâcheuse suites que je n'aurais cru. Le bosseman qui avait été le chef de cette entreprise m'étant venu trouver un jour, me dit d'un ton fort résolu que j'avais grand tort de remettre toujours cette affaire sur le tapis, et de m'étendre sur des reproches mal fondés et injurieux, que l'équipage en était fort mécontent, et lui surtout, que j'avais le plus en vue; qu'étant seulement passager, sans aucun commandement dans le vaisseau, je ne devais pas m'imaginer que j'eusse le moindre droit de les insulter, comme je le faisais continuellement.

Je répondis que dans mes reproches je n'avais pas plus appuyé sur lui que sur un autre; qu'il était vrai que je n'avais aucun commandement dans le vaisseau, et que je n'avais jamais prétendu y exercer la moindre autorité; que j'avais seulement dit mon opinion avec franchise sur des choses qui nous concernaient tous également; mais qu'ayant une part considérable dans la charge du navire, j'avais droit de parler avec encore plus de liberté que je ne me l'étais permis jusqu'alors, sans être obligé de rendre compte de ma conduite ni à lui, ni à qui que ce fût. Je lui tins ce discours avec fermeté et comme il ne répliqua rien, je crus que c'était fini.

Nous étions alors dans un port du Bengale, et voulant voir le pays, je m'étais fait mettre à terre quelques jours après notre arrivée, avec le subrécargue, pour nous divertir pendant quelques heures. Vers le soir, comme je me préparais à retourner à bord, un de nos marins vint me dire de ne pas aller jusqu'au rivage, parce que ceux de la chaloupe avaient ordre de ne me point ramener. Frappé de ce compliment insolent comme d'un coup de foudre, j'allai trouver le subrécargue, et lui racontai le fait, je lui dis que je prévoyais quelque mutinerie dans le vaisseau, et je le priais de s'y transporter dans une barque pour informer le capitaine de ce qui m'arrivait. J'aurais pu m'épargner cette peine, car l'affaire était déjà faite à bord du navire. Le bosseman, le canonier, le charpentier, en un mot tous les officiers subalternes, dès qu'ils m'avaient vu dans la chaloupe, étaient montés sur le tillac, et avaient demandé à parler au capitaine. Après avoir répété toute la conversation que nous avions eue ensemble, le bosseman dit au capitaine qu'ils étaient bien aise que j'eusse pris de mon propre mouvement le parti de m'en aller, puisqu'autrement ils m'y auraient obligé; qu'ils s'étaient engagés à servir dans le vaisseau sous son commandement, et qu'ils étaient dans l'intention de continuer à le faire avec la plus exacte fidélité; mais que si je voulais quitter le vaisseau de bon gré, et qu'il ne voulût pas m'y forcer, ils abandonneraient tous le vaisseau. En prononçant ce dernier mot, il se tourna du côté du grand mât où étaient assemblés les matelots qui se mirent aussitôt à crier d'une seule voix : Oui, tous, tous.

Mon neveu était un homme de courage et d'une grande présence d'esprit. Quoiqu'il fût très-surpris d'un discours si peu attendu, il répondit avec calme qu'il prendrait l'affaire en considération, mais qu'il ne pouvait rien résoudre avant de m'avoir parlé.

Il se servit alors de plusieurs raisonnemens pour leur faire voir l'injustice de leur proposition, mais en vain; ils se donnèrent la main en sa présence, et jurèrent qu'ils iraient tous à terre, à moins qu'il ne leur promît positivement qu'il ne souffrait pas que je remisse le pied dans le vaisseau.

Cette résolution était affligeante pour lui, qui m'avait de si grandes obligations et qui ne savait comment je prendrais cette affaire. Il crut pouvoir détourner le coup d'une autre manière, et prenant sur un ton fort haut, il leur dit, avec beaucoup de fermeté, que j'étais un des principaux intéressés dans le vaisseau, et qu'il était ridicule de vouloir me chasser pour ainsi dire de ma propre maison; que s'ils quittaient le navire ils paieraient cher cette désertion, en cas qu'ils fussent jamais assez hardis pour remettre le pied en Angleterre; que pour lui, il aimerait mieux risquer le fruit du voyage, et perdre le vaisseau, que de me faire un pareil affront; qu'ils n'avaient donc qu'à prendre le parti qu'ils jugeraient convenable. Il leur proposa ensuite d'aller lui-même à terre avec le bosseman, pour voir de quelle manière on pourrait arranger ce différent.

Ils rejetèrent unaniment cette proposition, en disant qu'ils ne voulaient plus rien avoir de commun avec moi, ni à terre, ni à bord du vaisseau, et que si j'y rentrais, ils étaient tous résolus de l'abandonner. — Eh bien! répliqua le capitaine, si vous êtes tous dans cette intention, j'irai seul parler à mon oncle. Il le fit, et il vint justement à l'instant où l'on venait de m'apprendre la résolution qu'on avait prise à mon égard.

J'étais ravi de le voir, car j'avais craint qu'ils ne l'emprisonnassent, et qu'ils ne partissent avec le navire, ce qui m'aurait forcé à demeurer seul, sans argent et dans une situation plus terrible que celle où je m'étais trouvé autrefois dans mon île.

Heureusement ils ne poussèrent pas leur insolence jusque là; et lorsque mon neveu me raconta qu'ils avaient juré de s'en aller tous si je rentrais dans le vaisseau, je lui dis de ne point s'en embarrasser, et que j'étais résolu de rester à terre; qu'il eût soin seulement de me faire apporter mes effets et une bonne somme d'argent, et que je trouverais bien le moyen de revenir en Angleterre.

Quoique mon neveu fût au désespoir de me laisser là, il vit bien qu'il n'y avait pas d'autre parti à prendre. Il retourna donc à bord, et dit à ses gens que son oncle cédait à son importunité. Ce discours calma l'orage, et l'équipage rentra dans le devoir; il n'y eut que moi d'embarrassé, ne sachant quel parti prendre.

Je me trouvais dans l'endroit le plus reculé du monde, éloigné de l'Angleterre de trois mille lieues de plus que quand j'étais dans mon île. Il est vrai que je pouvais revenir par terre, en passant par le pays du Grand-Mogol jusqu'à Surate; de là je pouvais me rendre par mer à Bassora dans le golfe Persique, d'où je pouvais aller avec les caravanes, par les déserts de l'Arabie, jusqu'à Alep et Sanderon; de là je passais en France par l'Italie : toutes ces courses, jointes à celles que j'avais faites, égalaient le diamètre entier du globe, et peut-être davantage.

Il y avait encore un autre parti à prendre; c'était d'attendre quelques vaisseaux anglais qui, venant d'Achem dans l'île de Sumatra, devaient passer au Bengale; mais comme j'étais venu là sans avoir rien à démêler avec la compagnie anglaise des Indes Orientales, il m'aurait été difficile d'en sortir sans son consentement, qu'il m'était impossible d'obtenir, sinon par une grande faveur des capitaines de ses vaisseaux, ou des facteurs de la compagnie, et je n'avais pas la moindre relation ni avec les uns ni avec les autres.

Tandis que j'étais dans cet embarras, j'eus la douleur de voir partir le vaisseau sans moi; ce qui peut-être n'était jamais arrivé à un homme dans une situation comme la mienne, à moins que l'équipage ne se fût révolté, et n'eût mis à terre ceux qui ne voulaient pas consentir à son mauvais dessein.

Ce qui me consolait un peu, c'est que mon neveu m'avait laissé un domestique et un compagnon. Ce dernier était le commis du caissier du vaisseau, et l'autre était le valet du capitaine. Je pris un appartement chez une Anglaise où logeaient plusieurs autres marchands anglais, français et juifs italiens. J'y fus parfaitement bien traité, et j'y restai quelque temps pour considérer mûrement par quel moyen je pourrais revenir en Angleterre le plus commodément et avec le plus de sûreté.

J'avais des marchandises anglaises d'une assez grande valeur, et une somme assez considérable. Mon neveu m'avait laissé mille pièces de huit, et une lettre de crédit pour une somme beaucoup plus considérable ; de sorte que je ne courrais pas le moindre risque de manquer d'argent.

Je me défis d'abord de mes marchandises très-avantageusement ; et suivant l'intention que j'avais eue en commençant le voyage, j'achetai des diamans ; ce qui réduisit mon bien dans un petit volume, qui ne pouvait m'embarrasser pendant le voyage.

Après y être demeuré assez long-temps, sans goûter aucune des propositions qu'on m'avait faites touchant les moyens de retourner en Europe, un marchand anglais qui logeait dans la même maison, et avec qui j'avais lié une étroite amitié, vint un matin dans ma chambre. — Mon cher compatriote, me dit-il, je viens vous communiquer un projet qui me plait fort, et qui pourra bien vous plaire aussi; nous sommes placés, vous par accident, et moi par mon propre choix, dans un endroit du monde fort éloigné de notre patrie, mais dans un pays où il y a beaucoup à gagner pour des hommes comme vous et moi, qui entendons le commerce. Si vous voulez joindre mille livres sterling à mille autres que je fournirai, nous louerons ici le premier vaisseau qui nous conviendra : vous serez capitaine et moi marchand et nous ferons le voyage de la Chine. Tout roule, tout s'agite dans le monde ; il n'y a de fainéans que parmi les hommes : par quelle raison demeurerions-nous dans une lâche oisiveté ?

Je goûtai fort cette proposition, d'autant plus qu'elle me fut faite avec beaucoup de marques d'amitié et de franchise. L'incertitude de ma situation contribua beaucoup à m'engager dans le commerce qui n'était pas naturellement l'élément qui me fût le plus propre : en récompense, le projet de voyager touchait la véritable corde de mes inclinations, et jamais une proposition d'aller voir une partie du monde qui m'était inconnue, ne pouvait m'être faite mal à propos.

Quelque temps s'écoula avant que nous puissions trouver un navire qui nous convînt, et quand nous l'eûmes trouvé, il nous fut très-difficile d'avoir des matelots anglais, autant qu'il nous en fallait pour diriger ceux du pays que nous pourions comprendre sans peine. Bientôt pourtant nous engageâmes un contre-maitre, un bosseman et un canonnier, tous anglais, un charpentier hollandais et trois matelots portugais, qui suffisaient pour veiller sur nos mariniers indiens.

Nous allâmes d'abord à Achem, dans l'île de Sumatra, puis à Siam, où nous échangeâmes quelques-unes de nos marchandises contre de l'opium et de l'arack, sachant que la première de ces marchandises surtout est d'un grand prix à la Chine, particulièrement à cette époque, où ce vaste empire en manquait. Dans cette première course, nous allâmes jusqu'à Juskan ; nous fîmes un très-bon voyage, qui nous prit neuf mois, et nous retournâmes au Bengale, très-contens de ce coup-d'essai.

Mes compatriotes sont fort surpris des fortunes prodigieuses que font dans ces pays-là les officiers et la Compagnie, qui y gagnent en peu de temps soixante, soixante-dix, et quelquefois jusqu'à cent mille livres sterling. Mais la chose n'est pas surprenante pour ceux qui considèrent le grand nombre de ports où nous avons un libre commerce, où les habitans cherchent avec la plus grande ardeur tout ce qui vient des pays étrangers, et qui plus est, où l'on a la liberté d'acheter un si grand nombre de choses qu'on vend ailleurs, en faisant un profit très-considérable.

Je gagnai beaucoup dans ce premier voyage ; j'acquis des lumières pour faire de plus grands bénéfices, et si j'avais eu vingt années de moins, j'y serais resté avec plaisir, bien sûr d'y acquérir une immense fortune : mais j'étais plus que sexagénaire ; je possédais assez de richesses, et j'étais sorti de ma patrie moins pour amasser des trésors que pour satisfaire un désir inquiet de courir le monde.

Mon associé avait des idées toutes différentes des miennes. Je ne le dis pas pour faire entendre que les siennes fussent les moins raisonnables ; au contraire, je conviens qu'on doit généralement les trouver plus justes et mieux assorties aux vues d'un marchand, dont la sagesse consiste à s'attacher aux objets lucratifs. Cet honnête homme ne songeait qu'au solide et il eût été content d'aller et de venir toujours par les mêmes chemins, et de loger dans le même gîte, pourvu qu'il y eût *trouvé son compte*, selon la phrase marchande. Dans le temps que mes délibérations ne faisaient que me rendre plus irrésolu, mon ami, qui cherchait toujours des occupations nouvelles, me proposa un autre voyage vers les îles d'où l'on tire les épiceries, afin d'y charger une cargaison entière de clous de girofle. Son intention était d'aller aux îles Manilles, où les Hollandais font le principal commerce, quoiqu'elles appartiennent en partie aux Espagnols.

Nous ne trouvâmes pas à propos cependant de pousser si loin, n'ayant pas grande envie de nous hasarder dans des endroits où les Hollandais ont un pouvoir absolu comme à Java et à Ceylan. Tout ce qui retarda le plus notre course, c'était mon incertitude ; mais dès que mon ami m'eût gagné, les préparatifs furent bientôt faits. Nous touchâmes à l'île de Bornéo et à plusieurs autres dont j'ai oublié le nom ; et notre voyage, qui ne réussit pas moins bien que le premier, ne dura en tout que cinq mois.

Nous vendîmes nos épiceries, qui consistaient principalement en clous de girofle et en noix muscades, à des marchands de Perse ; nous gagnâmes cinq pour un et par conséquent nous fîmes un profit extraordinaire.

Quand nous réglâmes nos comptes, mon ami me regardant en souriant : — Eh bien ! me dit-il, ceci ne vaut-il pas mieux que d'aller co... . côté et d'autre? C'est ce dont je convins sans peine.

Peu de temps après notre retour, un vaisseau hollandais de deux cents tonneaux à peu près, arriva au Bengale ; il était destiné à visiter les côtes, et non à passer d'Europe en Asie, et d'Asie en Europe. On nous débita que tout l'équipage était tombé malade, et le capitaine n'ayant pas assez de monde pour tenir la mer, le navire avait été forcé de relâcher au Bengale ; que le capitaine ayant gagné assez d'argent, avait envie de retourner en Europe, et voulait vendre son vaisseau.

Je sus cette affaire plutôt que mon associé, et désirant faire cet achat, je courus au logis pour l'en informer. Il réfléchit pendant quelque temps, car il n'était nullement homme à précipiter ses résolutions. — Ce bâtiment est un peu trop gros, me dit-il, mais cependant il faut que nous l'ayons.

Nous achetâmes le vaisseau, et nous nous décidâmes à en garder les matelots pour les joindre à ceux que nous avions déjà ; mais tout d'un coup ayant reçu chacun, non leurs gages, mais leur portion de l'argent qui avait été donné pour le navire, ils s'en allèrent. Nous ignorâmes pendant quelque temps ce qu'ils étaient devenus, et nous découvrîmes à la fin qu'ils avaient pris la route d'Agra, lieu de la résidence du Grand-Mogol ; que de là ils avaient dessein d'aller à Surate, afin de s'y embarquer pour le golfe Persique.

Rien ne m'avait si fort affligé depuis long-temps que de ne les avoir pas suivis ; une telle course dans une grande compagnie m'eût procuré en même temps et du divertissement et de la sûreté, et m'aurait rapproché de ma patrie. Mais ce chagrin se passa en peu de jours quand je sus quelle sorte de gens étaient ces Hollandais. L'homme qu'ils appelaient capitaine n'était que le canonnier. Attaqués à terre par les Indiens qui avaient tué le véritable commandant du vaisseau avec trois matelots ; ces coquins au nombre de onze, avaient pris la résolution de s'en aller avec le vaisseau ; ils le firent, après avoir laissé en effet à terre le contre-maître et cinq hommes.

Quoi qu'il en soit, nous crûmes avoir un bon droit à la possession du vaisseau, quoique nous sentissions bien que nous ne nous étions pas informés assez exactement du titre de propriété de ces malheureux, avant que de conclure le marché. Si nous les avions questionnés comme il le fallait, ils se seraient coupés, selon toutes les apparences ; ils seraient tombés en contradictions les uns avec les autres, et peut-être chacun avec soi-même. Il est vrai qu'ils nous montrèrent un transport où était nommé un Emmanuel Cloosterhoven : je m'imagine que tout cela était supposé ; mais lorsque nous traitâmes, nous n'avions aucune raison de les soupçonner.

Nous voyant maître d'un aussi considérable bâtiment, nous engageâmes un plus grand nombre de matelots anglais et hollandais, et nous nous déterminâmes à un second voyage du côté du sud, vers les îles Philippines et Moluques, pour chercher des clous de girofle.

Je passai six ans dans ce pays à faire le négoce avec beaucoup de succès, et la dernière année je pris avec mon associé le parti d'aller sur notre vaisseau même faire un tour vers la Chine, après avoir acheté du riz dans le royaume de Siam.

CHAPITRE XIV.

Durant cette course, forcés par les vents contraires d'aller et de venir pendant quelque temps dans les détroits qui séparent les îles Moluques, nous ne nous en fûmes pas plutôt délivrés, que nous nous aperçumes qu'il s'était fait une voie d'eau à notre navire, et quelque peine que nous prissions, il nous fut impossible de découvrir où elle était. Cet inconvénient nous obligea de chercher quelque port, et mon associé qui connaissait ces pays mieux que moi, conseilla au capitaine d'entrer dans la rivière de Cambogia. Je dis le capitaine, car ne voulant pas me charger du commandement de deux vaisseaux, j'avais établi pour capitaine de celui-ci notre contre-maître, M. Thomson. La rivière dont je viens de parler est au nord du golfe qui va du côté de Siam.

Nous allions tous les jours à terre pour nous procurer des rafraîchissemens. Il arriva un matin qu'un homme vint me parler avec empressement. C'était le second canonnier d'un vaisseau de la compagnie des Indes, alors à l'ancre dans la même rivière, près la ville de Cambogia. — Monsieur, me dit-il, vous ne me connaissez pas, cependant j'ai quelque chose à vous dire qui vous touche de près.

Je le regardai attentivement, et je crus d'abord le reconnaître; mais je me trompais. — Si cette affaire me regarde de près, lui répondis-je, sans que vous y soyez intéressé, qu'est-ce qui vous porte à me la communiquer? — J'y suis porté, répondit-il, par le grand danger qui menace votre tête, sans que vous en ayez la moindre connaissance.

— Tout le péril où je crois être, lui répliquai-je, c'est que mon vaisseau a fait une voie d'eau; mais j'ai dessein de le mettre sur le côté pour tâcher de la découvrir. — Monsieur, monsieur, me dit-il, si vous êtes sage, vous ne songerez point à toutes ces misères, quand vous saurez ce que j'ai à vous dire. Savez-vous que la ville de Cambogia n'est pas fort loin d'ici, et qu'il y a près de là deux gros vaisseaux anglais et trois hollandais? — Peu m'importe, lui répondis-je. — Comment! monsieur, reprit-il, est-il de la prudence d'un homme qui cherche des aventures comme vous, d'entrer dans un port sans examiner auparavant quels vaisseaux peuvent être à l'ancre, et s'il est en état de leur faire tête! Vous savez bien, je m'imagine, que la partie n'est pas égale.

Ce discours ne m'inquiéta point parce que je n'y comprenais rien; je dis à mon homme qu'il s'expliquât plus clairement, et que je ne voyais aucune raison pour moi de craindre les vaisseaux des compagnies anglaises et hollandaises, puisque je ne fraudais point les droits, et que je ne faisais aucun commerce défendu. — Fort bien, monsieur, me dit-il, en souriant d'un petit air aigre-doux ; si vous vous croyez en sûreté, vous n'avez qu'à rester ; je suis mortifié pourtant de voir que votre sécurité vous fait rejeter un avis salutaire. Soyez persuadé que si vous ne levez pas l'ancre dans le moment, vous allez être attaqué par cinq chaloupes remplies de monde ; et que si l'on vous prend, on commencera par vous pendre comme pirate, quitte à vous faire votre procès après. J'aurais cru, monsieur, qu'un avis de cette importance m'aurait procuré une meilleure réception que celle que vous me faites. — Je n'ai jamais été ingrat, lui dis-je, pour ceux qui m'ont rendu service ; mais il m'est absolument impossible de comprendre le motif du dessein que, selon vous, on a pris contre moi. Cependant je veux profiter de vos conseils, et puisqu'on a formé un projet si abominable contre moi, je pars dans le moment, et je donnerai ordre que l'on mette à la voile si l'on a bouché la voie d'eau, ou si elle ne nous empêche pas de tenir la mer. Mais, monsieur, faudra-t-il que je prenne ce parti sans connaître cette affaire à fond, et ne pourriez-vous pas me donner quelques lumières ?

— Je n'en sais qu'une partie, me dit-il, mais j'ai avec moi un marinier hollandais qui pourrait vous instruire si le temps le permettait. Vous ne sauriez l'ignorer entièrement vous-même, car voici ce dont il s'agit. Vous avez conduit le vaisseau à Sumatra, où le capitaine a été tué avec trois de ses gens par les insulaires, et vous vous en êtes allé depuis avec le même navire pour exercer la piraterie. Telle est la base de toute cette affaire, et l'on vous exécutera en qualité de pirate sans beaucoup de formalités. Vous savez que les vaisseaux marchands n'agissent guère autrement avec les écumeurs de mer quand ils les ont en leur pouvoir.

— Je vous comprends à présent, lui dis-je, et je vous remercie. Quoique nous n'ayons aucune part dans le crime dont vous venez de parler, et que nous nous soyons procuré la propriété du vaisseau par les voies les plus légitimes, je veux pourtant prendre mes précautions pour éviter le malheur dont je suis menacé.

— Prendre vos précautions ! monsieur, répondit-il brusquement, vous vous servez d'une expression bien faible : la meilleure précaution ici est de se mettre au plus vite à l'abri du danger. Si vous vous intéressez à votre propre vie et à celle de tous vos compagnons, vous leverez l'ancre sans délai dès que l'eau sera haute ; vous profiterez de toute la marée, et vous serez déjà bien loin en mer avant qu'ils puissent descendre jusqu'ici. Ils doivent se servir de la marée aussi bien que vous ; et comme ils sont à vingt milles vous les devancerez de deux bonnes heures, et s'il fait un vent un peu vif, leurs chaloupes n'oseront vous donner la chasse en pleine mer.

— Monsieur, lui dis-je, vous me rendez un service très-important : que voulez-vous que je fasse pour vous en témoigner ma reconnaissance? — Vous n'êtes pas peut-être assez convaincu de la vérité de mon avis, me répondit-il, pour avoir réellement envie de m'en récompenser. Cependant, si vous parlez sérieusement, j'ai une proposition à vous faire. On me doit dix-neuf mois de paie dans le vaisseau sur lequel je suis venu d'Angleterre, et il en est dû sept à mon camarade le Hollandais ; si vous voulez nous les payer, nous suivrons votre fortune sans vous demander plus, si rien ne s'offre qui soit capable de vous convaincre de la vérité de mon avis ; dans le cas contraire, nous vous laisserons le maître de nous récompenser comme vous le jugerez à propos. J'y consentis et dans le moment même je revins au vaisseau avec eux. A peine en étais-je approché que mon associé, qui était resté à bord, monta sur le tillac, et me cria que la voie d'eau venait d'être bouchée.

— Dieu soit loué ! lui dis-je, mais qu'on lève l'ancre au plus vite. — Et pourquoi donc ! me répondit-il. — Point de question, lui répliquai-je ; que tout l'équipage mette la main à l'œuvre, et qu'on lève l'ancre sans perdre une seule minute.

Quelque surpris qu'il fût de cet ordre, il ne laissa pas d'appeler le capitaine, et de le lui communiquer, et quoique la marée ne fût pas encore tout à fait haute, favorisés d'un vent frais qui venait de terre ; nous mîmes à la voile. J'appris alors à mon associé tout ce que je savais de cette histoire, et les deux nouveaux venus racontèrent le reste.

Comme ce récit demandait du temps, un des matelots vint dire, de la part du capitaine, que cinq chaloupes fort chargées de monde nous donnaient la chasse ; ce qui nous fit voir évidemment que l'avis que nous avions reçu n'était que trop fondé. J'assemblai tout l'équipage, et je l'instruisis du dessein qu'on avait formé de prendre notre vaisseau, et de nous traiter tout comme des pirates ; je leur demandai s'ils étaient résolus à se défendre ; ils répondirent tous d'un ton d'enthousiasme qu'ils voulaient vivre et mourir avec nous.

Comme j'étais du sentiment qu'il fallait se battre jusqu'à notre dernier soupir, je voulus savoir du capitaine ce qu'il fallait faire pour nous défendre avec succès. Il me dit qu'il serait bon de tenir les ennemis en respect avec notre artillerie tant que nous le pourrions ; qu'ensuite il fallait leur envoyer de bonnes salves de mousqueterie, et que si cependant ils approchaient du vaisseau, le meilleur parti serait de nous retirer sous le tillac, qu'il leur serait peut-être impossible de mettre en pièces, faute des instrumens nécessaires.

Nous donnâmes en même temps ordre au capitaine de placer près du gouvernail deux pièces chargées à cartouches, pour nettoyer le tillac en cas de besoin ; et dans cette attitude, nous attendîmes les ennemis, gagnant toujours la haute mer à l'aide d'un vent favorable. Nous voyions distinctement les chaloupes à quelque distance de nous; elles étaient très-grandes, montées d'un équipage nombreux, et elles faisaient force de voiles pour nous atteindre. Deux que nous reconnûmes pour être anglaises, devançaient de beaucoup les autres, et gagnaient sur nous considérablement. Quand nous les vîmes sur le point de nous atteindre, nous tirâmes un coup de canon sans boulet, pour leur donner le signal que nous voulions entrer en conférence avec eux; et nous mîmes pavillon blanc. Ils continuaient toujours à nous suivre, mettant au vent toutes les voiles qu'ils avaient. Quand nous les vîmes à portée, nous mîmes pavillon rouge, et leur tirâmes un coup de canon à boulet. Ils s'avancèrent cependant si près de nous que nous pûmes les avertir du danger qu'ils couraient s'ils approchaient davantage.

Mais cet avertissement ne fut pas écouté; nous remarquâmes qu'ils faisaient tous leurs efforts pour venir sous notre poupe et pour attaquer le vaisseau par-là. Persuadé qu'ils se fiaient aux forces qui les suivaient, et les voyant vis-à-vis de notre bord, je leur fis tirer cinq coups de canon, dont l'un emporta toute la poupe de la chaloupe la plus éloignée; ce qui força les matelots à baisser toutes les voiles, et à se jeter tous du côté de la proue, de peur d'aller à fond. Cet échec n'empêcha pas la chaloupe la plus avancée de continuer son chemin. A l'instant où nous nous préparions à tirer dessus, une des trois qui suivaient, s'en alla droit à celle qui venait d'être mise dans un si pitoyable état, et en tira tous les hommes. Nous arraisonnâmes pour la seconde fois, la chaloupe la plus avancée; au lieu de répondre elle s'efforça de gagner notre poupe. Notre canonier, qui entendait son métier à merveille, lui tira deux coups; ils manquèrent l'un et l'autre, ce qui porta ceux de la chaloupe à pousser un grand cri, en tournant leurs bonnets sur leur tête, par bravade. Le canonnier préparé de nouveau, fit feu avec plus de succès; car un coup donna au milieu des matelots, et l'effet en fut terrible. Ils furent suivis de trois autres;

qui les mirent dans un grand désordre. Pour les achever, notre canonnier fit sur eux feu de deux autres pièces ; la chaloupe faillit couler à fond, et plusieurs matelots furent précipités à la mer.

Je fis aussitôt armer la pinasse du vaisseau, et je dis à nos gens d'empêcher nos ennemis de se noyer, d'en prendre autant qu'ils pourraient et de revenir avec eux à bord aussitôt ; car nous voyions déjà les autres chaloupes avancer sur nous avec vitesse.

Ils suivirent ponctuellement mes ordres, et en prirent trois, parmi lesquels il y en avait un qui était sur le point de se noyer, et que nous eûmes bien de la peine à faire revenir à lui. Nous fîmes force de voiles pour gagner la haute mer : aussitôt que les trois dernières chaloupes eurent rejoint les deux autres, elles cessèrent leurs poursuites.

Délivré d'un si grand péril, auquel j'étais loin de m'attendre, je résolus de changer de cours, et d'ôter par le moyen de deviner où nous allions. Nous nous portâmes du côté de l'est, hors de la route de tous les vaisseaux européens.

N'ayant plus rien à craindre, nous questionnâmes nos deux nouveaux venus sur les motifs de l'entreprise qu'on venait de diriger contre nous, et le Hollandais nous en découvrit tout le mystère. Il nous apprit que celui qui nous avait vendu le vaisseau n'était qu'un scélérat qui s'en était emparé après que le capitaine eut été tué par les insulaires avec trois de ses gens. Il avait lui-même été de cet équipage, et s'était échappé des mains des Barbares en se cachant, lui quatrième, dans un bois, où ils restèrent quelque temps. Ensuite il s'était sauvé seul d'une manière miraculeuse, en abordant à la nage la chaloupe d'un vaisseau hollandais qui revenait de la Chine, et qui s'était mis à l'ancre sur cette côte pour faire de l'eau.

Il était depuis quelque temps à Batavia, lorsqu'il y arriva deux hommes de ce vaisseau, qui avaient abandonné leurs compagnons pendant le voyage, et qui leur apprirent que le canonnier s'était enfui avec le navire, et l'avait vendu au Bengale à une troupe de pirates qui avaient déjà pris un bâtiment anglais et deux hollandais très-richement chargés.

Cette dernière partie de son discours nous embarassa fort, quoique nous en connussions toute la fausseté ; nous vîmes évidemment que, si nous fussions tombés entre les mains de ceux qui venaient de nous poursuivre avec tant d'acharnement, c'eût été fait de nous. En vain aurions-nous défendu notre innocence contre des gens si cruellement prévenus, qui auraient été à la fois nos accusateurs et nos juges.

Cette considération fit croire à mon associé que le meilleur parti pour nous était de retourner au Bengale sans toucher à aucun port. Nous pouvions nous justifier là sans peine, en démontrant où nous avions été quand le navire en question y était entré, de qui nous l'avions acheté, et de quelle manière, et si l'affaire devait être débattue devant les juges, nous étions sûrs d'obtenir une sentence qui nous acquitterait.

Je fus d'abord de l'opinion de mon associé ; mais je la rejetai après y avoir songé plus mûrement : nous nous trouvions de l'autre côté du détroit de Malacca, et nous ne pouvions retourner au Bengale sans courir les plus grands dangers. Le bruit de notre crime prétendu et de la mauvaise réception que nous avions faite à nos agresseurs devait avoir donné l'alarme partout, et nous devions être épiés en chemin par tous les vaisseaux anglais et hollandais. Notre retour aurait eu tout l'air d'une fuite, et il n'en fallait pas davantage pour nous faire condamner.

Je communiquai ces réflexions à l'Anglais qui nous avait découvert la conspiration formée contre nous, et il ne les trouva que trop solides.

Nous résolûmes d'aller chercher la côte de Tunquin, et de là celle de la Chine, en continuant nos opérations de commerce, de vendre quelque part notre vaisseau, et de nous en retourner avec quelque bâtiment du pays. Ces mesures nous parurent les meilleures pour notre sûreté, et nous fîmes ―― nord-nord-est, en nous mettant plus au large de cinquante lieues, qu'en suivant la route ordinaire.

Ce parti nous jeta dans de grands inconvéniens. A cette hauteur, nous trouvâmes les vents plus constamment contraires, venant d'ordinaire de l'est-nord-est ; ce qui devait prolonger notre voyage ; malheureusement nous étions assez mal pourvus de vivres ; il y avait à craindre que les vaisseaux dont les chaloupes nous avaient attaqués n'entrassent dans ces port avant nous, ou quelque autre navire, informé de tout ce qui venait de se passer, ne nous poursuivît avec opiniâtreté.

J'avoue que je ne me crus jamais dans une plus fâcheuse situation. Tous mes torts depuis ma jeunesse avaient consisté à être mon propre ennemi, et c'était la première fois de ma vie que je courais risque d'être traité comme un criminel. J'étais parfaitement innocent, sans qu'il me fût possible de donner des preuves convaincantes de mon innocence.

Mon associé, me voyant abîmé dans une profonde mélancolie, quoiqu'il eût d'abord été aussi embarassé que moi, cherchait à me distraire, en me faisant une exacte description des différens ports de cette côte ; il me dit qu'il était d'avis que nous cherchassions un asile dans la Cochinchine ou dans la baie de Tunquin, d'où nous pourrions gagner Macao, ville autrefois aux Portugais, et où il se trouvait encore un grand nombre de familles européennes, et surtout des missionnaires qui s'y étaient rendus dans l'intention de passer de là en Chine.

Nous nous en tînmes à cette résolution, après un voyage fort ennuyeux, dans lequel nous souffrîmes beaucoup par la disette des vivres, nous découvrîmes la côte de la Cochinchine, et nous prîmes le parti d'entrer dans une petite rivière où il y avait pourtant assez d'eau pour notre bâtiment, résolus de nous y informer, ou par terre, ou par le moyen de notre pinasse, s'il se trouvait quelque vaisseau dans les ports d'alentour.

La précaution que nous avions prise d'entrer dans cette petite rivière fut très-heureuse : le lendemain matin, nous vîmes entrer dans la baie de Tunquin deux vaisseaux hollandais et un autre sans pavillon, que nous crûmes également hollandais ; ces bâtimens passèrent à deux lieues de nous, faisant cours vers la côte de la Chine. L'après-dînée nous aperçûmes encore deux bâtimens anglais qui prenaient la même route.

Les habitans de cette côte étaient barbares et voleurs, nous n'avions de relations avec eux que pour nos provisions ; cependant nous eûmes de la peine à nous garantir de leurs insultes.

La rivière où nous étions n'était qu'à quelques lieues des limites septentrionales du pays, et en côtoyant avec notre chaloupe, nous découvrîmes la pointe de tout le royaume au nord-est, où s'ouvre la grande baie de Tunquin.

C'était en suivant les côtes de cette manière que nous avions découvert les vaisseaux ennemis dont nous étions environnés de toutes parts.

Les habitans de cette côte ne vivent que de poissons, d'huile et des alimens les plus grossiers. Une marque évidente de leur barbarie excessive, est l'exécrable coutume qu'ils ont de réduire en esclavage tous ceux qui malheureusement viennent à faire naufrage sur leurs côtes.

J'ai dit plus haut qu'il s'était fait une voie d'eau à notre navire. Quoiqu'elle eût été bouchée d'une manière aussi peu attendue qu'heureuse, dans l'instant même où nous allions être assaillis par les chaloupes anglaises et hollandaises, n'ayant cependant pas trouvé le bâtiment aussi sain que nous l'aurions bien voulu, nous résolûmes d'en tirer tout ce qu'il y avait de plus pesant, et de le mettre sur le côté pour le nettoyer, et pour retrouver la voie d'eau, s'il était possible. Ayant mis d'un seul côté les canons et la charge du navire, nous le renversâmes, afin de pouvoir aller jusqu'à la quille.

Les habitans, qui n'avaient jamais rien vu de pareil, descendirent aussitôt vers le rivage, et découvrant le vaisseau couché sur le côté, sans apercevoir nos gens qui travaillaient dans les chaloupes et sur les échafaudages du côté opposé, ils s'imaginèrent que le bâtiment avait fait naufrage et qu'en échouant il s'était renversé.

Environ trois heures après, ils vinrent avec dix ou douze grandes barques, montées chacune de huit rameurs, résolus, selon toute apparence, de piller le vaisseau et de mener ceux de l'équipage dont ils s'empareraient vers le roi : dans ce cas, nous devions nous attendre à l'esclavage. Étant avancés du côté du vaisseau, ils en firent le tour, et ils nous découvrirent travaillant de toutes nos forces à la quille et au côté du navire. Ils ne firent d'abord que nous contempler, sans qu'il nous fût possible de deviner leur dessein. Cependant nous profitâmes de cet intervalle pour faire entrer quelques-uns des nôtres dans le vaisseau, afin qu'ils donnassent des armes et des munitions à ceux qui travaillaient. Il fut bientôt temps de s'en servir; car après s'être consultés pendant un quart-d'heure, ils s'avancèrent sur nous comme sur une proie certaine.

Nos gens les voyant approcher en si grand nombre commençaient à s'effrayer : ils étaient dans une assez mauvaise position pour se défendre. Je commandai à ceux qui étaient sur l'échafaudage de chercher à rentrer dans le vaisseau au plus vite, et à ceux qui étaient dans les chaloupes d'en faire le tour et d'y entrer aussi. Pour nous, qui étions à bord, nous fîmes tous nos efforts pour redresser le bâtiment. Cependant ni ceux de l'échafaudage, ni ceux des chaloupes ne purent exécuter nos ordres, parce qu'un moment après ils eurent les Barbares sur les bras : déjà deux de leurs barques avaient abordé notre pinasse.

Le premier sur lequel ils mirent la main était un Anglais aussi brave que robuste; il prit par les cheveux celui qui l'avait saisi, et l'ayant tiré de sa barque dans la nôtre, il lui cogna si fort la tête contre un des bords de la chaloupe, qu'il la lui brisa.

En même temps un des Hollandais, qui était à côté de lui, ayant pris un mousquet par le canon, fit le moulinet si habilement, qu'il terrassa cinq ou six des ennemis qui voulaient se jeter dans la chaloupe.

Ce n'en était pas assez pour repousser trente ou quarante hommes qui se précipitaient dans la pinasse, où ils ne s'attendaient à aucun danger; mais un hasard des plus heureux nous donna une victoire complète.

Notre charpentier se préparant à enduire de suif et à goudronner le dehors du vaisseau, venait de faire descendre dans la pinasse deux chaudrons, l'un rempli de poix bouillante, et l'autre de poix résine, de suif, d'huile et d'autres matières semblables. L'aide du charpentier avait encore à la main une grande cuillère de fer, avec laquelle il fournissait aux autres ce liquide chaud; voyant deux Cochinchinois arriver près de lui, il les arrosa d'une cuillerée de cette matière qui les força de se jeter à la mer, en mugissant comme des taureaux. — Jean, s'écria le charpentier, ils trouvent la soupe bonne; donne-leur en encore une écuellée. En même temps il courut de ce côté avec un de ces torchons qu'on attache à un bâton pour laver le vaisseau, et le trempant dans la poix il en jeta une si grande quantité sur ces forcenés, et Jean avec sa cuillère là leur prodigua si libéralement, qu'il n'y en eût pas un seul dans les trois barques qui ne fût horriblement grillé. L'effet en était d'autant plus grand et plus prompt, que ces malheureux étaient presque nus, et je puis dire que de mes jours je n'ai entendu de cris plus affreux que ceux qu'ils poussèrent.

Cette victoire, si singulièrement obtenue, nous délivra d'un danger qui, sans cet expédient, aurait été très-grand.

Pendant cette étrange bataille, nous avions, mon associé et moi, si bien employé notre monde, que le vaisseau fut enfin redressé. On avait déjà remis les canons à leur place, et le canonnier me pria d'ordonner à ceux de nos chaloupes de se retirer, parce qu'il voulait tirer sur les ennemis.

Je le lui défendis, persuadé que le charpentier nous en délivrerait bien sans le secours du canon, et j'ordonnai au cuisinier de faire chauffer une autre chaudronnée de poix. Mais heureusement nous n'en eûmes pas besoin : les pauvres diables étaient si mécontens de leur premier assaut qu'ils n'eurent garde d'en tenter un second. D'ailleurs, ceux qui se trouvaient le plus éloignés de nous, voyant le vaisseau redressé et à flot, reconnurent leur méprise, et ne jugèrent pas à propos de pousser plus loin leur dessein.

Après nous être tirés ainsi d'affaire, ayant apporté à bord, quelques jours auparavant, seize porcs, du riz, des racines et du pain, nous résolûmes de remettre en mer, à quelque prix que ce fût, convaincus que, le jour d'après, nous nous trouverions environnés d'un si grand nombre de Barbares, que le même moyen serait insuffisant pour nous en délivrer.

Le soir nous reportâmes tous nos effets dans le vaisseau, et le lendemain matin nous fûmes en état de mettre à la voile. Nous nous tînmes à quelque distance du rivage, pour achever tout ce que nous avions à faire à bord ; ce qui nous prit un jour. Le lendemain nous fîmes voile. Nous désirions entrer dans la baie de Tunquin pour savoir ce qu'étaient devenus les vaisseaux hollandais qui s'y étaient trouvés, mais nous avions vu entrer plusieurs autres bâtimens depuis peu ; et nous n'osâmes nous y hasarder. Nous craignions de rencontrer quelque vaisseau anglais ou hollandais, autant qu'un navire marchand européen voguant dans la Méditerranée, craint de rencontrer un vaisseau de guerre algérien.

Nous nous dirigeâmes d'abord vers le nord-est, comme si nous voulions aller aux îles Manilles ou aux Philippines, ensuite nous tournâmes vers le nord, pour arriver à l'île Formose, située au vingt-deuxième degré, trois minutes de latitude.

Nous mîmes à l'ancre pour prendre de l'eau fraîche et d'autres provisions; nous en fûmes fournis abondamment par les insulaires qui montrèrent beaucoup d'intégrité dans tout le commerce que nous eûmes ensemble: peut-être cette probité est-elle le fruit de la religion chrétienne que des missionnaires hollandais y portèrent jadis.

De là nous continuâmes à nous diriger vers le nord, en nous tenant toujours à une distance égale des côtes de la Chine, et de cette manière nous passâmes devant tous les ports où les vaisseaux européens ont coutume de relâcher, bien résolus de faire tous nos efforts pour ne pas tomber entre leurs mains.

Parvenus au trente-troisième degré de latitude, nous résolûmes d'entrer dans le premier port que nous trouverions; à cet effet, nous avançâmes vers le rivage, et nous n'en n'étions qu'à deux lieues, quand une barque vint à notre rencontre avec un vieux pilote portugais qui, ayant vu que notre vaisseau était européen, venait nous offrir ses services. Cette offre nous fit plaisir, et nous le prîmes à bord; sans demander où nous voulions aller, il renvoya sa barque.

Nous étions alors maîtres de nous faire mener où nous le jugerions convenable, et je proposai au bon vieillard de nous conduire au golfe de Nankin, qui est dans la partie la plus septentrionale de la côte de la Chine. Il nous répondit qu'il connaissait fort bien ce golfe, mais qu'il était curieux de savoir ce que nous y voulions faire. Je lui dis que nous avions envie d'y vendre notre cargaison, et d'acheter à la place des porcelaines, des toiles peintes, des soies écrues, des soies travaillées, etc. Il nous répondit que le meilleur port pour ce genre de négoce eût été celui de Macao, où nous aurions pu nous défaire de notre opium très-avantageusement, et acheter des denrées de la Chine aussi bon marché qu'à Nankin.

Nous répondîmes que nous n'étions pas seulement marchands mais encore voyageurs, et que notre but était de visiter la grande ville de Pékin, et la cour du monarque de la Chine. — Vous feriez donc bien, répondit-il, d'aller vers Ningpo, d'où part la rivière, vous pouvez gagner en peu d'heures le grand canal qui est partout navigable, et coupe dans toute son étendue le vaste empire chinois, croise tous les fleuves, traverse plusieurs collines par le moyen des écluses, et s'avance jusqu'à Pékin, en parcourant une étendue de deux cent soixante-douze lieues.

— Bien, répondis-je, mais ce n'est pas ce dont il s'agit : nous vous demandons seulement si vous pouvez nous conduire à Nankin, afin que nous puissions ensuite facilement nous rendre à la cous de l'empereur de la Chine. Il me dit qu'il le pourrait sans peine, et que depuis peu un vaisseau hollandais avait pris justement la même route. Cette circonstance me déconcerta tellement que le vieillard s'en aperçut, et me dit que nous ne devions pas être alarmés, puisque les Hollandais n'étaient point en guerre avec notre nation. — Il est vrai, lui répondis-je ; mais on ne sait pas de quelle manière ces gens là nous traiteraient dans un pays où ils sont hors de la justice. — Il n'y a rien à craindre, reprit-il ; vous n'êtes point pirates, et ils n'attaqueront point des marchands qui ne cherchent qu'à faire paisiblement leurs affaires. Je fus tellement troublé à ces paroles qu'il était impossible que le portugais ne le remarquât pas.

— Monsieur, me dit-il, il semble que mon discours vous fasse de la peine ; vous irez où vous le trouverez à propos, et soyez sûr que je vous rendrai tous les services dont je suis capable. — Il est vrai, lui répondis-je je suis dans une assez grande irrésolution touchant la route qu'il faudra prendre, à cause des pirates dont vous venez de me parler. Nous ne sommes guère en état de leur tenir tête : vous voyez que notre navire n'est pas des plus considérables, et que l'équipage en est très-faible.

Vous pouvez être tranquille, me dit-il ; aucun pirate n'a paru dans ces mers, depuis quinze ans, excepté un seul qu'on a vu, il y a environ un mois, dans la baie de Siam, mais il est sûr qu'il a tiré du côté du sud : d'ailleurs, ce n'est point un vaisseau fort grand et propre à ce métier, c'est un navire marchand avec lequel l'équipage s'est enfui après la mort du capitaine qui a été tué dans l'île de Sumatra.

— Comment! dis-je, feignant de ne rien savoir de cette affaire, ces scélérats ont-ils tué leur propre capitaine? — Je ne peux l'assurer, répondit-il; mais comme dans la suite, ils se sont rendus maîtres du vaisseau, il y a beaucoup d'apparence qu'ils l'ont trahi et livré à la cruauté des Indiens. — A ce compte-là, dis-je, ils ont autant mérité la mort que s'ils l'avaient massacré de leurs propres mains. — Sans doute, repartit le bon vieillard; aussi seront-ils punis comme ils le méritent, s'ils sont rencontrés par les Anglais ou par les Hollandais qui se sont promis de ne point leur pardonner, s'ils tombent entre leurs mains.

Je lui demandai comment ils pouvaient espérer de rencontrer ce pirate, puisqu'il n'était plus dans ces mers. —On l'assure, reprit-il; mais ce qu'il y a de certain, c'est qu'il est entré dans la rivière de Cambogia, et qu'il y a été découvert par quelques Hollandais qu'il avait laissés à terre en se rendant maître du vaisseau. Il est certain encore que plusieurs capitaines anglais et hollandais qui se trouvaient dans cette rivière l'auraient pris si leurs premières chaloupes eussent été secondées par les autres. Mais on a une description si exacte de ce bâtiment, qu'on le reconnaîtra sans peine partout où on le trouvera, et l'on a résolu unanimement de faire pendre à la grande vergue le capitaine de l'équipage

— Comment, dis-je, ils les exécuteront sans aucune formalité? Ils commenceront par les pendre, et ensuite ils feront leur procès? Bon! monsieur, me répondit-il, de quelle formalité voulez-vous qu'on se serve avec de pareils scélérats? Il suffit de les jeter à la mer : ces coquins n'auront pas ce qu'ils méritent.

Voyant que le vieux Portugais ne pouvait quitter notre bord, et nous faire mal, je lui dis vivement : — Voilà justement la raison pour laquelle je veux que vous nous meniez à Nankin, et non à Macao, ou à quelque autre port fréquenté par les Anglais et les Hollandais. Sachez que ces capitaines dont vous venez de parler sont des insolens et des étourdis qui ne savent ce que c'est que la justice, puisqu'ils sont assez inconsidérés pour se hasarder à devenir meurtriers, puisqu'ils veulent faire exécuter des gens faussement accusés, les traiter en criminels, sans se donner la peine de les interroger et d'entendre leur défense.

Je lui déclarai, sans hésiter que le vaisseau où il se trouvait était justement celui qu'ils avaient attaqué avec cinq chaloupes, d'une manière aussi lâche que maladroite. Je lui contai en détail comment nous avions acheté notre navire, et tout ce qui était relatif à cette affaire ; mais je l'assurai qu'en signalant cet équipage comme composé de pirates, c'était débiter une fable inventée à plaisir, que nos ennemis auraient dû examiner plus mûrement cette affaire avant de nous attaquer, et qu'ils répondraient devant Dieu du sang qu'ils nous avaient forcé de répandre.

Le bon vieillard fut extrêmement surpris de ce récit, et nous dit que nous avions raison de ne pas vouloir aller du côté du nord ; il nous conseilla de vendre notre navire dans quelque port de la Chine, et d'en acheter ou d'en construire un autre. — Vous n'en trouverez pas un si bon, ajouta-t-il, mais il vous sera aisé d'en avoir un capable de vous ramener au Bengale avec vos gens et vos marchandises.

Je lui dis que je profiterais de son conseil de tout mon cœur dès que je pourrais trouver un bâtiment à ma convenance, et un acquéreur pour le mien. Il m'assura qu'il s'en rencontrerait infailliblement à Nankin ; qu'une jonque chinoise me suffirait pour m'en retourner et qu'il me trouverait sans peine des négocians qui m'achèteraient l'un et qui me vendraient l'autre.

— Mais, lui dis-je, vous dites que notre vaisseau ne manquera pas d'être reconnu; par conséquent si je prends les mesures que vous me conseillez, je puis jeter par-là d'honnêtes gens dans un terrible danger, et peut-être devenir la cause de leur mort. Il suffira sans doute à ces capitaines de trouver le vaisseau, pour qu'ils se mettent dans l'esprit qu'ils ont trouvé aussi les criminels, et qu'ils massacrent de sang-froid des hommes qui n'ont jamais songé à les offenser.

— Je sais le moyen de prévenir cet inconvénient, me répondit-il; je connais les commandans de tous ces vaisseaux, et je les verrai quand ils passeront par ici; je ne manquerai pas de leur faire connaitre leur méprise, et de leur dire que, bien qu'il soit vrai que le premier équipage s'en soit allé avec le navire, il est faux pourtant qu'il s'en soit jamais servi pour exercer la piraterie. Je leur apprendrai surtout que ceux qu'ils ont attaqués dans la baie de Siam, sont d'honnêtes marchands qui ont acheté le vaisseau de quelques scélérats qu'ils en croyaient les légitimes propriétaires. Je suis persuadé qu'ils s'en fieront assez à moi pour agir avec plus de modération qu'ils ne se l'étaient d'abord proposé. — Eh bien ! lui dis-je, si vous les rencontrez, voulez-vous vous acquitter d'une commission que je vous donnerai pour eux?

Je me mis aussitôt à écrire, et après avoir détaillé toute l'histoire de l'attaque des chaloupes, que j'avais été obligé de soutenir, et développé la fausseté des raisons qui les avaient poussés à me faire cette insulte, dans le dessein de me traiter avec toute l'inhumanité possible, je finis en les assurant que, si j'avais le bonheur de les reconnaitre jamais en Angleterre, je les en paierais avec usure à moins que les lois de ma patrie n'eussent perdu toute autorité pendant notre absence.

Le vieux pilote lut et relut cet écrit à différentes reprises; et me demanda si j'étais prêt à soutenir tout ce que j'y avançais. Je lui dis que je le soutiendrais tant qu'il me resterait un souffle de vie, et que je désirais ardemment de trouver une occasion de faire repentir ces messieurs de leur précipitation et de leur cruel dessein ; mais l'occasion de leur faire passer cette lettre ne se présenta point. Nous avancions toujours du côté de Nankin, et après treize jours de navigation, nous mîmes à l'ancre au sud-ouest du grand golfe, où par hasard nous apprîmes que deux vaisseaux hollandais venaient de passer, et nous conclûmes qu'en continuant notre route, nous tomberions infailliblement entre leurs mains.

Après avoir délibéré sur ce terrible embarras avec mon associé, qui était aussi inquiet que moi, et non moins irrésolu sur le parti qu'il fallait prendre, je m'adressai au vieux pilote pour lui demander s'il n'y avait pas près de là quelque baie ou quelque rade où nous puissions entrer pour faire notre commerce avec les Chinois, sans être en péril. Il me dit que si je voulais aller vers le sud l'espace d'environ quarante-deux lieues, j'y trouverais un petit port nommé Quinchang, où les missionnaires débarquaient d'ordinaire en venant de Macao, et où jamais n'entraient les vaisseaux européens : que là je pourrais prendre des mesures pour le reste du voyage ; que cet endroit n'était nullement fréquenté par les marchands, excepté à certaines époques de l'année ; qu'enfin il s'y tenait une foire où les marchands japonais venaient se pourvoir de denrées de la Chine. Nous convînmes de nous diriger vers ce port.

Le lendemain du jour où nous nous fûmes fixés à cette résolution, nous levâmes l'ancre, n'étant allés que deux fois à terre pour prendre de l'eau fraîche et des provisions, telles que des racines, du thé, du riz, quelques oiseaux ; les gens du pays nous en avaient apporté en abondance, d'une manière affectueuse et fort désintéressée.

Les vents étaient contraires, nous voguâmes cinq jours entiers avant que de surgir à ce port ; mais enfin nous y arrivâmes avec toute la satisfaction imaginable. Quand je me sentis à terre, j'étais plein de joie et de reconnaissance envers le ciel, et je résolus, aussi bien que mon associé, de ne jamais remettre le pied dans ce malheureux navire s'il nous était possible de nous défaire de nos marchandises, même à moitié perte.

Je ne saurais m'empêcher de remarquer ici, que de toutes les conditions de la vie, il n'y en a aucune qui rende un homme si misérable qu'une crainte continuelle. L'Écriture Sainte nous dit avec beaucoup de raison que *la peur sert de piége à l'homme*. C'est une mort perpétuelle; elle accable tellement l'esprit qu'il est inaccessible au moindre soulagement; elle étouffe nos esprits animaux, et abat cette vigueur naturelle qui nous soutient dans des afflictions d'une autre nature.

Mon imagination qui était affreusement saisie, ne manquait pas de me représenter le danger bien plus grand encore qu'il n'était réellement; elle me dépeignait les capitaines anglais et hollandais comme des gens absolument incapables d'entendre raison, et de distinguer entre des scélérats et d'honnêtes gens, entre une fable inventée pour les tromper, et l'histoire véritable et suivie de nos voyages et de nos projets. Rien n'était plus facile pour nous, dans le fond, que de faire voir clairement à toute personne un peu sensée, que nous n'étions rien moins que des pirates. L'opium et les autres marchandises que nous avions à bord, prouvaient clairement que nous avions été au Bengale; et les Hollandais qui, à ce qu'on disait, avaient les noms de tous ceux de l'autre équipage, devaient remarquer du premier coup-d'œil que nous étions un mélange d'Anglais, de Portugais et d'Indiens, parmi lesquels il ne se trouvait que deux Hollandais. En voilà plus qu'il n'en fallait pour convaincre le premier capitaine qui nous aurait rencontrés, de notre innocence et de son erreur.

Mais la peur, cette passion aussi aveugle qu'inutile, nous remplit le cerveau de trop de vapeurs pour y laisser une place à la plus grande vraisemblance. Nous regardions cette affaire du mauvais côté; nous savions que les gens de mer, Anglais et Hollandais, et particulièrement les derniers, étaient furieusement animés au seul nom de pirates, de pirates surtout qui s'étaient échappés de leurs mains, en ruinant une partie des chaloupes qu'on avait envoyées pour les prendre; nous étions persuadés qu'ils ne voudraient pas seulement nous entendre parler, et qu'ils prendraient pour une preuve convaincante de notre prétendu crime, la figure du vaisseau, parfaitement bien connue, et notre fuite de la rivière de Cambogia. Pour moi, j'étais assez ma propre dupe pour m'imaginer que dans leur cas j'agirais tout de même, et que je taillerais tout l'équipage en pièces, sans daigner écouter sa défense.

Pendant que nous avions été dans ces inquiétudes, mon associé et moi, nous n'avions pas pu fermer l'œil sans rêver à des cordes et à des grandes vergues. Une nuit entre autres, songeant qu'un vaisseau hollandais nous avait abordés, je fus dans une telle fureur, que, croyant assommer un matelot ennemi, je donnai un coup de poing contre un des piliers de mon lit, d'une telle force, que je m'écrasai les jointures, ce qui me fit courir risque de perdre deux doigts. Ce qui me confirma encore davantage dans l'idée que nous serions maltraités par les Hollandais, si nous tombions en leur pouvoir; c'est ce que j'avais entendu dire des cruautés qu'ils avaient fait essuyer à mes compatriotes à Amboine, en les mettant à la torture avec toute l'inhumanité possible; je craignais qu'en faisant souffrir les douleurs les plus cruelles à quelques-uns de nos gens, ils ne leur fissent confesser des crimes dont ils n'étaient pas coupables, et ne nous punissent ainsi comme pirates, avec quelque apparence de justice. La charge de notre vaisseau pouvait leur fournir un puissant motif pour prendre des mesures si inhumaines, puisqu'elle valait cinq mille livres sterling.

Pendant tout le temps que durèrent nos frayeurs, nous

fûmes agités sans relâche par de pareilles réflexions, sans considérer seulement que les capitaines de vaisseau n'ont pas l'autorité de faire de telles exécutions. Il est certain que si nous nous étions rendus à quelqu'un d'entre eux, assez hardi pour nous donner la torture, ou pour nous mettre à mort, il en eût été rigoureusement puni dans sa patrie. Mais cette vérité n'était pas fort consolante pour nous : un homme qu'on massacre ne tire pas de grands avantages du supplice qu'on fait souffrir à son meurtrier.

Ces frayeurs ne pouvaient que me faire faire de mortifiantes réflexions sur les différentes particularités de ma vie. Après avoir passé quarante ans dans des travaux et des dangers continuels, je m'étais vu dans le port vers lequel tous les hommes tendent avec une opulente tranquillité ; et j'avais été assez malheureux pour me plonger de nouveau, par mon propre choix, dans des inquiétudes plus grandes que celle dont je m'étais tiré d'une manière si peu attendue. Quel chagrin pour moi qui, pendant ma jeunesse, avait échappé à tant de périls, de me voir, dans ma vieillesse, exposé, par mon génie aventurier, à perdre la vie à une potence, pour un crime auquel je n'avais jamais songé, bien loin d'en être coupable.

Quelquefois des pensées pieuses succédaient à ces considérations chagrinantes : je me mettais dans l'esprit que si je tombais dans le malheur si redouté, je devais considérer ce désastre comme un effet de la Providence qui, malgré mon innocence, par rapport au cas présent, pouvait me punir pour d'autres crimes, et que j'étais obligé de m'y soumettre avec humilité, comme si elle avait trouvé à propos de me châtier par un naufrage, ou par quelque autre malheur relatif à ma vie errante.

Il m'arrivait encore assez souvent d'être excité par ma crainte, à prendre des résolutions vigoureuses ; je ne songeais alors qu'à combattre jusqu'à la dernière goutte de mon sang, plutôt que de me laisser prendre par des gens capables de me massacrer de sang-froid.

Il vaudrait encore mieux pour moi, disais-je en moi-même, être pris par des Sauvages, et leur servir de nourriture, que de tomber entre les mains de ces gens qui peut-être seront ingénieux dans leur cruauté, et ne me feront mourir qu'après m'avoir déchiré par la torture la plus violente. Quand j'ai été aux mains avec les anthropophages, c'était toujours dans le dessein de me battre jusqu'à mon dernier soupir : par quelle raison serais-je plus lâche, quand il s'agit d'éviter un malheur plus terrible.

Quand ces sortes de pensées avaient le dessus dans mon imagination, j'étais dans une espèce de fièvre, et dans une agitation, comme si j'étais réellement engagé dans un combat opiniâtre : mes yeux brillaient, et le sang me bouillonnait dans les veines ; j'étais alors fermement résolu, si jamais j'étais obligé d'en venir là, de ne jamais demander quartier, et de faire sauter le vaisseau en l'air quand je ne pourrais plus résister, afin de laisser à mes persécuteurs si peu de butin qu'ils n'auraient garde de s'en vanter.

Plus nos inquiétudes avaient été grandes pendant que nous étions encore en mer, et plus nous fûmes charmés quand nous nous vîmes à terre. A cette occasion, mon associé me raconta que la nuit précédente il avait rêvé qu'il avait un grand fardeau sur les épaules, et qu'il le devait porter au bout d'une colline, mais que le pilote portugais l'avait levé de dessus son dos, et qu'en même temps, au lieu de la colline, il n'avait vu qu'un terrain uni et agréable. Ce songe était plus significatif que les rêves ne le sont d'ordinaire : nous étions véritablement comme des gens qu'on venait de décharger d'un pesant fardeau.

CHAPITRE XV.

Dès que nous fûmes à terre, notre vieux pilote, qui avait conçu beaucoup d'amitié pour nous, nous trouva un logement et un magasin qui ne faisaient ensemble que le même bâtiment. C'était une petite cabane jointe à une hutte spacieuse, le tout fait de cannes, et environné d'une palissade de bambous. Cette palissade nous servait beaucoup pour mettre nos marchandises à l'abri de la subtilité des voleurs, qui sont en grande quantité dans ce pays. D'ailleurs, le magistrat du lieu nous accorda, pour plus grande sûreté, une sentinelle qui faisait la garde devant notre magasin, avec une espèce de demi pique à la main. Nous donnions à cette sentinelle un peu de riz et une petite pièce d'argent, ce qui ne montait tout ensemble qu'à la valeur de trois sous par jour.

Il y avait déjà du temps que la foire dont j'ai parlé était finie : cependant il se trouvait encore dans la rivière trois ou quatre jonques chinoises avec deux bâtimens japonais chargés de denrées qu'ils avaient achetées dans quelque port de la Chine: ils n'avaient pas fait voile jusqu'alors, parce que les machands étaient encore à terre.

Notre pilote nous fit faire la connaissance de trois missionnaires qui s'étaient arrêtés là quelques jours pour convertir les habitans du lieu. Parmi ces messieurs, il y avait un prêtre français fort aimable, de bonne humeur, et d'une conversation très-agréable. Il s'appelait le père Simon, et avait ordre de se rendre à Pékin, où réside l'empereur de la Chine, et il attendait un de ses compagnons qui devait venir de Macao faire le voyage avec lui. Je ne le rencontrais jamais qu'il ne me pressât de l'accompagner, en m'assurant qu'il me montrerait tout ce qu'il y a de beau dans ce fameux empire, et surtout la plus grande ville de l'univers, une ville que, selon lui, Londres et Paris réunies ne pourraient égaler.

Cette ville est effectivement grande et très-peuplée : mais il y a certainement beaucoup à rabattre de toutes les merveilles que l'on raconte de ce célèbre Pékin.

Un jour que nous dinions ensemble, et que nous étions tous de fort bonne humeur, je lui fis voir quelque penchant à l'accompagner dans son voyage, et il nous pressa vivement, mon associé et moi, de prendre cette résolution ; mais quelques vives que fussent ces sollicitations, il ne nous était pas possible de nous y rendre sur-le-champ ; il fallait d'abord disposer de notre navire et de nos marchandises, ce qui était assez difficile dans un endroit où il y avait si peu de commerce. Un jour même je fus tenté de faire voile pour la rivière de Kilam, et de monter jusqu'à la ville de Nankin ; mais j'en fus détourné par un hasard fortuné qui nous tira de notre perplexité et me rendit l'espoir de revoir un jour ma patrie.

Notre vieux pilote nous amena un marchand japonais pour voir quelles sortes de marchandises nous avions. Il nous acheta d'abord notre opium, et le paya fort bien sur-le-champ, partie en or, que nous prenions au poids, partie en petites pièces monnayées frappées au coin de son pays, et partie en lingots d'argent de dix onces à peu près. Pendant que nous faisions ce trafic avec lui, il me vint dans l'esprit que ce même marchand pourrait bien nous acheter aussi notre vaisseau, et j'ordonnai à notre interprète de lui en faire la proposition. Il ne la reçut qu'en haussant les épaules ; mais il revint nous voir quelques jours après, amenant avec lui un des missionnaires pour lui servir d'interprète, et pour nous communiquer la proposition qu'il avait à nous faire. Il nous dit qu'il nous avait payé une grande quantité de marchandises avant que d'avoir la moindre pensée de nous acheter notre vaisseau, et qu'il ne lui restait pas assez d'argent pour nous en donner le prix ; que si je voulais y laisser les matelots, il le louerait pour un voyage du Japon ; que là il le rechargerait pour l'envoyer aux îles Philippines, après en avoir payé le fret, et qu'à son retour il l'acheterait. Non-seulement je prêtai l'oreille à cette proposition, mais mon humeur aventurière me mit encore dans l'esprit d'être moi-même de la partie, de m'en aller aux îles Philippines, et de là vers la mer du sud. Je demandai au marchand s'il avait intention de louer le vaisseau jusqu'aux îles Philippines, . . . décharger. Il me dit que la chose n'était pas possible, mais qu'il le ferait au Japon quand il serait de retour avec sa cargaison. J'y aurais consenti, si mon associé, plus sage que moi, ne m'en avait détourné, en me représentant les dangers de la mer, l'humeur perfide et traîtresse des Japonais, et celle des Espagnols des îles Philippines, plus perfide et plus traîtresse encore.

La première chose qu'il fallait faire avant que de conclure notre marché avec le Japonais, c'était de demander au capitaine et à l'équipage s'ils avaient envie d'entreprendre cette course. Au moment où nous y songions, je reçus une visite du jeune homme que mon neveu m'avait donné pour compagnon de voyage. Il me dit que cette course promettait des avantages très-considérables, et me conseilla fort de l'entreprendre; mais que si je n'en avais pas le désir, il me priait de le placer dans le vaisseau comme marchand, ou en telle autre qualité que je le jugerais à propos; que s'il me trouvait encore vivant à son retour en Angleterre, il me rendrait un compte exact de son gain, et que je ne lui donnerais que la part que je voudrais.

Je n'avais pas grande envie de me séparer de lui; mais prévoyant l'avantage que ce parti devait produire naturellement, et le connaissant pour un homme aussi propre à y réussir que qui que ce fût, j'étais disposé à lui accorder sa demande. Je lui dis néanmoins que je voulais consulter mon associé sur sa proposition, et que je lui donnerais une réponse positive le lendemain.

Mon associé, à qui j'en parlai d'abord, s'y prêta très-généreusement; il me dit que je savais bien que nous regardions tous deux notre navire comme acheté sous de mauvaises auspices, et que nous n'avions pas dessein de nous y rembarquer; que nous ferions bien de le céder au jeune homme, à condition que si nous le renvoyions en Angleterre, il nous donnerait la moitié des bénéfices de ses voyages. Le jeune homme s'y engagea aussitôt par écrit, et nous lui donnâmes le vaisseau.

Le marchand japonais, à ce que nous avons appris dans la suite, se comporta en galant homme. Il le protégea dans le Japon, et lui obtint la permission de descendre à terre, faveur qui a été rarement accordée aux étrangers depuis plusieurs années. Il lui paya le fret avec beaucoup de ponctualité, et l'envoya aux îles Philippines, chargé des marchandises du Japon et de la Chine, et accompagné d'un subrécargue du pays, qui, trafiquant avec les Espagnols, revint fourni des marchandises de l'Europe et d'une grande quantité d'épiceries. Le jeune homme fut parfaitement bien payé de tous ses voyages, et n'ayant point envie de se défaire du vaisseau, il le chargea, pour son propre compte, de marchandises qu'il vendit ensuite d'une manière avantageuse aux Espagnols, dans les îles Manilles. Par le moyen des connaissances qu'il y acquit, il eut le bonheur de faire déclarer libre son navire, qui fut nolisé par le gouverneur pour aller à Acapulco sur la côte du Mexique.

Il fit ce voyage avec beaucoup de succès, vendit son vaisseau à Acapulco, et ayant obtenu la permission d'aller par terre jusqu'à Porto-Bello, il y trouva le moyen de passer, avec tout ce qu'il avait gagné, à la Jamaïque, d'où il retourna en Angleterre, huit ans après, avec des richesses immenses.

Le vaisseau étant prêt à mettre en mer, nous songeâmes à récompenser les deux hommes qui nous avaient rendu un service si considérable en nous avertissant à temps de la conspiration qu'on avait tramée contre nous dans la rivière de Cambogia ; nous savions du reste au fond que ce n'était pas pour l'amour de nous qu'ils nous avaient donné un avis si important ; car ils nous croyaient réellement pirates, et ils ne nous avaient découvert ce complot que dans l'espoir d'écumer la mer avec nous, et d'avoir part au butin. Je commençai d'abord par leur faire payer les gages qui, selon eux, leur étaient dus dans les vaisseaux qu'ils avaient quittés pour nous suivre, c'est-à-dire, dix-neuf mois à l'Anglais, et sept au Hollandais. Je leur donnai encore à chacun une petite somme en or, dont ils furent très-contens, et je fis l'Anglais canonnier, à la place du nôtre, devenu second contre-maître; je donnai au Hollandais l'emploi de bosseman. Ils se crurent par-là parfaitement récompensés, et ils rendirent de très-grands services dans le vaisseau, étant courageux et fort entendus dans la marine.

Nous restâmes à terre dans la Chine, et si je m'étais cru loin de ma patrie au Bengale, où, pour mon argent, il m'eût été facile de revenir chez moi, que ne devais-je pas penser alors que je me trouvais de plus de mille lieues plus éloigné de l'Angleterre, sans savoir absolument comment y revenir.

Tout ce qui pouvait en quelque sorte balancer ce chagrin, c'est qu'il devait y avoir bientôt une autre foire dans la ville où nous étions, et que nous aurions l'occasion de nous fournir de toutes sortes de denrées du pays, sans compter que peut-être nous y trouverions quelque jonque chinoise ou quelque bâtiment de Tunquin, pour nous ramener avec tout ce qui nous appartenait. Consolé par cet espoir je pris la résolution d'attendre patiemment; et comme j'étais sûr qu'on n'en voulait point à nos personnes, qui ne pouvaient pas être suspectes hors du vaisseau, j'espérais même trouver là quelque vaisseau anglais ou hollandais qui voudrait bien nous mener dans quelqu'autre endroit des Indes, moins éloigné de notre patrie.

En attendant, nous jugeâmes à propos de nous ménager le plaisir de faire trois ou quatre petits voyages dans le pays. Nous en fîmes un, entre autres, de dix journées de chemin, pour aller voir Nankin : c'est en effet une ville qui mérite d'être vue. On dit qu'il y a un million d'âmes, ce que j'ai bien de la peine à croire. Elle est bâtie fort régulièrement : toutes les rues en sont tirées au cordeau, et se croisent les unes les autres, ce qui en augmente singulièrement la beauté.

Mais quand je compare les peuples de ce pays, leur

manière de vivre, leur gouvernement, leur religion, leur magnificence, à ce qu'on voit de plus remarquable en Europe, je dois avouer que toutes ces prétendues merveilles ne valent pas la peine qu'on en parle, bien loin de mériter les pompeuses descriptions que certains auteurs nous en donnent.

Que sont leurs bâtimens en comparaison de tant de magnifiques palais qu'on admire en Europe? Qu'est leur commerce, relativement à celui de l'Angleterre, de la France, de la Hollande, et de l'Espagne? Leurs villes ne sont rien au prix des nôtres pour la magnificence, la force, la richesse, l'agrément et la variété. Rien de plus ridicule que de mettre en parallèle leurs ports où se trouvent un petit nombre de jonques et d'autres chétifs bâtimens, avec nos flottes marchandes et nos armées navales. On peut dire même avec vérité qu'il y a plus de commerce dans notre seule ville de Londres que dans tout ce vaste empire, et qu'un seul vaisseau de guerre du premier rang anglais, français, ou hollandais, est capable de tenir tête à toutes les forces maritimes, et même de les détruire : il n'y a que la distance qui nous fasse voir ce pays d'une manière si avantageuse.

Ce que j'ai dit de leurs flottes peut être appliqué à leurs armées. Quand ils mettraient dix millions de soldats sur pied, une puissance en apparence si formidable ne ferait que ruiner le pays, et réduire les habitans à mourir de faim. S'il s'agissait d'assiéger une ville forte, comme il s'en trouve quantité en Flandre, ou de se battre en bataille rangée, une seule ligne de cuirassiers allemands ou de dragons français, renverserait toute la cavalerie chinoise. Un million de leurs fantassins ne viendraient pas à bout d'un seul corps de notre infanterie, placé de manière à ne pouvoir être enveloppé. Je crois même pouvoir dire que trente mille fantassins allemands ou anglais, et dix mille cavaliers français anéantiraient toutes les forces de la Chine. Il en est de même de l'art d'attaquer et de défendre les villes. Il n'y a pas une place

fortifiée dans toute la Chine qui soutint pendant .. uioi
les efforts d'une armée européenne; toutes les armées
chinoises ensemble attaqueraient en vain une place forte
comme Dunkerque, pourvu qu'elle ne fût pas réduite à
se rendre par la famine. Ils ont des armes à feu, il est
vrai, mais elles sont grossières, et sujettes à faire long
feu. Ils ont de la poudre à canon, mais elle est sa
force. Ils sont étrangers à toute discipline, ignorans dans
l'exercice et dans la manière de se ranger en bataille,
ne sachant ni attaquer avec ordre, ni effectuer leur retraite
sans confusion. Toutes ces vérités, dont je suis très-convaincu, me font rire de pitié, quand j'entends faire de si
beaux récits de ces fameux Chinois qui, dans le fond ne
sont que d'ignorans et vils esclaves, sujets à un gouvernement despotique, proportionné à leur génie et à leurs
inclinations.

Si ce bel empire ne se trouvait pas trop éloigné de la
Russie et si les Russes eux-mêmes n'étaient des esclaves
aussi méprisables que les Chinois, rien ne serait plus
aisé pour un empereur de Russie que de le conquérir en
une seule campagne; et si le czar Pierre, qui est un
jeune homme de grande espérance, et qui commence à
se rendre formidable dans le monde, avait poussé ses
desseins ambitieux de ce côté, au lieu de les tourner du
côté des belliqueux Suédois, il serait peut-être à cette
heure empereur de la Chine, tandis qu'il a été battu à
Narva, par l'intrépide Charles XII, quoique les Russes
fussent six contre un.

On a tort d'avoir meilleure opinion du savoir des Chinois et de leurs progrès dans les sciences. Ils ont des globes,
des sphères et quelques faibles notions de mathématiques;
mais pour peu que vous sondiez leur habileté, vous en
voyez d'abord le faible : ils ne connaissent rien au mouvement des corps célestes, et leur ignorance va jusqu'à
un tel degré de ridicule, que lorsque le soleil est éclipsé,
ils s'imaginent qu'il est attaqué par un grand dragon qui
veut la dévorer, et font un bruit terrible en frappant sur

des tambours et sur des timbales, pour effrayer le monstre, et lui faire lâcher sa proie.

De retour à Nankin, je me trouvais, selon mon calcul, dans le cœur de la Chine, puisque ce petit port est situé au troisième degré de latitude septentrionale. J'avais grande envie de voir la ville de Pékin, et de me rendre aux importunités du père Simon. Son compagnon venait d'arriver de Macao; on avait fixé le temps de son départ, et par conséquent il fallait prendre une résolution. Je m'en rapportai entièrement à mon associé, qui à la fin se détermina, et nous préparâmes tout pour le voyage. Nous trouvâmes une heureuse occasion de le faire d'une manière sûre et commode, en obtenant d'un mandarin la permission de voyager en sa compagnie. Les mandarins sont comme une espèce de ce vice-roi ou gouverneur de province, qui jouissent d'une haute considération, et que respectent extrêmement les peuples auxquels, en récompense, ils se rendent fort à charge, puisqu'on est obligé de les défrayer sur la route, avec toute leur suite et tout leur équipage.

Les vivres et le fourrage ne nous manquèrent pas, parce que les Chinois étaient tenus de nous les fournir gratis, ce qui était fort commode pour nous, quoique nous ne profitassions de rien. Nous étions forcés de les payer au prix courant, et l'intendant ou maître-d'hôtel du mandarin venait nous en demander le paiement avec beaucoup d'exactitude. Ainsi, la permission que le seigneur nous avait donnée de voyager à sa suite, quoique très-commode pour nous, ne devait point passer pour une grande faveur. Il y gagnait beaucoup au contraire, car il y avait une trentaine de gens qui le suivaient de cette manière, et qui lui payaient tout ce que le peuple lui fournissait pour rien.

Nous fûmes vingt-cinq jours avant que d'arriver à Pékin. Le pays que nous traversâmes est à la vérité extrêmement peuplé, quoique assez mal cultivé; mais les chemins y sont parfaitement entretenus. L'économie demestique de cette nation est fort peu de chose, et leur manière de vivre, misérable, comparée à la nôtre. Il est vrai que ces malheureux, dont on vante tant l'industrie, ne sentent pas leur misère, et se croient assez heureux, parce qu'ils n'ont pas seulement l'idée du bonheur dont jouissent les habitans chez les nations policées de l'Europe. L'orgueil des Chinois est extraordinaire, et rien ne le surpasse que leur pauvreté : toutefois, ils sont superbes au milieu de leur misère. Il n'est pas possible d'exprimer leur ostentation, qu'on remarque surtout dans leurs habits, dans leurs bâtimens dans le nombre de leurs esclaves, et ce qu'il y a de plus ridicule, dans le mépris qu'ils affectent pour toutes les autres nations. Quoique leurs manières me rebutassent, je ne laissais pas de m'en divertir souvent avec le père Simon.

Un jour entre autres, en approchant du château prétendu d'une espèce de gentilhomme campagnard, nous eûmes d'abord l'honneur d'être en compagnie du maître pendant une grande demi-lieue. Son équipage était un vrai mélange, de pompe et de pauvreté : c'était une toile des Indes richement bordée de graisse : on y voyait briller tout l'ornement nécessaire pour le rendre ridicule, de grandes manches pendantes, des falbalas, etc. Cette robe magnifique couvrait une veste de taffetas noir aussi grasse que la robe. Son cheval offrait une copie exacte du fameux Rossinante : il était vieux, maigre, et à moitié mort de faim ; on en aurait un meilleur en Angleterre pour une guinée et demie : aussi n'aurait-il pas pris la peine de marcher si deux esclaves qui suivaient ce cavalier, à pied et armés de bon fouets, n'eussent donné du courage à cette haridelle. Le mandarin avait à la main un fouet, qui ne lui était pas inutile, et il travaillait la tête et les épaules du noble coursier, tandis que ses palefreniers exerçaient leurs forces sur les parties postérieures. Pour surcroît de pompe, il était accompagné de dix ou douze esclaves : on peut juger de la magnificence de leur livrée par la description que j'ai faite de l'habit du maître. Nous

es qu'il venait de la ville pour aller se promener à
terre, qui était à peu près à une demi-lieue de nous.
ous marchâmes au petit pas pour jouir plus long-
mps de la brillante figure de cet homme d'importance;
ais enfin il prit les devans, parce que nous trouvâmes
propos de nous arrêter dans un village pour nous y ra-
îchir. Peu de temps après, arrivés à son château, nous
y trouvâmes qui dînait dans une petite cour devant sa
orte. C'était par orgueil qu'il avait choisi cet endroit ex-
é aux yeux des passans, et l'on nous dit que plus
ous le regarderions, et plus nous flatterions sa vanité. Il
tait assis à l'ombre d'un arbre semblable à un palmier-
ain, sous lequel, pour se défendre encore mieux des
yons du soleil, il avait fait passer un grand parasol, qui
e représentait pas mal un dais, et qui contribuait beau-
up à rendre ce spectacle pompeux. Renversé dans un
nd fauteuil, qui avait de la peine à contenir le volume
e son épaisse corpulence, il se faisait servir par deux es-
laves femelles qui apportaient les plats. Deux autres du
ême sexe s'acquittaient d'un emploi que peu de gentils-
ommes européens voudraient exiger de leurs domestiques:
'un lui mettait la soupe dans la bouche avec une cuillère,
endant que l'autre tenait l'assiette et ramassait les bribes
ui tombaient de la barbe et de la veste de taffetas de sa
igneurie.

Pour notre mandarin, il y avait plus de réalité dans la
agnificence dont il faisait parade. Il était respecté comme
 roi, et toujours tellement entouré de ses gentilshommes
t de ses officiers, que je ne pus jamais le voir qu'à une
ertaine distance. Il est vrai que dans tout son équipage il
'y avait pas un seul cheval qui me parût meilleur que nos
chevaux de somme; mais ils étaient si bien drapés de couvertures et de harnais, qu'il ne me fut pas possible de remarquer s'ils étaient gras ou maigres; on n'en voyait que
les pieds et la tête.

Délivré de toutes les inquiétudes qui m'avaient si fort
agité, je fis galment tout ce voyage; et ce qui augmente

ma belle humeur, c'est que je l'achevai sans essuyer le moindre catastrophe. J'oublie pourtant qu'au passage d'une petite rivière, mon cheval tomba et me jeta au beau milieu de l'eau. Elle n'était pas fort profonde, mais je ne laissai pas de me mouiller depuis les pieds jusqu'à la tête.

Quand nous arrivâmes à Pékin, je n'avais d'autre domestique que le valet de mon neveu, et qui était un fort bon sujet. Toute la suite de mon associé consistait aussi dans un seul garçon, qui était notre compatriote. Nous avions encore avec nous le vieux pilote portugais, qui avait envie de voir la cour chinoise, et que nous défrayâmes pendant le voyage, pour l'employer en qualité d'interprète. Il entendait fort bien la langue du pays, parlait bon français, et même savait assez d'anglais pour se faire entendre.

Ce bon vieillard nous fut d'une grande utilité, et nous donna mille marques de son affection. A peine avions-nous passé une semaine à Pékin, qu'il vint nous parler en riant de tout son cœur. — Ah! dit-il, j'ai la meilleure nouvelle du monde à vous donner. Je lui répondis que dans ce pays-là je ne m'attendais à aucune nouvelle fort bonne ni fort mauvaise. — Je vous assure, reprit-il, qu'elle est fort bonne, mais peut-être pas autant pour moi, que jusqu'à ce jour vous avez défrayé avec tant de bienveillance. Il nous dit qu'il y avait dans la ville une grande caravane de marchands russes et polonais, qui se préparaient à retourner chez eux par la grande Tartarie; qu'ils avaient résolu de partir dans cinq ou six semaines, et qu'il ne doutait point que nous ne missions à profit une occasion aussi favorable.

A cette nouvelle, une joie inexprimable se répandit dans mon ame, et m'empêcha pendant quelques momens de répondre un seul mot au vieillard; enfin revenu de cette extase, je lui demandai comment il savait ce qu'il venait de me rapporter, et s'il en était bien sûr. — Très-sûr, reprit-il; j'ai rencontré dans la rue ce matin une de mes vieilles connaissances: c'est un Arménien qui est venu d'Astracan, dans le dessein de s'en aller à Tunquin où je l'ai vu autrefois, mais ayant changé de sentiment, il veut aller avec cette caravane jusqu'à Moscou, et de là il a envie de descendre le Volga pour retourner à Astracan. — J'en suis charmé, lui dis-je; mais je vous prie de ne point vous affliger d'une chose que je regarde comme un grand bonheur pour moi. Si vous vous en retournez tout seul à Macao, ce sera votre propre faute.

Je consultai mon associé, et je lui demandai si ce parti lui conviendrait. Il me dit qu'il ferait tout ce que je trouverais bon; qu'il avait si bien établi ses affaires au Bengale, et laissé ses effets en si bonnes mains, que s'il pouvait mettre ce qu'il venait de gagner dans ce second voyage en soies de la Chine, écrues et travaillées, il se ferait un plaisir d'aller en Angleterre, d'où il pourrait retourner aisément au Bengale avec les vaisseaux de la compagnie.

Étant demeurés d'accord, nous résolûmes de prendre le vieux pilote avec nous, s'il voulait, et de le défrayer jusqu'à Moscou ou jusqu'en Angleterre. Si nous n'avions pas eu envie de lui donner quelque autre récompense, nous n'aurions pas mérité par-là de passer pour généreux. Il nous avait rendu des services considérables, non-seulement sur mer, mais encore à terre, où il s'était intéressé à nos affaires avec beaucoup d'affection : lui faire du bien, ce n'était que lui rendre justice. Nous lui donnâmes en or monnayé la valeur de soixante-quinze livres sterling, et nous lui proposâmes de le défrayer lui et son cheval, s'il voulait nous accompagner. Nous le fîmes venir pour lui communiquer notre résolution : je lui dis qu'il s'était plaint de la nécessité de s'en retourner tout seul, mais que j'étais d'avis qu'il ne s'en retournât point du tout ; que nous avions résolu d'aller en Europe avec la caravane, et de le prendre avec nous s'il avait envie de nous suivre. Le bonhomme secoua la tête à cette proposition ; il nous dit que le voyage était bien long, qu'il n'avait point d'argent pour en soutenir les frais, ni pour subsister dans l'endroit où nous le menerions. Je lui répondis que je le croyais bien, et que c'était pour cela même que nous avions résolu de faire quelque chose pour lui, afin de lui montrer que nous étions sensibles aux services qu'il nous avait rendus, et que sa compagnie nous était agréable. Là-dessus je l'informai du présent que nous avions dessein de lui offrir, et je lui dis' que, par rapport aux frais du voyage, nous l'en déchargerions entièrement, et que nous le conduirions à nos dépens ou en Russie ou en Angleterre, selon qu'il le trouverait bon, à condition seulement que, s'il mettait l'argent que nous lui donnerions en marchandises, il les transporterait à ses propres frais.

Il reçut ma proposition avec des transports de joie, et répondit qu'il nous suivrait jusqu'au bout du monde si nous le voulions ; et là-dessus nous préparâmes tout pour le voyage ; ce qui nous coûta plus de temps que nous l'avions d'abord cru. Heureusement la même chose arriva aux deux autres marchands de la caravane, qui, au lieu d'être prêts en cinq ou six semaines, eurent besoin de quatre mois avant que de se trouver en état de partir.

CHAPITRE XVI.

Ce fut au commencement de février que nous sortîmes de Pékin. Mon associé et le vieux pilote étaient allés faire un tour ensemble vers le petit port où nous étions entrés pour disposer de quelques marchandises que nous y avions laissées, et dans cet intervalle j'allai avec un marchand chinois que j'avais connu à Nankin, acheter dans cette ville quatre-vingt-dix pièces de beau damas, avec environ deux cents autres pièces d'étoffes de soie, parmi lesquelles il y en avait qui étaient rayées d'or, une assez grande quantité de soies écrues, et d'autres denrées du pays. Tout était déjà rendu à Pékin avant le retour de mon associé, et cet achat nous coûtait trois mille cinq cents livres sterling. Pour charger toutes ces marchandises jointes à une assez grande quantité de thé et de belles toiles peintes, il nous fallait dix-huit chameaux, outre ceux qui devaient nous porter; nous avions deux chevaux de main, et trois pour le transport de nos provisions; de sorte que notre équipage consistait en vingt-six, tant chameaux que chevaux.

La caravane était considérable, et composée d'à peu près trois cents bêtes de charge, et d'environ cent vingt hommes parfaitement bien armés et préparés à tout événement; car, de même que les caravanes turques sont sujettes aux attaques des Arabes, celles-ci le sont aux insultes des Tartares.

Nous étions de plusieurs nations différentes; mais les Russes faisaient le plus grand nombre. Il y avait au moins soixante habitans de la ville de Moscou parmi lesquels il se trouvait quelques Livoniens, et ce qui nous faisait grand plaisir, cinq Écossais, hommes riches et très-versés dans ce qui regarde le commerce et les voyages.

Après que nous eûmes fait la première journée, nos guides, au nombre de cinq, appelèrent tous les marchands et tous les passagers, excepté les valets, pour tenir un grand conseil, selon la coutume de toutes les caravanes de ce pays. Dans cette assemblée, chacun donna une petite somme pour en faire une bourse commune, afin de payer le fourrage et d'autres choses dont on pouvait journellement avoir besoin. On y régla tout le voyage; on nomma des capitaines et d'autres officiers pour nous commander en cas d'attaque, et tous ces réglemens ne se firent point par autorité, mais par un consentement unanime des voyageurs, tous également intéressés dans le bien commun de la caravane.

La route de ce côté-là est un pays extrêmement peuplé; il y a surtout un grand nombre de potiers habiles, qui préparent la belle terre dont on fait ces vases de porcelaine si estimés dans tout le monde. Au milieu de la marche, notre vieux Portugais, qui avait toujours quelque chose de divertissant à nous dire, vint me joindre en me promettant de me faire voir la plus grande curiosité de toute la Chine, et qui me convaincrait, malgré le mal que je disais tous les jours de ce pays, qu'on y voyait ce qu'il était impossible de voir dans tout le reste de l'univers. Après s'être long-temps laissé presser pour s'expliquer plus clairement, il me dit que c'était une maison de campagne de terre de Chine. — A d'autres, lui dis-je; la chose est aisée à comprendre; toutes les briques qu'on fabrique dans ce pays-ci sont de terre de Chine, et ce n'est pas un grand miracle. — Vous n'y êtes pas, répondit-il : de terre de Chine, de véritable porcelaine. — Cela se peut, répliquai-je : de quelle grandeur est-elle, cette maison-là? si nous pouvons l'emporter avec nous dans une boîte sur un chameau, nous l'achèterons volontiers, en cas que l'on veuille s'en défaire. — Sur un chameau! repartit le vieux pilote en levant les mains au ciel, c'est une maison où demeure une famille de trente personnes!

Voyant qu'il parlait sérieusement, je fus fort curieux d'aller voir cette merveille, et voici ce que c'était. Tout le bâtiment était fait de charpente et de plâtre; mais le plâtre était réellement de cette même terre dont on fait la porcelaine. Le dehors, exposé à la chaleur du soleil, était vernissé d'une blancheur éclatante, peint de figures bleues, comme les grands vases qui viennent de cette contrée, et aussi dur que si le tout eût été cuit au four. En dedans, toutes les murailles étaient composées de carreaux durcis au four et peints, à peu près de la même grandeur que ceux qu'on trouve en Angleterre et en Hollande, et ils étaient tous de la plus belle porcelaine qu'on puisse voir; la peinture en était charmante, variée par différentes couleurs mêlées d'or; plusieurs de ces carreaux ne faisaient qu'une même figure; mais ils se trouvaient joints ensemble par du mortier de la même terre, avec tant d'art, qu'il eût été difficile de ne pas les prendre pour une seule et même pièce. Les pavés étaient de la même matière et d'un grain aussi serré que les pavés de pierre qu'on trouve en plusieurs provinces d'Angleterre, surtout dans les comtés de Lincoln, de Nottingham et de Leicester : cependant ils n'étaient ni peints ni durcis au four, excepté dans quelques cabinets où ils étaient de ces mêmes petits carreaux qui couvraient les murailles. Les caves, en un mot, toute la maison était faite de la même terre, et le toit était couvert de carreaux de porcelaine d'un noir fort lustré et brillant.

C'était à la lettre une maison de porcelaine, et si je n'eusse été en marche j'étais homme à m'arrêter là plusieurs jours pour en examiner toutes particularités. On me dit que dans le jardin il y avait des viviers dont le fond et les côtés étaient couverts de carreaux de même sorte, et que dans les allées il y avait de belles statues de porcelaine.

On ferait une grande injustice aux Chinois, si on n'avouait qu'ils excellent dans ces sortes d'ouvrages; mais il est sûr en même temps qu'ils excellent dans des contes qu'ils débitent sur leur industrie à cet égard. J'en donnerai pourtant ici un exemple. Ils m'ont assuré qu'un de leurs artisans avaient construit un vaisseau de porcelaine avec tous ses agrès, mâts, voiles, cordages, et que ce navire fragile était assez grand pour contenir cinquante personnes. Ils auraient pu ajouter, pour plus de vraisemblance, qu'on avait fait le voyage du Japon avec ce vaisseau.

Cette maison extraordinaire me retint deux heures après que la caravane fut passée, ce qui porta celui qui commandait ce jour-là à me condamner à une amende de trois schellings; et il me dit que si la même chose m'était arrivée à trois journées au-delà de la muraille, au lieu que nous étions à trois journées en-deçà, il m'en aurait coûté quatre fois autant, et que j'aurais été obligé d'en demander pardon le premier jour de conseil général. Je promis d'être désormais plus exact, et j'eus lieu dans la suite d'observer que l'ordre de ne pas s'éloigner les uns des autres, est d'une nécessité absolue pour les caravanes.

Deux jours après nous vîmes la fameuse muraille qu'on a faite pour servir de boulevard aux Chinois contre les irruptions des Tartares. C'est assurément un ouvrage d'un travail immense : cette muraille va, et cela sans aucune nécessité, par-dessus des montagnes et des rochers tout-à-fait impraticables, et beaucoup plus difficile à forcer que la muraille elle-même dans les autres endroits.

Elle a un millier de milles d'Angleterre d'étendue, à ce qu'on prétend ; mais le pays qu'elle couvre n'en a que cinq cents, à le compter sans les détours qu'on a été obligé de faire en bâtissant la muraille ; elle a vingt-quatre pieds de hauteur, et autant d'épaisseur en quelques endroits.

Tandis que la caravane passait par une des portes de cette espèce de fortification, je pus examiner ce monument si fameux, pendant une bonne heure, sans manquer à nos règlemens : j'eus le loisir de le contempler de tous côtés, autant que pouvait porter ma vue. Notre guide chinois, qui nous en avait parlé comme d'un des prodiges de l'univers, marqua beaucoup de curiosité pour savoir mon opinion. Je lui dis que c'était la meilleure chose du monde contre les Tartares. Il n'y entendit point malice, et prit cette expression pour un compliment fort gracieux ; mais notre vieux pilote n'était pas si simple.
— Il y a du caméléon dans vos discours, me dit-il. — Du caméléon! lui répondis-je ; qu'entendez-vous par là ?
— Je veux dire, reprit-il, que le discours que vous venez de tenir au guide, parait blanc quand on le considère d'ici, et noir quand on le considère de là : c'est un compliment d'une manière, et une satire d'une autre.

Vous dites que cette muraille est bonne contre les Tartares : c'est me dire qu'elle n'est bonne que contre les Tartares seuls. Ce Chinois vous entend à sa manière, et il est content; et moi je vous entend à la mienne, et je le suis aussi. — Mais ai-je grand tort dans votre sens? lui dis-je. Croyez-vous que cette belle muraille soutiendrait les attaques d'une bonne artillerie et d'habiles ingénieurs ? N'y ferait-on pas en dix jours une brèche assez grande pour y introduire un bataillon ! ou bien ne la ferait-on pas sauter en l'air avec ses fondemens, de manière à faire douter qu'il y eût jamais eu de pareille muraille dans cet endroit?

Nos Chinois était fort curieux de savoir ce que j'avais dit au pilote, et je lui permis de les en instruire quatre ou cinq jours après, étant alors à peu près hors de leurs frontières, et sur le point de nous séparer de nos guides. Dès qu'ils furent informés de mon opinion, ils restèrent muets pendant tout le reste du chemin qu'ils avaient encore à faire avec nous et nous fûmes quittes de toutes leurs histoires touchant la grandeur et la puissance chinoises.

Après avoir passé cette muraille de la Chine, à peu près semblable à celle que les Romains firent autrefois dans le Northumberland, contre les invasions des Pictes, nous commençâmes à trouver le pays assez mal peuplé; on peut dire même que les habitans y sont, en quelque sorte, emprisonnés dans les places fortes, parce qu'ils osent à peine en sortir, de peur de devenir la proie des Tartares qui volent sur les grands chemins, à main armée, et auxquels ils ne pourraient résister en rase campagne.

Je commençai alors à remarquer parfaitement bien la nécessité qu'il y avait de ne pas s'éloigner des caravanes, en voyant des troupes entières de Tartares rôder autour de nous. Ils approchaient assez pour que je pusse les examiner à mon aise, et j'avoue que je suis surpris qu'un empire de la Chine ait pu être conquis par des

9.

misérables tels que l'étaient ceux qui s'offraient à ma vue par bandes confuses, sans ordre, sans discipline et presque sans armes. Leurs chevaux sont maigres et mal dressés; en un mot, ils ne sont bons à rien.

J'eus l'occasion de m'en convaincre dès le lendemain du jour où j'eus passé la muraille. Celui qui nous commandait alors nous permit d'aller au nombre de seize à la chasse de certains moutons sauvages, qui sont assurément les plus vifs et les plus ardens de toute leur espèce. Ils courent avec une vitesse étonnante, mais ils se fatiguent aisément, et quand on en voit on est sûr de ne pas les poursuivre en vain; ils se montrent d'ordinaire une quarantaine à la fois, et, comme de véritables moutons, ils se suivent toujours les uns les autres.

Au milieu de cette chasse burlesque, nous rencontrâmes plus de quarante Tartares. Leur but était-il de poursuivre, comme nous, les moutons, ou cherchaient-ils quelque autre proie? c'est ce que j'ignore; mais dès qu'ils nous découvrirent, un d'entre eux se mit à donner une espèce de cor dont le son était affreux. Nous supposâmes tous que c'était pour appeler leurs amis, et cette supposition ne se trouva pas fausse; car, en moins d'un demi-quart-d'heure, nous vîmes une autre troupe tout aussi forte paraître à un demi-mille de nous.

Heureusement il y avait dans notre caravane un marchand écossais, habitant de Moscou, qui, dès qu'il entendit le cor, nous dit qu'il n'y avait autre chose à faire que de charger brusquement ces Barbares, sans aucun délai; et nous rangeant tous sous une même ligne, il se mit à notre tête, et nous allâmes droit à eux.

Les Tartares nous regardaient d'un œil hagard, et dès qu'ils nous virent avancer, ils nous tirèrent une volée de flèches dont heureusement aucune ne nous toucha, parce qu'ils avaient tiré d'une trop grande distance. Nous fîmes d'abord halte, et quoique nous en fussions assez éloignés, nous tirâmes sur eux. Nous suivîmes notre décharge au grand galop pour tomber sur l'ennemi, le sabre à la main, selon les ordres de notre courageux Écossais. Ce n'était qu'un marchand ; mais il se conduisit dans cette occasion avec tant de bravoure et avec une valeur si tranquille, qu'il paraissait être fait pour les exploits militaires. Dès que nous fûmes à portée, après avoir fait feu avec nos pistolets, nous tirâmes nos épées ; mais nous aurions pu nous épargner cette peine, car ces misérables s'enfuirent aussitôt dans le plus grand désordre.

Ainsi finit notre combat, où nous n'éprouvâmes d'autre perte que celle des moutons que nous avions pris à la course : nous n'eûmes ni morts, ni blessés ; mais du côté des Tartares il y en eut cinq de tués ; pour le nombre de leurs blessés, je ne le sais pas. La seconde troupe qui était venue au bruit du cor, effrayée de nos armes à feu, ne tenta rien contre nous.

Il faut remarquer que cette action se passa sur le territoire chinois, ce qui empêcha sans doute les Tartares de pousser leur pointe avec la même opiniâtreté qu'ils le firent ensuite. Cinq jours après, nous entrâmes dans un grand désert que nous traversâmes en trois marches. Nous fûmes obligés de porter notre eau avec nous dans des outres, et de camper pendant les nuits, comme on le fait dans certains déserts de l'Arabie.

CHAPITRE XVII.

Comme je demandais à qui appartenait ce pays, on m'apprit que c'était une partie de la grande Tartarie, que l'on rangeait en quelque sorte sous la domination de la Chine, mais que les Chinois ne prenaient pas le moindre soin pour la garantir contre les brigandages, et que c'était le plus dangereux désert du monde, quoiqu'il y en eût de bien plus étendus. En le traversant, nous vîmes à plusieurs reprises de petites troupes de

Tartares ; mais ils ne semblaient pas disposés à nous inquiéter.

Un jour néanmoins, une de ces bandes, assez forte, s'étant approchée de très-près, nous examina avec beaucoup d'attention, délibérant apparemment si elle nous attaquerait ou non. Nous fîmes une arrière-garde d'environ quarante hommes prêts à les charger, et nous nous arrêtâmes jusqu'à ce que la caravane eût gagné les devans d'une demi-lieue. Nous voyant si résolus, ils se retirèrent, se contentant de nous saluer de cinq flèches, dont une blessa un de nos chevaux si grièvement, que nous fûmes obligés de l'abandonner.

Nous marchâmes ensuite pendant un mois par des routes qui n'étaient pas si dangereuses, et par un pays qui est encore du territoire de la Chine. On n'y voit, pour ainsi dire, que des villages, excepté quelques petits bourgs fortifiés contre les invasions des Tartares. En arrivant à un de ces bourgs, situé à peu près à deux journées de la ville de Naum, j'avais besoin d'un chameau ; il y en a beaucoup en cet endroit, aussi bien que des chevaux, et on les y amène, parce que les caravanes qui passent par-là fréquemment, en achètent. La personne à qui je m'adressai pour trouver un beau chameau s'offrit à me l'aller chercher, et je fus assez téméraire pour vouloir l'accompagner. Il fallut faire deux lieues pour arriver à l'endroit où ces animaux sont à l'abri des Tartares, parce qu'on y a mis une bonne garnison. Je fis ce chemin à pied, avec mon pilote portugais, étant bien aise de prendre le plaisir de cette petite promenade, et de me délasser de la fatigue d'aller tous les jours à cheval. Nous trouvâmes la petite ville en question, située dans un terrain bas et marécageux, environnée d'un rempart de pierres entassées les unes sur les autres, sans qu'elles fussent jointes par du mortier, comme les murailles de nos parcs en Angleterre : elle était défendue par une garnison chinoise qui montait la garde à la porte.

Après y avoir acheté un chameau qui me convenait,

nous revînmes avec le Chinois qui le conduisait : c'était celui qui l'avait vendu. Bientôt nous vîmes venir à nous cinq Tartares à cheval, dont deux attaquèrent notre Chinois, et s'emparèrent du chameau, à l'instant même où les trois autres nous tombèrent sur le corps, nous voyant pour ainsi dire, sans armes, puisque nous n'avions que nos épées, qui ne pouvaient nous servir beaucoup contre des cavaliers.

Un de ces gens, en vrai poltron, arrêta tout à coup son cheval, dès qu'il me vit tirer mon épée; mais en même temps un second, m'attaquant du côté gauche, me porta sur la tête un coup qui me fit tomber sans connaissance. Dès que mon brave Portugais me vit tomber, il tira de sa poche un pistolet, et s'avançant hardiment sur ces Barbares, il saisit le bras de celui qui m'avait porté le coup, le tire de son côté et lui fait sauter la cervelle. Aussitôt, prenant son cimeterre, il joignit l'autre qui s'était arrêté d'abord devant moi, et lui porta un coup de toutes ses forces : il manqua l'homme, mais il blessa le cheval à la tête; l'animal, devenu furieux par la douleur, emporte à travers les champs son maître qui ne pouvait plus le gouverner, mais qui était trop bon cavalier pour ne pas se tenir. A la fin pourtant, le cheval s'étant cabré, le fit tomber et se renversa sur lui.

Sur ces entrefaites, le Chinois à qui on venait d'arracher le chameau, et qui n'avait point d'armes, courut vers cet endroit, et voyant qu'un instrument assez semblable à une hache d'armes, pendait à la ceinture du Tartare renversé, il s'en saisit et lui cassa la tête. Mon brave vieillard cependant avait encore sur les bras le troisième Tartare qui ne fuyait pas comme il l'avait espéré, qui ne l'attaquait pas comme il l'avait craint, mais se tenait dans une stupide immobilité, à une certaine distance : il se servit de cet intervalle pour recharger son pistolet. Dès que le brigand aperçut cette arme, il s'enfuit au grand galop, et laissa à mon compagnon une victoire complète.

Je commençai alors à revenir un peu à moi; et me relevant avec précipitation, je me saisis de mon épée; mais je ne trouvai plus d'ennemis. Je ne vis qu'un Tartare mort près de moi, et son cheval qui restait tranquillement auprès du cadavre de son maître; plus loin, j'aperçus mon libérateur qui, après avoir examiné comment le Chinois avait traité le Tartare renversé sous son cheval, revenait vers moi, ayant encore le sabre à la main.

Le bon vieillard, me voyant sur pied, courut à moi, et m'embrassa avec des transports de joie; il m'avait cru mort; mais voyant que j'étais seulement blessé, il voulut visiter la plaie, pour savoir si elle n'était point dangereuse. Elle n'était pas profonde heureusement, et je n'en ai jamais senti la moindre suite après que le coup fut guéri; ce qui se fit en deux ou trois jours de temps.

Nous ne retirâmes pas un gros butin de cette victoire; mais si nous y perdîmes un chameau nous y gagnâmes un cheval. Ce qu'il y eut de remarquable, c'est que, quand nous fûmes revenus à la caravane, le Chinois qui m'avait vendu le chameau, prétendit en recevoir le paiement. Je n'en voulus rien faire, et il m'appela devant le juge du village où la caravane s'était arrêtée. C'était comme une sorte de juge de paix, et je dois avouer qu'il se comporta envers nous avec beaucoup de prudence et d'impartialité. Après avoir écouté l'un et l'autre, il demanda gravement au Chinois qui avait amené le chameau, et de qui il était le valet?

— Je ne suis valet de personne, dit-il, et je n'ai fait qu'accompagner l'étranger qui a été acheter le chameau. — Qui vous en a prié? répartit le juge. — C'est cet étranger lui-même, répliqua le Chinois. — Eh bien! dit-il, vous étiez en ce moment le valet de l'étranger; et puisque le chameau a été livré au valet il doit être censé avoir été livré au maître, et il est juste qu'il le paie.

Il n'y avait pas un mot de réponse à cette décision: charmé de voir cet homme établir l'état de la question avec tant de justesse, je payai le chameau et j'en fis chercher un autre. On peut bien croire que je m'épargnai à peine d'y aller moi-même ; mon argent perdu et ma été meurtrie étaient des leçons suffisantes pour me faire prendre plus de précaution.

La ville de Naum couvre les frontières de la Chine ; c'est, dit-on, une forteresse, et c'en est une effectivement, selon la manière de fortifier les places dans ces contrées. Nous n'en étions encore qu'à deux journées quand nous fûmes joints par des courriers qui étaient envoyés de tous côtés sur les routes, pour avertir tous les voyageurs et toutes les caravanes de s'arrêter, jusqu'à ce qu'on leur eût envoyé des escortes, parce qu'un corps de Tartares de dix mille hommes s'était fait voir à trente milles de l'autre côté de la ville.

C'était une fort mauvaise nouvelle pour nous ; il faut avouer pourtant que le gouverneur qui nous la fit donner agissait noblement, et que nous lui avions de très-grandes obligations, d'autant plus qu'il tint parfaitement bien sa promesse. Deux jours après, nous reçûmes de lui trois cents soldats de la ville de Naum, et deux cents d'une autre garnison chinoise. Ce qui nous fit continuer hardiment notre voyage. Les trois cents soldats de Naum garnissaient notre front, et les deux cents autres l'arrière-garde ; nous nous mîmes sur les ailes, et tout le bagage de la caravane marchait au centre. Dans cet ordre, prêts à combattre quand il le faudrait, nous crûmes être en état de nous mesurer avec les dix mille Tartares ; mais quand nous les vîmes paraître le lendemain les affaires changèrent de face.

Au sortir d'une petite ville nommé Changu nous fûmes obligés de très-grand matin de passer une petite rivière, et si les Tartares avaient eu le sens commun, ils nous eussent défaits sans peine, en nous attaquant lorsque la caravane était passée, et que l'arrière-garde se trouvait encore de l'autre côté ; mais nous ne les vîmes pas seulement paraître.

Environ trois heures après, entrés dans un désert de quinze ou seize mille d'étendue, nous jugeâmes par un grand nuage de poussière, que les ennemis n'étaient pas loin, et bientôt nous les vîmes venir à nous au grand galop. Alors les Chinois qui formaient notre avant-garde, et qui, le jour auparavant, s'étaient vantés beaucoup, firent mauvaise contenance, en regardant à tout moment derrière eux. Mon vieux pilote en avait aussi mauvaise opinion que moi. — Il faut encourager ces lâches, me dit-il, ou nous sommes perdus; ils s'enfuieront dès que nous aurons les Tartares sur les bras.

— Je le crois comme vous, lui répondis-je; mais que faire pour empêcher ce malheur? — Mon avis serait, répliqua-t-il, qu'on plaçât cinquante de nos gens sur chaque aile de ce corps chinois; ce renfort leur donnera du courage, et ils seront braves dans la compagnie des braves. Sans me donner le temps de lui répondre, j'allai joindre au grand galop notre commandant du jour pour lui communiquer ce conseil. Il le goûta; dans le moment il l'exécuta; et il fit un corps de réserve du reste de nos camarades. Nous continuâmes notre marche dans cet ordre, laissant les deux cents autres Chinois faire un corps à part, pour garder nos chameaux, et nous leur ordonnâmes de détacher la moitié de leurs soldats pour nous donner du secours, s'il était nécessaire.

Un moment après les Tartares furent assez près de nous pour combattre. Ils étaient en très-grand nombre, et je n'exagère point en disant qu'il y en avait au moins dix mille. Ils commencèrent par détacher un parti pour nous reconnaître et pour examiner notre contenance. Les voyant passer par-devant notre front, à la portée du fusil, notre commandant ordonna à nos deux ailes d'avancer avec toute la vitesse possible, et de tirer sur eux. On le fit, et ces Tartares se retirèrent, pour rendre compte apparemment de la réception que nous venions de leur faire, et à laquelle le reste devait s'attendre.

CRUSOÉ. 209

Nous vîmes bien que la manière dont nous les avions salués n'était pas de leur goût. Ils s'arrêtèrent dans le moment, et après nous avoir considérés avec attention pendant quelques minutes, ils firent demi-tour à gauche, et ils nous quittèrent sans la moindre tentative. Nous en fûmes charmés, car s'ils nous avaient chargés avec vigueur, il nous eût été impossible de résister à toutes ces forces.

Arrivés deux jours après à la ville de Naum, nous remerciâmes le gouverneur du soin qu'il avait eu la bonté de prendre de nous, et nous rassemblâmes entre nous tous une somme de deux cents écus, pour en faire présent à notre escorte chinoise. Nous nous reposâmes là un jour entier.

Il y a une garnison dans cette ville; elle est de neuf cents soldats, et on l'y a placée parce que autrefois les frontières de l'empire russe en étaient beaucoup plus voisines; mais depuis, le czar a trouvé bon d'abandonner plus de deux cents lieues de pays, comme absolument inutile et indigne d'être conservé, surtout à cause de la grande distance de Naum, et de la difficulté d'y envoyer des troupes. Cette distance est en effet très-grande, puisque nous avions encore au moins six cent soixante-dix lieues à faire avant que d'arriver aux frontières actuelles de la Russie.

Après avoir quitté Naum, nous eûmes à passer plusieurs grandes rivières, et deux grands déserts dont l'un nous prit seize jours de marche. C'est un pays abandonné qui n'appartient à personne. Le 23 mars, nous arrivâmes sur les terres de la Russie. La première ville que nous rencontrâmes s'appelle Argum: elle est située à l'ouest d'une rivière du même nom.

Je me vis arrivé avec toute la satisfaction possible dans un pays sous la domination d'un prince chrétien.

Nous étions alors sur le plus grand continent qu'il y ait dans tout le monde entier: du côté de l'est, nous nous trouvions éloignés de la mer de plus de deux cents milles;

du côté de l'ouest, il y avait plus de deux milles jusqu'à la mer Baltique, et plus de trois mille jusqu'à la Manche; vers le sud, la mer de Perse et des Indes était éloignée de nous de plus de cinq cents milles, et vers le nord il y avait bien huit cents milles jusqu'à la mer Glaciale.

Quand nous fûmes entrés dans l'empire russe, nous remarquâmes que toutes les rivières qui courent vers l'est se jettent dans le grand fleuve Amour, qui, selon le cours naturel, doit porter ses eaux dans la mer orientale ou océan chinois. On dit que l'embouchure de ce fleuve est fermée par une espèce de joncs d'une grandeur prodigieuse, qui ont trois pieds de circonférence et vingt de hauteur. Je crois que c'est une fable inventée à plaisir. La navigation de ces parages est absolument inutile, puisqu'il n'y a pas le moindre commerce : tout le pays par où passe ce fleuve est habité par des Tartares qui ne s'occupent qu'à élever du bétail; il n'y a donc pas d'apparence que la simple curiosité ait jamais porté quelqu'un à descendre ce fleuve ou à remonter par son embouchure ; afin de pouvoir nous en apprendre des nouvelles. Il reste évident que, courant vers l'est en entrainant avec lui tant d'autres rivières, il doit se jeter de ce côté dans l'océan.

A quelques lieues vers le nord de ce fleuve, il y a plusieurs rivières considérables, dont le cours est aussi directement septentrional que celui du fleuve Amour est oriental. Elles vont toutes porter leurs eaux dans le grand fleuve nommé Tatar, qui a donné son nom aux Tartares les plus septentrionaux, qu'on appelle *Tartares Mongols*, lesquels, au sentiment des Chinois, sont les plus anciens de tous les différens peuples qui portent le même nom, et qui se trouvent être, selon certains géographes, les Gogs et Magogs dont il est parlé dans l'Écriture-Sainte.

CHAPITRE XVIII.

De la rivière Arguna, nous avançâmes à petites journées vers le centre de la Russie, très-obligés au czar du soin qu'il a pris de faire bâtir dans ce pays autant de villes qu'il été possible d'en placer, et d'y mettre des garnisons qu'on peut comparer à ces soldats stationnaires que les Romains postaient autrefois dans les endroits les plus reculés de leur empire, pour la sûreté du commerce et la commodité des voyageurs. Dans toutes ces villes, que nous rencontrâmes en grand nombre sur notre route, nous trouvâmes les gouverneurs et les soldats tous Russes et chrétiens. Les habitans du pays, au contraire, étaient des païens qui sacrifiaient aux idoles, qui adoraient le soleil, la lune, les étoiles. Je puis dire même que c'étaient les plus barbares de tous les païens que j'eusse rencontré dans mes voyages ; seulement ils ne se nourrissaient point de chair humaine comme les Sauvages de l'Amérique.

Nous vîmes quelques exemples de leur barbarie entre Arguna et une ville habitée par des Tartares et des Russes mêlés ensemble. Arrivé à un village voisin de cette ville, j'eus la curiosité d'y entrer. Les habitans devaient faire ce jour-là un grand sacrifice. Sur le tronc d'un vieux arbre, était une idole de bois, de la figure la plus horrible. La tête de cette monstrueuse divinité ne ressemblait à celle d'aucun animal que j'aie jamais vu, ou dont j'aie la moindre idée. Elle avait des oreilles aussi grandes que des cornes de bouc, des yeux de la grandeur d'un écu, un nez semblable à une corne de bélier, et une gueule comme celle d'un lion, avec des dents crochues, les plus affreuses qu'on puisse imaginer ; elle était habillée d'une manière assortie à son épouvantable figure. Son corps était couvert de peaux de moutons ayant la laine en dehors et elle avait sur la tête un bonnet à la tartare, armé de deux grandes cornes; sa hauteur était d'environ huit pieds; enfin elle ne présentait qu'un buste sans bras et sans jambes.

Cette statue hideuse était érigée hors du village, et quand j'en approchai je vis devant elle seize ou dix-sept personnes. Je ne pourrais dire si c'étaient des hommes ou des femmes, car ils ne distinguent pas du tout les sexes par l'habillement. Ils étaient tous étendus le visage contre terre, pour rendre leurs hommages à cette affreuse divinité, et tellement immobiles, que je les crus d'abord de la même matière que l'idole. Pour m'éclaircir, je voulus m'en approcher davantage, mais je les vis tout-à-coup se lever avec précipitation, en poussant des hurlemens épouvantables, semblables à ceux d'un dogue, et ils s'en allèrent tous, comme s'ils eussent été au désespoir de se voir troublés dans leur acte de dévotion.

A une petite distance de l'idole, je vis une espèce de hutte toute faite de peaux de vache et de mouton desséchées, à la porte de laquelle j'aperçus trois hommes que je ne pouvais prendre que pour des bouchers. Ils avaient de grands couteaux à la main, et je vis au milieu de cette tente trois moutons et un jeune taureau égorgés. Il y a toute apparence que c'étaient des victimes immolées à ce monstre, que ces trois barbares étaient les prêtres et les sacrificateurs, et que les dix-sept que j'avais interrompus dans leur enthousiasme dévot, avaient sans doute apporté les victimes pour se rendre leur dieu favorable.

Mon étonnement se tourna bientôt en une sorte d'indignation. Je poussai mon cheval de ce côté, et d'un coup de sabre, je coupai en deux le bonnet du monstre, en même temps qu'un de nos gens saisit la peau de mouton, et l'arracha du corps de cette effroyable idole. Notre zèle fit, dans le moment même, pousser des cris affreux par tout le village; et bientôt je me vis environné de deux ou trois cents de ces habitans, du milieu desquels je me tirai au grand galop, les voyant armés d'arcs et de flèches ; j'étais pourtant bien résolu de rendre une seconde visite au ridicule objet de leur stupide adoration.

Notre caravane resta trois jours dans la ville, qui n'était éloignée du village en question que de quatre milles. Elle avait dessein de s'y pourvoir de quelques chevaux à la place de ceux qui étaient morts ou qui avaient été estropiés par les mauvais chemins et par les longues marches que nous avions faites dans le dernier désert.

Ce retard me donna le loisir d'exécuter mon projet, que je communiquai au marchand écossais de Moscou, qui m'avait donné des preuves si convaincantes de son intrépidité. Après l'avoir instruit de ce que j'avais vu, et du dégoût que m'avait inspiré cette hideuse dégradation de la nature humaine, je lui dis que si je pouvais trouver quatre ou cinq hommes résolus et bien armés, j'avais dessein d'aller détruire cette idole, pour faire voir clairement à ses adorateurs qu'incapable de se secourir elle-même, il lui était impossible de donner la moindre assistance à ceux qui lui adressaient leurs prières, et qui voulaient obtenir sa protection par leurs sacrifices. Il se moqua de moi, en disant que mon zèle pouvait venir d'un bon principe, mais que je n'en devais pas attendre de fruit, et qu'il ne pouvait pas concevoir quel but je me proposais. — Mon but, lui répondis-je, est de venger l'honneur de Dieu, qui est insulté, pour ainsi dire, par cette idolâtrie. — Laissez, me dit-il, à Dieu lui-même le soin de punir les outrages de l'ignorance, s'il ne le juge pas indigne de sa toute-puissance. Comment d'ailleurs vengerez-vous l'honneur de la divinité, si ces malheureux sont incapables de comprendre votre intention, et si vous n'êtes pas en état de la leur expliquer, faute d'entendre leur langage ? Quand même vous seriez capable de leur en donner quelque idée vous n'y gagneriez que des coups, car ce sont des gens déterminés, surtout quand il s'agit de défendre les objets de leur superstition.—Nous pourrions le faire de nuit, lui dis-je, et leur laisser par écrit les raisons de notre procédé. — Sachez, mon cher ami, dit-il, que parmi cinq peuples entiers de ces Tartares, il n'y a personne qui sache ce que c'est qu'une lettre, ni qui puisse lire un mot dans sa propre langue. — J'ai pitié de leur ignorance, repris-je; mais j'ai pourtant une grande envie de mettre mon projet à exécution, et d'autant plus qu'il ne leur causera aucun mal réel; autrement j'y renoncerais volontiers : peut-être la nature elle-même, quelque dégénérée qu'elle soit en eux, leur en fera tirer des conséquences, et leur montrera jusqu'où va leur extravagance d'adresser leur culte à un objet si méprisable. — Quoique votre zèle, plus ardent que réfléchi, vous porte à cette entreprise avec tant d'ardeur, je vous prie, me dit-il, de songer que ces nations assujéties, par la force des armes, à l'empire de Russie. Si vous réussissez dans votre projet, ils ne manqueront point de venir par milliers s'en plaindre au gouverneur, de demander satisfaction. S'il n'est pas en état de la leur donner, ils exciteront une révolte générale, et vous serez la cause d'une guerre sanglante, que le czar sera obligé de soutenir contre les Tartares.

Sur le soir, le marchand écossais me rencontra par hasard dans une promenade que je faisais hors de la ville, et m'ayant tiré à l'écart pour me parler : — Je ne doute pas, me dit-il, que je ne vous aie détourné de votre dessein bizarre. — A vous parler franchement, lui répondis-je, vous avez réussi à me faire différer l'exécution de mon projet; mais je l'ai toujours dans l'esprit, et je crois fort que je le mettrai en œuvre avant que de quitter cet endroit. Comment croyez-vous que ces malheureux me traiteraient, s'ils me prenaient ? ajoutai-je. — Je vous dirai, reprit-il, de quelle manière ils ont traité un pauvre Russe qui avait profané leur culte, ainsi que vous avez envie de le faire : après l'avoir blessé, avec une flèche, de manière qu'il ne pût plus s'enfuir, ils le mirent entièrement nu, le posèrent près de leur idole, et l'ayant environné de toutes parts, ils lui tirèrent tant de flèches que son corps en fut hérissé, ensuite ils allumèrent le feu au bois de toutes ces flèches, et l'offrirent ainsi en sacrifice à leur divinité. — Était-ce la même idole ? lui dis-je. — Oui, me répondit-il, c'était justement la même. — Eh bien ! lui dis-je, il faut que l'idole porte la peine de leur cruauté.

Me voyant absolument déterminé à suivre ma résolution, il me dit que je ne l'exécuterais pas seul, qu'il me suivrait, quoique cette entreprise lui parût une extravagance, et qu'il prendrait pour troisième un de ses compatriotes, fort brave, nommé le capitaine Richardson. Il l'amena, je lui fis le détail de ce que j'avais vu, et de mon projet. Nous résolûmes d'y aller seulement nous trois, mon associé, à qui j'en avais fait la proposition, n'ayant pas trouvé à propos d'être de la partie. Il m'avait dit qu'il serait toujours prêt à me seconder quand il s'agirait de défendre ma vie, mais qu'une pareille aventure n'était nullement de son goût, et que, malgré tout le ridicule d'un pareil culte, il n'y voyait rien qui pût autoriser une action de ce genre, dans un pays où le gouvernement croyait devoir donner l'exemple de la tolérance, si nécessaire à la tranquillité des États.

Nous prîmes la résolution de n'exécuter notre entreprise qu'à minuit, et de nous y prendre avec toute la précaution et tout le secret imaginables. Nous trouvâmes bon d'attendre jusqu'à la nuit suivante, parce que la caravane partirait le matin même après l'action ; ce qui empêcherait le gouverneur de donner satisfaction à ces Barbares à nos dépens, puisque nous serions déjà hors de son pouvoir.

Le marchand écossais, aussi ferme dans sa résolution de m'aider, qu'il se montra, dans la suite, intrépide en l'exécutant, m'apporta un habit de Tartare, fait de peaux de mouton, avec un bonnet, un arc et des flèches. Il s'en pourvut aussi de même que son compagnon, afin que ceux qui nous verraient ne pussent jamais deviner quelle sorte de gens nous étions.

Nous passâmes toute la nuit à faire plusieurs compositions de matières combustibles, de poudre à canon, d'esprit de vin et autres drogues de cette nature, nous prîmes un pot rempli de poix-résine, et nous sortîmes de la ville environ une heure après le coucher du soleil.

Il était à peu près onze heures quand nous arrivâmes à l'endroit, sans que nous puissions remarquer que le peuple eût la moindre crainte par rapport à son idole. Le ciel était couvert de nuages; néanmoins la lune nous fournissait assez de lumière pour nous permettre de remarquer que l'idole était précisément à la même place et dans la même position où je l'avais vue auparavant. Ceux du village dormaient tous, excepté dans la tente où j'avais aperçu les trois prêtres, que je pris d'abord pour des bouchers: nous entendîmes cinq ou six personnes parler ensemble; nous jugeâmes de là que, si nous mettions le feu à la statue, on ne manquerait pas de courir sur nous pour en empêcher la destruction. Enfin nous résolûmes de l'emporter et de la brûler ailleurs; mais quand nous commençâmes à vouloir y mettre la main, nous la trouvâmes d'une telle pesanteur, que nous fûmes forcés de songer à un autre expédient.

Le capitaine Richardson était d'avis de mettre le feu à la hutte, et de tuer les Tartares à mesure qu'ils en sortiraient, mais j'avais trop présent à l'esprit le souvenir de Madagascar pour adopter ce parti inhumain: je m'opposai formellement à ce que notre projet coûtât la vie à un seul de ces Idolâtres. Eh bien! dit le marchand écossais, tâchons de nous emparer d'eux, de leur lier les mains derrière le dos, et de les forcer à être spectateurs de la destruction de leur idole.

Nous avions sur nous une assez bonne quantité de la même corde qui nous avait servi à lier nos feux d'artifice; ce qui nous détermina d'abord à surprendre les gens de la cabane, avec aussi peu de bruit qu'il nous serait possible. Nous commençâmes par frapper à la porte, ce qui réussit précisément comme nous l'avions espéré. Un de leurs prêtres venant pour ouvrir, nous le saisîmes tout de suite, et lui mîmes un bâillon à la bouche; nous lui liâmes les mains et le conduisîmes devant l'idole, où nous le couchâmes après lui avoir encore attaché les pieds. Deux de nous se mirent ensuite de chaque côté de la porte, attendant que quelque autre sortît pour savoir ce qu'était devenu le premier; quand ils se virent trompés dans cette attente, ils frappèrent de nouveau doucement, ce qui en fit venir deux autres; et nous les traitâmes justement de la même manière que leur compagnon. Quand nous revînmes sur nos pas, nous en vîmes encore deux sortir de la hutte, et un troisième qui s'arrêtait à la porte: nous saisîmes les deux premiers; à ce mouvement, le troisième s'étant retiré en poussant de grands cris, le marchand écossais le suivit de près, et prenant une des compositions que nous avions faites, propre à ne répandre que de la fumée et une odeur de soufre, il y mit le feu, et la jeta au milieu de ceux qui y restaient encore En même temps, l'autre écossais et mon valet ayant déjà lié les deux Tartares l'un à l'autre, les conduisirent vers l'idole, afin qu'ils vissent par eux mêmes si elle leur apporterait du secours, et ils nous vinrent rejoindre promptement. Lorsque la fusée que nous avions jetée dans la cabane l'eut remplie de fumée, nous en jetâmes une autre d'une nature différente, qui donnait de la lumière comme une chandelle: nous la suivîmes et nous n'aperçûmes que quatre personnes, deux hommes et autant de femmes, qui apparemment étaient occupés des préparatifs de leur sacrifice. Ils nous parurent très-effrayés, car ils tremblaient comme la feuille, et la fumée les avait tellement étourdis, qu'ils n'étaient point en état de parler. Nous les prîmes et les liâmes comme les autres, avec le moins de bruit qu'il fut possible, et nous nous hâtâmes de les faire sortir de la hutte, parce que nous ne pouvions supporter plus long-temps cette épaisse fumée. Nous les plaçâmes auprès de leurs camarades, et aussitôt nous mîmes la main à l'œuvre. Nous commençâmes par répandre sur l'idole une grande quantité de poix-résine et de suif mêlé de soufre, ensuite nous lui remplîmes la bouche, les yeux et les oreilles, de poudre à canon; nous lui mîmes des fusées dans son bonnet, et nous la couvrîmes toute, pour ainsi dire, de feux d'artifice. Pour faciliter encore davantage notre dessein, mon valet se souvint d'avoir vu auprès de la tente un gros tas de paille et de foin; il en alla chercher avec le marchand écossais. Tout étant préparé, nous déhalâmes nos prisonniers, nous leur ôtâmes les bâillons de la bouche, les plaçâmes vis-à-vis de leur monstrueuse idole, et ensuite nous y mîmes le feu.

Un quart d'heure se passa à peu près avant que le feu prît à la poudre. En s'allumant, elle fendit presque toute la statue, la défigurant au point que ce n'était plus qu'une masse informe. Peu contens de ce succès, nous l'entourâmes de paille, et persuadés qu'elle serait réduite en cendres en très-peu de temps, nous commençâmes à songer à nous retirer; mais le marchand écossais nous en détourna, nous assurant que si nous nous en allions, tous ces pauvres idolâtres se jeteraient dans le feu pour être consumés avec leur idole. Nous restâmes donc jusqu'à ce que toute la paille fût brûlée.

Le lendemain, nous feignîmes d'être très-occupés des préparatifs du voyage, et personne ne pouvait soupçonner que nous fussions allés ailleurs que dans nos lits, puisqu'il n'est rien moins que naturel de courir la nuit quand on prévoit une journée fatigante.

Mais l'affaire n'en resta pas là: le jour suivant une grande multitude de Barbares vinrent non-seulement du village mais encore de tous les lieux d'alentour, aux portes de la ville, pour demander au gouverneur russe satisfaction de l'outrage qui avait été fait au grand Cham-chi-Thaungu et à ses prêtres. C'est là le terrible nom qu'ils donnaient à la plus difforme image qu'on puisse trouver dans tout le paganisme. Le peuple fut d'abord dans une grande consternation d'une visite si peu attendue, qui leur était faite par plus de trente mille personnes, qu'il prévoyait devoir s'augmenter en peu de jours jusqu'au nombre de cent mille ames.

Le gouverneur tâcha de les apaiser, et leur donna les meilleurs raisons : il les assura qu'il ignorait absolument toute cette affaire, et qu'il était sûr qu'aucun soldat de la garnison n'avait été hors de la ville pendant toute la nuit; que certainement cette violence ne pouvait avoir été commise par ses gens, et qu'il punirait sévèrement les coupables, s'ils pouvaient les lui indiquer. Ils répondirent avec hauteur que tout le pays d'alentour vénérait le grand Chamchi-Thaungu, que personne d'entre eux ne pouvait avoir commis ce crime, qu'un chrétien seul en était capable, et que, pour en tirer raison, ils lui annonçaient la guerre aussi bien qu'à tous les Russes.

Le gouvernement dissimula l'indignation que lui donnait un discours si insolent, afin de n'être pas la cause d'une rupture avec ce peuple conquis, que le czar lui avait ordonné de traiter doucement. Afin de détourner leur ressentiment qui menaçait sa garnison, il leur dit que ce matin-là même une caravane était sortie de la ville pour aller en Russie; que c'était peut-être quelqu'un de ces voyageurs qui leur avait fait cet affront, et qu'il enverrait des gens pour le découvrir, s'ils voulaient se contenter de ce procédé.

Cette proposition sembla les calmer un peu, et afin de leur tenir parole, le gouverneur nous dépêcha quelques-uns des siens, qui nous instruisirent en détail de tout ce qui venait d'arriver; et ils ajoutèrent que, si quelqu'un de la caravane avait donné occasion à cette émeute, il ferait bien de s'échapper au plus tôt, et que coupables ou non, nous agirons prudemment, en poussant notre marche avec toute la vitesse possible, pendant qu'il ne négligerait rien pour amuser ces Barbares jusqu'à ce que nous fussions hors d'insulte.

Cette conduite du gouverneur était certainement des

plus obligeantes; mais quand on en instruisit toute la caravane, il n'y eut personne qui ne parût parfaitement ignorant de toute l'affaire ; nous fûmes précisément ceux qu'on soupçonna le moins ; on ne nous fit pas seulement la moindre question. Néanmoins, celui qui commandait alors la caravane profita de l'avis du gouverneur, et nous marchâmes pendant deux jours et deux nuits sans presque nous arrêter, afin de gagner Jarawena, autre colonie de l'empereur, où nous étions en sûreté.

La seconde journée après la destruction de l'idole un nuage de poussière qui paraissait à une grande distance derrière nous fit croire à quelques-uns de la caravane que nous étions poursuivis. Ils ne se trompaient pas. Nous ne nous trouvions pas loin du désert et nous avions passé un grand lac, quand nous aperçûmes un grand corps de cavalerie de l'autre côté du lac, qui tirait vers le nord, pendant que nous marchions vers l'ouest. Nous étions ravis qu'ils eussent pris cette route, tandis que nous avions pris l'autre fort heureusement pour nous. Deux jours après nous ne les vîmes plus ; car s'imaginant qu'ils nous suivaient toujours, ils avaient poussé jusqu'au fleuve Udda.

Le troisième jour, ils reconnurent leur méprise, ou bien on les instruisit du véritable chemin que nous avions pris, et ils nous poursuivirent avec toute la rapidité imaginable. Nous les découvrîmes vers le coucher du soleil; par bonheur, nous avions choisi pour camper un endroit très-propre à nous y défendre. Nous étions à l'entrée d'un désert de plus de cinq cents milles de longueur, et nous ne pouvions nous attendre à rencontrer d'autre ville pour nous servir d'asile que Jarawena, qui était encore à deux journées de nous. Nous avions près de notre poste plusieurs petits bois, et notre camp était dans un passage assez étroit, entre deux bois peu étendus, mais extrêmement épais ; ce qui diminuait un peu la crainte que nous éprouvions d'être attaqués cette même nuit, il n'y avait que nous quatre d'instruits au juste du motif qui nous faisait poursuivre; mais comme les Tartares Mongols ont coutume de parcourir le désert en grande troupe, les caravanes se fortifient toujours contre ces bandits, et ainsi les nôtres ne furent point surpris de se voir poursuivis par ces cavaliers.

Non-seulement nous étions campés entre deux bois, mais notre front était encore couvert par un petit ruisseau, de sorte que nous ne pouvions être attaqués qu'à notre arrière-garde. Peu contens encore de tous les avantages naturels de notre position, nous nous fîmes un rempart de tout notre bagage, derrière lequel nous rangeâmes sur une même ligne nos chameaux et nos chevaux, et par derrière nous nous couvrîmes d'un abattis d'arbres.

Nous n'avions pas encore fini cette espèce de fortification, quand nous eûmes les Tartares sur les bras. Ils ne nous assaillirent pas brusquement comme nous l'avions cru, ni en voleurs de grand chemin; ils commencèrent par nous envoyer trois députés pour nous enjoindre de leur livrer les coupables qui avaient insulté leurs prêtres et détruit par le feu leur dieu Chamchi-Thaungu, afin qu'ils subissent la même peine en expiation de leur crime; et ils ajoutèrent que, si on leur accordait leur juste demande, ils se retireraient sans faire le moindre mal au reste de la caravane, sinon qu'ils nous brûleraient tous sans excedtion.

Nous fûmes fort étourdis de ce compliment; nous nous regardâmes les uns les autres pour examiner si quelqu'un ne découvrît pas par sa contenance qu'il était particulièrement impliqué dans cette affaire. Le compandant de la caravane fit assurer aux députés qu'il était intimement persuadé que les coupables n'étaient pas dans notre camp, que nous étions tous des marchands d'une humeur paisible, et que nous ne voyagions que pour notre commerce; que nous n'avions pas songé à leur causer le moindre désagrément; qu'ils feraient bien de chercher leurs ennemis ailleurs, et de ne pas nous troubler dans notre marche, ou bien que nous chercherions à nous défendre et à les faire repentir de leur entreprise.

Ils furent si éloignés de croire cette réponse satisfaisante, que le lendemain, au lever du soleil, ils approchèrent de notre camp pour le forcer : mais quand ils en virent l'assiette, ils n'osèrent nous aborder de plus près que de l'autre côté du petit ruisseau qui couvrait notre front. Là, ils s'arrêtèrent, en déployant à nos yeux une si terrible multitude, que le plus brave de nous en fut effrayé. Ceux qui en firent le plus modeste calcul crurent qu'ils étaient dix mille au moins. Après nous avoir examinés pendant quelques momens, ils poussèrent des hurlemens épouvantables, en couvrant l'air d'un nuage de flèches. Nous nous étions heureusement assez bien précautionnés contre un pareil orage ; nous nous cachâmes derrière nos ballots, et aucun de nous ne fut blessé.

Quelque temps après nous les vîmes faire un mouvement du côté droit, et nous nous attendîmes à être attaqués par derrière, quand un cosaque de Jarawena, homme très-adroit, s'approchant du commandant de la caravane, lui dit que s'il voulait il se flattait d'envoyer toute cette troupe vers Sheilka, ville éloignée de nous de plus de cinq journées du côté du sud. Voyant que cette offre plaisait au commandant, il prend son arc et ses flèches et monte à cheval, se sépare de nous du côté de notre arrière-garde, et par un grand détour il joint les Tartares, en qualité d'exprès qui leur venait donner des lumières sur ce qu'ils cherchaient à découvrir ; il leur annonce que ceux qui avaient détruit Chamchi-Thaungu étaient allés du côté de Sheilka, avec une caravane de mécréans, dans la résolution de brûler encore le dieu des Tartares Tonguais.

Presque Tartare lui-même, il parlait si bien leur langue, et ménagea si bien son histoire, qu'ils y ajoutèrent foi sans la moindre difficulté. Dans le moment même, ils s'en allèrent à toute bride, après avoir poussé un horrible hourra ; et au bout de trois heures, nous n'en vîmes plus un seul; nous n'en entendîmes plus parler; et nous n'avons jamais su s'ils poussèrent jusqu'à Siheilka.

Après nous être tirés de ce danger, nous marchâmes en sûreté jusqu'à la ville de Jarawena, où il y a une garnison russe, et nous y restâmes pendant cinq jours pour nous reposer de la fatigue que nous avions essuyée dans nos dernières marches, pendant lesquelles nous n'avions pas eu le loisir de fermer l'œil.

CHAPITRE XIX.

De là nous entrâmes encore dans un affreux désert, que nous ne pûmes traverser qu'en vingt-trois jours. Nous nous étions fournis de quelques tentes pour passer les nuits plus commodément, et de seize chariots du pays pour porter notre eau et nos provisions. Nous en tirions encore un grand service; pendant la nuit ils nous tenaient lieu de retranchemens, rangés autour de notre camp; de sorte que si les Tartares nous avaient attaqués sans une grande supériorité du nombre, nous aurions pu les repousser aisément.

Dans ce désert, nous vîmes un grand nombre de chasseurs qui fournissent toute la terre de ces belles fourrures d'hermine. Ils sont, pour la plupart, Tartares Mongols, et bien souvent ils attaquent de petites caravanes; mais la nôtre n'était pas susceptible de l'être par eux; aussi nous n'en vîmes jamais de troupes entières. J'aurais été fort curieux de voir les animaux dont ils tirent ces peaux précieuses; mais il me fut impossible de parvenir à mon but; car ils n'osèrent approcher de nous, et c'eût été une grande imprudence de me séparer de la caravane pour les aller visiter.

Au sortir de ce désert, nous entrâmes dans un pays assez bien peuplé, et rempli en quelque sorte de villes et de châteaux, où la cour a établi des garnisons pour la sûreté des caravanes, et pour défendre le pays contre les courses des Tartares qui, sans ces précautions, rendraient les chemins fort dangereux. Sa majesté czarienne a donné des ordres fort précis aux gouverneurs de ces places de ne rien négliger pour mettre les marchands et les voyageurs hors d'insulte, et de leur fournir des escortes d'une forteresse à l'autre, au moindre bruit qui se répandrait de quelque invasion des Tartares.

Conformément à ces ordres, le gouverneur que je visitai avec le marchand écossais qui le connaissait, nous offrit une escorte de cinquante hommes jusqu'à la garnison prochaine, si nous croyons qu'il y eût le moindre danger dans la route.

Je m'étais imaginé, pendant tout le voyage, que plus nous approcherions de l'Europe et plus nous trouverions les habitans polis et le pays peuplé, mais je m'étais bien trompé, puisque nous avions encore à traverser le pays des Tartares Tonguais, où nous vîmes des preuves égales d'un paganisme barbare, et même des marques encore plus grossières que celles qui nous avaient si fort indignés auparavant. Il est vrai qu'entièrement assujétis par les Russes, et mieux tenus en bride que les autres, ils ne sont ni aussi insolens ni aussi dangereux que les Mongols : mais du reste nous vîmes qu'ils ne le cédaient à aucun peuple de l'univers en grossièreté et en idolâtrie. Ils sont tous couverts de peaux de bêtes sauvages, ainsi que leurs maisons. En temps d'hiver, quand toute la terre est couverte de neige, ils vivent dans les souterrains.

Si les Mongols avaient leur Chamchi-Thaungu pour toute leur nation, ceux-ci comptaient des idoles dans chaque tente et dans chaque cave : d'ailleurs, ils adoraient le soleil, les étoiles, la neige, l'eau, en un mot tout ce qui offrait à leur esprit quelque chose de merveilleux, comme leur ignorance leur fait trouver du surprenant partout, il n'y a presque rien qui ne soit honoré de leurs sacrifices.

Il ne m'arriva rien de particulier dans tout ce pays, dont les bornes étaient éloignés du désert dont j'ai parlé, de plus de quatre cents milles. La moitié de ce terrain peut passer aussi pour un désert, et nous fûmes contraints de voyager pendant douze jours sans rencontrer ni maison, ni arbre, et de porter avec nous notre eau et nos autres provisions.

Au sortir de cette solitude, nous parvînmes en deux jours de marche à la ville de Jenisay, située près du grand fleuve du même nom, qui sépare l'Europe de l'Asie.

Je remarquai que le paganisme et l'ignorance ont partout le dessus, excepté dans les garnisons russes. Toute l'étendue de terrain entre le fleuve Obi et le fleuve Jenisay est peuplé de païens aussi barbares que les Tartares les plus éloignés, et même que les Sauvages de l'Asie et de l'Amérique.

Depuis le fleuve Jenisay jusqu'à l'Obi, il nous fallut traverser un pays abandonné en quelque sorte, ce n'est pas que le terrain soit ingrat et incapable d'être cultivé; il n'y manque que des habitans et de l'industrie : c'est un pays très-agréable et très-fertile. Je dois faire observer que c'est justement dans ce pays, situé de l'un et de l'autre côté de l'Obi, que l'on envoie en exil les criminels russes qui ne sont point condamnés à mort, et il leur est presque impossible de jamais en échapper.

Il ne m'arriva rien de remarquable jusqu'à Tobolsk, capitale de la Sibérie, où je demeurai long-temps.

Nous avions mis à peu près sept mois à faire notre voyage, et l'hiver approchait. La caravane devait aller à Moscou, mais nous n'y avions aucune affaire, mon associé et moi; c'était notre patrie que nous avions uniquement en vue, et cette considération méritait bien que l'on tînt un peu conseil à part. Il est vrai qu'on nous disait merveille des traineaux tirés par des rennes, qui rendent si faciles et si rapides les voyages qu'on entreprend en temps d'hiver : ce qu'on nous en rapportait, quelque surprenant qu'il fût, était la vérité. Les Russes aiment mieux voyager en hiver qu'en été, parce que dans leurs traineaux ils passent les jours et les nuits commodément, tout en parcourant un espace extraordinaire. Le pays est entièrement couvert de neige durcie par le grand froid, qui fait une seule surface douce et unie, des plaines, des lacs et des rivières.

Mais je ne pouvais rien gagner par un voyage de cette nature. Pour aller en Angleterre, je n'avais que deux chemins à prendre. Je pouvais pousser avec la caravane jusqu'à Jaroslaw, et de là tourner vers l'ouest pour gagner Nerva et le golfe de Finlande; il m'était facile de passer de là par mer ou par terre à Dantzick, où peut-être il me serait possible de me défaire avantageusement de mes marchandises de la Chine; ou bien je devais quitter la caravane à une petite ville située sur la Dwina, d'où, en six jours de temps, je viendrais par Archangel, et passerais de là par mer en Angleterre, à Hambourg, ou en Hollande.

L'un et l'autre de ces voyages ne pouvaient être exécutés pendant l'hiver. Il était impossible de gagner Dantzick par mer, parce que la mer Baltique est toujours gelée dans cette saison; et vouloir voyager par terre dans ce pays-là, était une chose aussi dangereuse que de marcher mal accompagné au travers des Tartares Mongols. D'un autre côté, si j'étais arrivé à Archangel au mois d'octobre, j'aurais trouvé tous les vaisseaux partis de la ville presque déserte, puisque les marchands qui l'habitent l'été ont coutume de se retirer l'hiver à Moscou; j'aurais pu y ressentir un froid extrême, et peut-être y manquer de vivres, et y mener une vie triste et désagréable, faute de compagnie. Il valait mieux par conséquent laisser la caravane, et faire tous les préparatifs nécessaires pour passer l'hiver dans la capitale de la Sibérie, où je pouvais compter sur trois choses essentielles, l'abondance, une maison chaude, et très-bonne société.

Je me trouvais alors dans un climat bien différent de celui de ma chère île, où je ne sentis jamais le froid que pendant les frissons de ma fièvre, et où j'avais au contraire bien de la peine à supporter des habits sur mon corps, où je ne faisais du feu que hors de la maison, et uniquement pour me préparer quelques mets. Ici je commençai par me fournir de camisoles et de quelques grandes robes qui me pendaient jusqu'aux pieds, et dont les manches étaient boutonnées jusqu'aux poignets. Tous ces différens vêtemens étaient doublés de bonnes fourrures.

Pour chauffer ma maison, je m'y pris d'une autre manière que celle dont on se sert en Angleterre, où l'on fait du feu dans des cheminées ouvertes qui sont placées dans chaque chambre, ce qui laisse un air aussi froid qu'il était auparavant dès que le feu est éteint. Je fis placer une cheminée semblable à une fournaise, dans un endroit qui formait le centre de six chambres différentes; le tuyau par où devait sortir la fumée allait d'un côté, et l'ouverture par où sortait la chaleur était justement à l'opposé : par là toutes les chambres se trouvaient entretenues dans une chaleur égale, sans qu'on vît le feu nulle part, comme dans les bains d'Angleterre.

C'est ainsi que mes appartemens étaient toujours chauds, quelque froid qu'il fît, et je ne fus jamais incommodé de la fumée.

Je trouvai bonne compagnie dans ce pays de Barbares, quoiqu'il soit une des provinces les plus septentrionales de la Russie, pays situé dans le voisinage de la mer Glaciale, et éloigné seulement de quelques degrés de la Nouvelle-Zemble. En effet, la Sibérie est le séjour des criminels d'état de la Russie; la ville capitale doit être par conséquent remplie de noblesse, de généraux, de grands seigneurs et de princes même. J'y trouvai le fameux prince Galitzin, le vieux général Robostiski, et plusieurs autres personnes du premier rang parmi lesquelles il y avait même plusieurs dames de distinction.

Par le moyen du marchand écossais qui fut obligé de se séparer de moi, je fis connaissance avec plusieurs de ces personnages du premier ordre : j'en reçus plusieurs agréables visites, qui contribuèrent beaucoup à me faire trouver courtes les tristes soirées d'hiver.

Ayant lié conversation un jour avec le prince ***, qui avait été autrefois un des ministres d'état du czar, je lui entendis raconter des choses surprenantes sur la grandeur et la domination de son maitre. Je l'interrompis pour lui dire que je m'étais vu autrefois un monarque plus absolu que lui, bien que mes sujets ne fussent pas si nombreux, ni mon empire aussi grand. Ce discours causa une grande surprise au prince russe, qui, me regardant avec une attention extraordinaire, me pria très-sérieusement de lui dire s'il y avait quelque réalité dans ce que je venais de lui débiter si gravement. Je lui promis que sa surprise cesserait dès que j'aurais le loisir de m'expliquer, et je lui dis que j'avais eu le pouvoir de disposer absolument de la fortune et de la vie de mes sujets, et que, malgré mon despotisme, il n'y avait eu personne dans tous mes états dont je n'eusse été chéri avec une tendresse filiale. Il me répondit en secouant la tête qu'effectivement de ce côté-là j'avais surpassé de beaucoup le czar. Ce n'est pas tout, repris-je ; toutes les terres de mon royaume m'appartiennent en propre, tous mes sujets n'étaient que mes fermiers, sans y être contraints, et ils auraient tous hasardé leur vie pour sauver la mienne : jamais prince ne fut plus tendrement aimé, et en même temps si fort respecté et plus redouté de son peuple.

Enfin je lui racontai en détail tout ce qui m'était arrivé dans l'ile, et la manière dont j'avais gouverné mes sujets.

La compagnie fut enchantée de cette relation, et surtout le prince qui me dit, en poussant un grand soupir, que la véritable grandeur de l'homme consistait à être son propre maître et à s'acquérir un empire despotique sur ses propres passions; qu'il n'aurait pas changé une monarchie comme la mienne contre toute la domination de son auguste maître; qu'il trouvait une félicité plus réelle dans la retraite à laquelle il avait été condamné, que dans la grande autorité dont il avait autrefois joui à la cour du czar, et que, selon lui, le plus haut degré de la sagesse humaine consistait à proportionner nos désirs et nos passions à la situation où la Providence trouvait bon de nous ménager un culte intérieur au milieu des tempêtes et des orages qui nous environnent extérieurement.

Pendant les premiers jours que je passai ici, continua-t-il, j'étais accablé de mon prétendu malheur, je m'arrachais les cheveux; en un mot, je m'abandonnais à toutes les extravagances ordinaires à ceux qui se croient accablés par l'infortune; mais un peu de temps et quelques réflexions me portèrent à me considérer moi-même d'une manière tranquille, aussi bien que les objets qui m'environnaient. Je trouvai bientôt que la raison humaine dès qu'elle a l'occasion d'examiner à loisir tout le détail de la vie et la nature des secours qu'elle peut emprunter de l'industrie pour la rendre heureuse, est parfaitement capable de se procurer une félicité réelle indépendante des coups du sort, et entièrement convenable à nos désirs les plus naturels et au grand but pour lequel nous sommes créés. Je compris en peu de jours qu'un air pur à respirer, des alimens simples pour soutenir notre vie, des habits propres à nous défendre des injures de l'air, et la liberté de prendre autant d'exercices qu'il en faut pour la conservation de la santé, sont tout ce qu'il faut pour satisfaire les besoins véritables de l'homme. J'avoue que la grandeur, l'autorité, la richesse, et les plaisirs qu'elle nous procure, et dont j'ai eu autrefois ma bonne part, sont capables de nous donner mille agrémens: mais d'un autre côté tous ces plaisirs influent terriblement sur les plus dangereuses de nos passions; elles fertilisent, pour ainsi dire, notre ambition, notre orgueil, notre avarice et notre sensualité. Ces dispositions de notre cœur, criminelles en elles-mêmes, contiennent les semences de tous nos crimes : elles n'ont pas la moindre relation avec ces talens qui font l'homme sage, ni avec ces vertus qui constituent le caractère du chrétien. Privé aujourd'hui de tout ce bonheur extérieur, source ordinaire des vices, éloigné du faux brillant, je ne le regarde que de son côté ténébreux ; je n'y trouve que de la difformité, et suis pleinement convaincu que la vertu seule rend l'homme véritablement sage, grand, riche, et que seule elle prépare à la jouissance d'une félicité éternelle. Dans cette pensée, ajouta-t-il, je me trouve plus heureux au milieu de ce désert que tous mes ennemis qui sont en pleine possession des richesses et de l'autorité qu'ils m'ont fait perdre, et dont je me sens déchargé comme d'un fardeau pesant.

Vous penserez peut-être, monsieur, me dit-il encore, que je suis uniquement forcé à entrer dans ces vues par la nécessité, et qu'une espèce de politique me suggère de pareilles idées pour adoucir un état que d'autres pourraient nommer misérable, mais vous vous tromperiez. S'il est possible à l'homme de connaître quelque chose de ses sentimens, je puis vous assurer que je ne voudrais pas retourner à la cour, quand le czar mon maître aurait l'intention de me rétablir dans toute ma grandeur. Si jamais j'en suis capable, j'avoue que mon extravagance approchera de celle d'un homme qui, délivré de la prison du corps, et ayant déjà un goût de la félicité céleste, voudrait revenir sur la terre, et se livrer de nouveau aux faiblesses honteuses et aux misères de la vie humaine.

Il prononça ce discours avec tant de chaleur et avec une action si pathétique, qu'on pouvait voir dans tous ses traits qu'il exprimait les véritables sentimens de son cœur.

Je lui dis que je m'étais cru autrefois une espèce de

monarque dans l'état que je lui avais dépeint, mais que pour lui, il n'était pas seulement un souverain despotique, mais encore un grand conquérant, puisque celui qui remporte la victoire sur ses désirs rebelles, qui s'assujétit lui-même, et qui rend sa volonté absolument dépendante de sa raison, mérite mieux ce titre glorieux que celui qui renverse les murailles de la plus forte place. Je vous conjure pourtant, monseigneur, ajoutai-je, d m'accorder la liberté de vous faire une seule question : S'il vous était entièrement permis de sortir de ces solitudes et de mettre fin à votre exil, le feriez-vous ?

— Monsieur, me répondit-il, votre question est subtile, et il faut établir quelque distinction très-exacte pour y répondre juste. Je vais pourtant vous satisfaire avec toute la candeur dont je suis capable. Rien au monde ne serait assez fort pour me tirer de mon exil que les deux motifs suivans : le désir de voir mes parens, et de vivre dans un climat un peu plus doux ; mais je puis vous protester que, si mon souverain voulait me remettre dans la pompe de sa cour et dans l'embarras qui accompagne l'autorité d'un ministre, je n'abandonnerais pas ces lieux sauvages, ces lacs glacés, pour le faux brillant de la gloire et de la richesse, ni pour les folies du courtisan le plus favorisé du prince.

— Mais, monseigneur, repris-je, peut-être n'êtes-vous pas seulement banni des plaisirs de la cour, de l'autorité et des richesses dont vous avez joui autrefois ; il se peut que vos biens soient confisqués, que vous soyez privé de quelques-unes des commodités de la vie, et que vous n'ayez pas les moyens de subvenir aux besoins d'un état médiocre.

— Vous devinez assez juste, me répliqua-t-il, si vous me considérez en qualité de prince, comme je le suis réellement ; mais si vous me regardez simplement comme une créature humaine confondue avec le reste des hommes, vous comprendrez facilement que je ne saurais tomber dans la disette, à moins que d'être attaqué par quelque maladie longue. Vous voyez notre manière de vivre. Nous sommes ici cinq personnes de qualité; nous vivons dans la retraite et d'une manière convenable à des exilés; nous avons tous sauvé quelque chose des débris de notre fortune, ce qui nous exempte de la fatigue de pourvoir à notre subsistance par la chasse. Cependant, les pauvres soldats qui se trouvent ici, et qui courent les bois pour prendre des renards, des zibelines, sont aussi à leur aise que nous; le travail d'un mois leur fournit tout ce qui est nécessaire pour une année entière. Comme nous dépensons peu, nos besoins sont très-bornés, et il nous est aisé d'y subvenir abondamment.

Je m'étendrais trop si je voulais rapporter toutes les particularités de l'entretien que j'eus avec cet homme véritablement grand. Il y fit voir un génie supérieur, une grande connaissance de la véritable valeur des choses, et une sagesse soutenue par une noble piété. Il n'était pas difficile enfin de se persuader que le mépris qu'il avait pour le monde était sincère.

Je restai dans la capitale de la Sibérie pendant huit mois; le froid était si excessif, que je n'osais me hasarder dans les rues sans être enveloppé dans mes fourrures, et même avoir devant le visage un masque qui en fût doublé, et auquel il n'y avait qu'une ouverture pour la respiration, et deux autres pour donner la liberté de voir et de distinguer les objets. Pendant trois mois, nous n'eûmes que cinq heures de jour, ou tout au plus six, et le reste du temps il aurait fait une obscurité absolue si la terre n'eut été couverte de neige. On gardait nos chevaux dans les souterrains, et les trois valets que nous avions loués pour avoir soin de nous et de nos bêtes, souffrirent si fort de la saison, que de temps en temps il fallut leur couper quelque doigt ou quelque orteil, de peur que la gangrène ne s'y mit, lorsqu'à force de frictions avec la neige, on ne parvenait pas à leur rendre la sensibilité, le mouvement et la chaleur.

Il est vrai que nous étions fort chaudement dans notre

maison; les murailles étaient épaisses, les fenêtres petites et doubles. Les vivres ne nous manquaient pas : ils consistaient principalement en biscuit, en poisson sec, en mouton et en chair de buffle. Notre boisson était de l'eau mêlée d'esprit de vin au lieu d'eau-de-vie; quand nous voulions nous régaler, nous avions, au lieu de vin, de l'hydromel excellent. Les chasseurs, qui ne laissaient pas de battre le bois, quelque temps qu'il fît, nous apportaient de loin en loin du gibier fort gras et d'un goût délicieux : ils nous fournissaient aussi quelquefois de grandes pièces d'ours, qui passent dans ce pays pour une venaison excellente : mais nous ne trouvions pas ce mets aussi délicat que le prétendent les habitans. Nous avions heureusement apporté une grande provision de thé très-bon, dont nous pouvions régaler nos amis; en un mot, il ne nous manquait rien pour vivre agréablement.

Nous étions entrés dans le mois de mars; les jours commençaient à devenir plus longs, et le froid à être supportable. Plusieurs voyageurs faisaient déjà les préparatifs nécessaires afin de partir en traineau; mais pour moi, qui avait pris la résolution de gagner Archangel et non Moscou, je ne fis pas le moindre mouvement, sachant que les vaisseaux venant du sud, ne partent guère pour cette partie du globe qu'au moi de mai ou au commencement de juin, et que, si j'y arrivais au commencement d'août, j'y serais avant qu'aucun vaisseau fût prêt à retourner.

Je vis partir tous les voyageurs et tous les marchands qui avaient intérêt à me devancer : tous les ans ils quittent la Sibérie pour aller, les uns à Moscou et les autres à Archangel, afin d'y vendre leurs fourrures, et d'y acheter tout ce qui leur est nécessaire, ils ont huit cents milles à aire pour revenir chez eux; ils devaient donc être plus pressés que moi de partir.

Je ne commençai à emballer mes effets et mes marchandises qu'à la fin de mai; et pendant cette occupation je pensai à tous ces exilés qu'on laisse en liberté dès qu'ils sont arrivés en Sibérie. Ils peuvent aller partout où ils veulent et j'étais fort surpris de ce qu'ils ne songeaient pas à gagner quelqu'autre partie du monde, où ils pourraient vivre plus à leur aise et dans un meilleur climat.

Mon étonnement cessa dès que j'en eus parlé au prince. — Il faut considérer d'abord, monsieur, répondit-il, l'endroit où nous sommes, et ensuite notre situation. Nous ne saurions nous échapper qu'à travers une étendue de terrain appartenant au czar, d'environ trois cent quarante lieues. Il est absolument nécessaire de suivre les grandes routes frayées par les gouverneurs des provinces et de passer par des villes où il y a garnison russe; en suivant les chemins ordinaires, nous serions découverts indubitablement, et en prenant des routes détournées, nous serions exposés à mourir de faim. Former une pareille entreprise serait donc une véritable extravagance.

Cette réponse me réduisit au silence, et me fit comprendre que ces exilés étaient aussi bien emprisonnés dans les vastes campagnes de la Sibérie que s'ils étaient resserrés dans la citadelle de Moscou. Mais cette conviction ne m'empêcha pas de songer à tirer cet homme illustre de sa triste solitude, ni d'en former le dessein, quelque dangereux qu'il pût être pour moi-même. Un soir, je trouvai l'occasion de lui expliquer mes pensées à ce sujet, et de lui en faire la proposition. — Il m'est fort aisé, lui dis-je, de vous emmener avec moi, puisque vous n'êtes point gardé à vue. J'ai résolu de gagner Archangel et non Moscou; dans cette route, je puis marcher avec mon train, en guise d'une petite caravane, et je ne serai pas obligé de chercher des gîtes dans les garnisons russes; je pourrai camper toutes les nuits où je voudrai : de cette manière, je puis facilement vous conduire à Archangel, vous mettre en sûreté à bord d'un vaisseau anglais ou hollandais, et vous mener avec moi dans des pays où personne ne songera certainement à vous poursuivre. Je l'assurai en même temps que j'aurais soin de lui fournir pendant tout le voyage tout ce dont il aurait besoin, jusqu'à ce qu'il fût en état de subsister aisément par lui-même.

Il m'écouta très-attentivement, et tandis que je parlais, il me regarda fixement ; je pus voir même par son air, que ce que je lui disais le mettait dans la plus violente agitation. Il changeait de couleur à tout moment ; ses yeux paraissaient tantôt vifs, tantôt éteints, et son cœur semblait flotter entre plusieurs passions opposées. Il ne fut pas d'abord en état de me répondre. Enfin, s'étant un peu remis : — État malheureux, s'écria-t-il, que celui des mortels, quand ils ne se précautionnent pas, avec toute l'attention possible, contre les dangers qui menacent leur faible vertu ? Les témoignages de l'amitié la plus sincère peuvent devenir pour eux des piéges, mon cher ami, continua-t-il d'un ton plus calme, il y a tant de désintéressement dans l'offre que vous me faites, que je connaitrais fort peu le monde si je ne m'en étonnais pas, et que je serais le plus ingrat des hommes si je n'en avais pas toute la reconnaissance possible. Mais parlez-moi naturellement : avez-vous cru que le mépris que je vous ai fait voir pour le monde était réel, et que je vous ai découvert le fond de mon ame, en vous assurant que dans mon exil je m'étais procuré une félicité supérieure à tous les avantages qu'on peut obtenir de la grandeur et des richesses ? M'avez-vous cru sincère quand je vous ai protesté que je refuserais de rentrer dans la condition brillante où je me suis vu autrefois à la cour de mon maitre ? M'avez-vous pris pour un de ces hypocrites qui se dédommagent de leur mauvaise fortune par une ostentation de fausse piété et de vaine sagesse ?

Il s'arrêta, non pour attendre ma réponse, mais parce que l'agitation de son cœur l'empêchait de poursuivre. J'étais plein d'admiration pour les sentimens de ce grand homme, et cependant je ne négligeai rien pour l'y faire renoncer. Je me servis de quelques argumens pour le porter au dessein de se tirer de sa triste situation; je m'efforçai de lui faire considérer ma proposition comme un ordre qu'il recevait de la Providence, de se mettre dans un état plus digne de lui, et se rendre utile aux autres hommes.

— Que savez-vous, me répondit-il, si au lieu d'un ordre de la Providence, ce n'est pas plutôt une ruse du démon qui, dans ma délivrance, offre à mon ame l'idée d'une grande félicité, uniquement pour me faire tomber dans un piége, et me porter à courir à ma ruine? Dans mon exil, je suis affranchi de toute tentation de retourner à ma misérable grandeur; si j'étais libre, peut-être l'orgueil, l'ambition, l'avarice et la sensualité, dont la source n'est jamais entièrement tarie dans le cœur humain, m'entraîneraient-ils de nouveau avec impétuosité. Alors cet heureux prisonnier redeviendrait, au milieu des douceurs d'une liberté extérieure, l'esclave de ses sens et de ses passions. Non, non, mon ami, il vaut mieux que je reste dans mon exil, banni de la cour, et exempt de crimes, que de me délivrer de cette vaste solitude aux dépens de la liberté de ma raison, aux dépens d'une félicité éternelle sur laquelle je fixe à présent mes yeux et que je pourrais perdre si j'acceptais vos offres obligeantes. Je suis un homme faible, naturellement sujet à la tyrannie des passions; ne me tirez pas de mon heureuse défiance; ne soyez pas en même temps mon ami et mon tentateur.

Si j'avais été surpris de son discours précédent, celui-ci me rendit absolument muet. Son ame luttait avec force contre ses désirs et contre le penchant naturel à tout homme de chercher les agrémens de la vie. Je lui dis en peu de mots qu'il ferait bien de réfléchir à loisir et avec calme sur cette affaire, et je m'en retournai chez moi.

Environ deux heures après, j'entendis quelqu'un à la porte de ma chambre; c'était le prince lui-même. — Mon ami, me dit-il, vous m'aviez presque persuadé; mais la réflexion est venue à mon secours, et je me raffermis absolument dans mon opinion ; ne le trouvez pas mauvais, je vous en prie. Si je n'accepte pas une offre aussi obligeante et aussi désintéressée que la vôtre, si je la refuse, ce n'est pas faute de reconnaissance : j'en ai toute la gratitude possible, soyez-en persuadé. Vous allez vous séparer de moi, et si vous ne me laissez pas entièrement libre, du moins vous me laissez homme de bien et armé contre mes désirs d'une sage précaution et d'une défiance prudente.

Je ne pouvais que tomber d'accord de la sagesse de sa résolution, en lui protestant que mon but avait été uniquement de lui rendre service. M'embrassant alors avec tendresse, il m'assura qu'il était convaincu de la pureté de mes intentions, et qu'il serait charmé de pouvoir me témoigner sa reconnaissance. Pour me faire voir que ces protestations étaient sincères, il m'offrit des zibelines et d'autres fourrures de prix. J'avais de la peine à me résoudre à les accepter d'un homme qui était dans une situation malaisée ; mais il ne voulut point être refusé ; et pour ne pas désobliger, j'acceptai ce magnifique présent.

Le jour suivant, je lui envoyai du thé, deux pièces de damas de la Chine, et quelques pièces d'or du Japon, qui ne pesaient pas six onces en tout. Il s'en fallait de beaucoup que mon présent égalât le sien, puisqu'à mon retour en Angleterre, je le trouvai de la valeur de plus de 200 livres sterling.

Il accepta le thé, une pièce de damas, et une seule petite pièce d'or marquée au coin du Japon, qu'il ne prit sans doute que comme une curiosité, et me renvoyant le reste, il me fit dire qu'il serait bien aise d'avoir une conversation avec moi.

M'étant venu voir, il me déclara que je savais ce qui s'était passé entre nous, et qu'il me conjurait de ne lui en plus parler ; mais qu'il serait bien aise d'apprendre si, lui ayant fait une offre si généreuse, je serais d'humeur à rendre le même service à une personne qu'il me nommerait, et à laquelle il s'intéressait de la manière la plus tendre. Je lui répondis naturellement que je parlerais contre ma conscience si je disais que j'étais prêt à faire autant pour un autre que pour lui, qui m'inspirait un profond respect et la plus parfaite estime. — Cependant, continuai-je, si vous voulez bien me nommer la personne en question, je vous répondrai avec franchise, et si ma réponse vous déplaît, j'ose espérer que vous ne m'en voudrez point. Il me dit qu'il s'agissait de son fils unique, que je n'avais jamais vu, et qui se trouvait dans la même condition que lui, éloigné de Tobolsk de plus de deux cents milles; mais qu'il trouverait le moyen de le faire venir, si je pouvais lui rendre ce service.

Je n'hésitai pas un moment; je lui répondis que j'y consentais de bon cœur, et que, ne pouvant montrer à lui-même jusqu'à quel point je le considérais, je serais charmé de le lui prouver dans la personne de son fils. Le lendemain, il envoya chercher le jeune prince qui arriva trois semaines après, amenant avec lui six ou sept chevaux chargés des plus riches fourrures, dont la valeur montait à une somme très-considérable

Ses valets conduisirent les chevaux dans la ville, laissant leur jeune maître à quelque distance de là; il entra la nuit, incognito, dans la maison de son père, qui me le présenta. Nous nous concertâmes aussitôt pour notre voyage.

J'avais échangé dans cette ville une partie de mes marchandises de la Chine contre une bonne quantité de zibelines, d'hermines, de renards noirs et autres fourrures de prix. Ce que j'avais donné consistait surtout en noix muscades et en clous de girofle : dans la suite, je me défis de ce qui m'en restait à Archangel, où j'en tirai un meilleur parti que je n'aurais pu le faire à Londres. Ce commerce fit grand plaisir à mon associé; il se félicitait du parti que nous avions pris de rester si long-temps dans la Sibérie, à cause des profits considérables que nous y avions faits.

CHAPITRE XX.

C'était au commencement de juin que je partis de Tobolsk, ville si éloignée des routes ordinaires du commerce, qu'elle ne doit pas faire grand bruit dans le monde. Notre caravane était extrêmement petite, puisqu'elle ne consistait qu'en trente chameaux. Tout passait sous mon nom, quoiqu'il y en eût onze dont le jeune prince était propriétaire. Ayant un si fort équipage je devais avoir naturellement un bon nombre de domestiques; par conséquent, ceux du prince pouvaient bien passer pour les miens. Ce seigneur lui-même prit le titre de mon maître-d'hôtel.

Nous fûmes contraints d'abord de traverser le plus grand et le plus désagréable désert que j'aie rencontré dans tout le voyage : le terrain est marécageux en plusieurs endroits, et fort inégal en plusieurs autres. Tout ce qui nous consolait, c'était la pensée que nous n'avions rien à craindre des Tartares, qui ne passent jamais l'Obi, ou du moins que très-rarement.

Le jeune prince avait avec lui un fidèle domestique russe, ou plutôt sibérien, qui connaissait parfaitement tout le pays; il nous conduisit par des routes particulières, pour éviter les villes qui sont sur les grands chemins; il savait que les garnisons qui s'y trouvent observent avec une exactitude très-scrupuleuse l'ordre qu'elles ont de visiter les voyageurs, pour voir si quelque étranger de marque ne s'aviserait de s'introduire dans le cœur de la Russie.

Les mesures que nous prîmes ne nous exposaient pas à de pareilles recherches; mais d'un autre côté, elles nous forçaient à faire tout notre voyage par le désert, et à camper chaque nuit sous nos tentes, au lieu qu'en passant par les villes, nous aurions pu jouir de toutes les commodités imaginables. Le jeune prince sentait si bien les désagrémens où ma bonté pour lui m'engageait, que toutes les fois que nous nous trouvions près de quelque ville, il couchait dans le bois avec son fidèle valet, et il savait nous rejoindre dans les endroits où nous étions convenus de l'attendre.

Nous entrâmes en Europe en passant la rivière appelée Kama, qui dans ce lieu sépare l'Europe de l'Asie. Dans la première ville européenne qu'on rencontre de ce côté, nous crûmes voir un peuple plus civilisé.

Le désert que nous avions à franchir n'a que deux cents milles d'étendue vers ce point, quoiqu'il en ait sept cents dans d'autres directions. En traversant cette vaste solitude, après avoir banni toute idée de danger de mon esprit, je courus le risque d'être massacré avec toute ma suite, composée de quinze personnes, par une troupe de brigands. Je ne pus d'abord savoir si c'était une bande de Tartares répandue au-delà des bords de l'Obi, ou bien une troupe de chasseurs de la Sibérie, qui s'étaient assemblés pour prendre une autre proie que des zibelines et des renards. Ce que je sais parfaitement, c'est qu'ils étaient tous à cheval, armés d'arcs et de flèches, et que, quand nous les rencontrâmes pour la première fois, leur nombre montait environ à quarante-cinq. Ils approchèrent de nous à deux différentes reprises, et nous environnant de tous côtés, ils nous examinèrent avec une très-grande attention. Ensuite ils se portèrent sur notre route, comme s'ils avaient eu l'intention de nous intercepter le passage.

Nous plaçâmes devant nous nos chameaux, tous sur une même ligne, afin d'être plus en état de repousser les ennemis ; et faisant halte, nous envoyâmes le Sibérien du prince pour les reconnaître. Son maître y consentit d'autant plus qu'il craignait que ce ne fût une troupe détachée pour l'arrêter dans sa fuite, et le ramener par force.

Ce brave domestique s'avança de leur côté, et se tenant

à une certaine distance, il leur parla dans tous les différens dialectes de la langue sibérienne, sans pouvoir entendre un seul mot de ce qu'ils lui répondaient. Cependant il comprit, par plusieurs de leurs signes, qu'ils tireraient sur lui, s'il avait la hardiesse d'approcher davantage. Il retourna sur ses pas, pour venir faire son rapport, sans avoir grand'chose à nous dire, sinon qu'il les croyait Kalmoucks ou Circassiens par leurs vêtemens, et que, selon toutes les apparences, il devait y en avoir une grande quantité répandue dans le désert, quoiqu'il n'eût jamais entendu dire que ces barbares se fussent si fort avancés du côté du nord.

Sur notre gauche, à un quart de mille de nous, et tout près de la route, se trouvait un petit bosquet où les arbres étaient extrêmement serrés, je songeai d'abord qu'il fallait nous avancer jusque-là, et nous y fortifier le mieux qu'il nous serait possible. Nous devions nécessairement gagner par cette manœuvre un double avantage : les branches épaisses et entrelacées nous mettraient à couvert des flèches de nos ennemis, et ils ne pourraient nous attaquer en corps. Ce fut le vieux pilote portugais qui m'y fit penser : ce brave homme conservait toujours son sang-froid dans le péril ; ce qui le rendait toujours prêt à nous donner de bons conseils et à nous inspirer du courage.

Nous exécutâmes ce projet avec toute la diligence possible, et nous gagnâmes le petit bois sans que les Tartares fissent le moindre mouvement pour nous en empêcher. Nous y trouvâmes, à notre grande satisfaction, que c'était un terrain marécageux, et qu'il y a avait d'un côté une grande source d'eau qui se répandait dans un petit lac, et qui, à quelque distance de là, était jointe par une autre source de la même grandeur, en un mot, nous nous vîmes justement auprès de la source d'une rivière considérable.

Les arbres qui croissaient à l'entour de cette source n'étaient guère qu'au nombre de deux cents, mais fort serrés, et garnis de branches extrêmement touffues. Dès que nous nous vîmes maîtres de ce bocage, nous nous crûmes hors de danger, à moins que nos ennemis ne missent pied à terre pour nous attaquer.

Pour rendre encore cette entreprise plus difficile, notre vieux Portugais s'avisa de couper de grandes branches, et de les laisser pendre dans les arbres ; ce qui nous environna comme d'une fortification suivie.

Les ennemis ne firent pas le moindre mouvement pendant une espace de temps considérable. Enfin, vers deux heures avant la nuit, ils vinrent directement à nous ; et quoique nous ne nous en fussions pas aperçus, nous trouvâmes que leur nombre était fort augmenté : ils étaient au moins 80 cavaliers, parmi lesquels nous crûmes remarquer quelques femmes.

Ils n'étaient éloignés de nous que d'une demi-portée de fusil, quand nous tirâmes un seul coup à poudre, en leur demandant en même temps, en langue russe, ce qu'ils voulaient, et leur criant qu'ils eussent à se retirer. Comme ils ne nous entendaient pas, ce coup ne fit que redoubler leur fureur : ils avancèrent à toute bride du côté du bois, sans s'imaginer que nous étions si bien retranchés, qu'il était absolument impossible de s'y frayer un passage. Notre Portugais, qui avait été notre ingénieur, était aussi notre capitaine. Il nous pria de ne faire feu que lorsque nous verrions l'ennemi à demi-portée de pistolet, afin que nous fussions sûrs de nos coups. Nous lui dîmes de nous en donner le signal, et il tarda si longtemps, que plusieurs de nos ennemis n'étaient éloignés de nous que de la longueur de deux piques, quand nous fîmes notre décharge.

Nous visâmes si juste, que nous en tuâmes quatorze, sans compter les chevaux, et ceux qui n'étaient que blessés, car nous avions tous chargé nos armes de deux ou trois balles.

Ils furent très-étonnés d'une décharge si peu attendue, et se retirèrent à plus de deux cents verges de nous.

Nous eûmes non-seulement le temps de recharger nos fusils, mais encore de faire une sortie et de saisir cinq ou six chevaux, dont les maîtres avaient apparemment perdu la vie. Nous reconnûmes facilement que nos ennemis étaient Tartares ; mais il nous fut impossible de découvrir de quel pays ils étaient, et par quels motifs ils s'étaient avancés jusque-là.

Environ une heure après, ils firent un second mouvement pour nous attaquer; et furent reconnaître notre petit bois de toutes parts, pour voir s'ils ne pourraient pas trouver un autre passage; mais, remarquant que nous étions prêts à leur tenir tête de tous cotés, ils se retirèrent de nouveau, et nous prîmes la résolution de nous tenir clos et couverts pendant toute la nuit.

Nous dormîmes fort peu, et nous passâmes presque toute la nuit à augmenter nos fortifications, et à barricader tous les endroits par lesquels les ennemis pouvaient le plus facilement venir à nous, sans négliger de poser partout des sentinelles et de faire bonne garde.

» Dans cette attitude, nous attendîmes le jour avec impatience; mais il nous fit faire une découverte fort désagréable. Les ennemis, que nous croyons découragés par la réception qu'ils avaient reçue, s'étaient augmentés jusqu'au nombre de plus de trois cents, et ils avaient dressé dix ou douze tentes, comme s'ils eussent pris la résolution de nous assiéger. Ce petit camp était situé dans la plaine à un quart de lieue de nous. Nous fûmes tous consternés à son aspect, et j'avoue que pour moi je me crus perdu avec tout ce que je possédais avec moi de richesses. Quoique cette dernière perte eût été considérable, ce n'était pas celle-là qui me touchait le plus; ce qui m'effrayait davantage, c'était la pensée de tomber entre les mains de ces Barbares, à la fin d'un si long voyage, après avoir échappé tant de périls et surmonté des difficultés si grandes et si nombreuses, et de périr à la vue du port, pour ainsi dire, au moment même où je m'étais cru dans une entière sûreté. Pour mon associé, sa douleur allait jusqu'à la rage; il protesta que la perte de ses biens et celle de sa vie lui étaient égales; qu'il aimait mieux périr en combattant que de mourir de faim, et qu'il se défendrait jusqu'à la dernière goutte de son sang.

Le jeune prince pensait qu'il fallait se battre jusqu'au dernier soupir, et le vieux pilote croyait que, de la manière que nous étions postés, nous pouvions tenir tête à nos ennemis et les repousser. Tout le jour se passa de cette manière, sans que nous puissions parvenir à une résolution fixe. Vers le soir, nous aperçûmes un nouveau renfort venu aux Tartares, ce qui nous fit croire qu'ils étaient séparés en différentes bandes, pour rôder partout, et chercher quelques proies et que les premiers avaient détaché quelques-uns des leurs pour donner avis aux autres du butin qu'il avaient découvert.

Craignant que le lendemain ils ne fussent encore plus nombreux, je questionnai les gens que nous avions amenés avec nous de Tobolsk pour savoir d'eux s'il n'y avait pas quelque route détournée par laquelle nous puissions échapper à ces brigands pendant la nuit, et nous retirer vers quelque ville, ou bien trouver quelque part une escorte qui nous conduisit à travers le désert.

Le Sibérien, domestique du prince, nous dit que, si nous aimions mieux leur échapper que les combattre, il se faisait fort de nous tirer de là pendant la nuit, par un chemin qui allait du côté du nord vers Petrou et de tromper indubitablement les Tartares, qui nous tenaient comme assiégés. Il ajouta que, malheureusement, son maître lui avait protesté qu'il voulait se battre et non se retirer.

Je lui répondis qu'il avait mal compris les expressions du prince, qui était trop sage pour vouloir se battre, simplement pour avoir le plaisir de se battre, et que, bien qu'il eût déjà donné de grandes marques de son intrépidité, il ne prétendrait pas résister, avec dix-sept ou dix-huit hommes, à cinq ou six cents Tartares, sans y être contraint par une nécessité inévitable. Si vous avez réellement, ajoutai-je, un sûr moyen de nous tirer d'ici sains et saufs, c'est l'unique parti qu'il reste à prendre. Il me répliqua que si son seigneur voulait le lui ordonner, il consentait à perdre la tête en cas qu'il n'exécutât pas le projet.

Il ne fut pas difficile de porter le jeune prince à une résolution si sensée; il donna donc à son domestique les ordres nécessaires, et dans le moment même nous préparâmes tout pour faire réussir cette salutaire entreprise.

Dès qu'il fit sombre, nous allumâmes du feu dans notre petit camp, en prenant nos mesures pour l'entretenir pendant toute la nuit, afin de persuader aux Tartares que nous y étions encore; et aussitôt que nous vîmes paraitre les étoiles que le Sibérien avait marquées pour notre départ, nos bêtes de charge étant déjà en état de marcher, nous suivîmes notre guide, qui ne consultait que l'étoile polaire pour nous mener par ce pays dont une grande partie ne consiste qu'en plaines.

Après avoir marché vigoureusement pendant deux heures, nous vîmes que l'obscurité commençait à disparaître, et qu'il faisait plus clair qu'il n'était nécessaire pour notre dessein: la lune se levait, ce qui nous aurait été fort désavantageux, si les Tartares se fussent aperçus de notre retraite. Heureusement ils en furent les dupes, et nous arrivâmes le matin à six heures, après avoir fait quarante milles de chemin, et estropié plusieurs de nos bêtes, à un village où nous nous reposâmes sans apprendre la moindre nouvelle de nos ennemis pendant tout le jour.

Environ deux heures avant la nuit, nous nous remîmes en marche, et nous restâmes en chemin jusqu'au lendemain, huit heures du matin. Il nous fallut passer une petite rivière pour arriver à un grand bourg bien peuplé, habité par des Russes; nous y apprîmes que plusieurs hordes de Tartares Kalmoucks s'étaient répandus dans le désert, mais que nous n'avions plus rien à craindre: ce qui nous causa une très-grande satisfaction.

Nous restâmes là cinq jours entiers, tant pour goûter quelque repos après des marches si fatigantes que pour nous y procurer quelques chevaux frais dont nous avions besoin, ainsi que de quelques autres choses nécessaires au brave Sibérien qui nous avait conduits jusque-là ; mon associé et moi nous lui fîmes un présent de la valeur de dix pistoles pour le récompenser de cet important service.

Une autre marche de cinq jours nous conduisit à Veuslima, sur la rivière de Wirtzogda, qui se jette dans la Dwina, et de là nous arrivâmes à Lawrenskoy, le 3 juillet, nous y goûtâmes le plaisir de voir la fin de notre voyage par terre, puisque nous étions sur les bords de la Dwina, fleuve navigable qui pouvait nous conduire en sept jours à Archangel. Nous louâmes deux grandes chaloupes pour notre bagage, et une espèce de barge fort commode pour nous mêmes, nous nous embarquâmes le 7, et nous arrivâmes tous sains et saufs à Archangel le dix-huit, ayant été en route dans tout notre voyage par terre, y compris notre séjour à Tobolsk, un an cinq mois et trois jours.

Nous fûmes obligés de rester six semaines dans cette ville pour attendre l'arrivée des vaisseaux : nous aurions été forcés d'y séjourner bien plus long-temps, si un Hambourgeois ne fût entré dans le port un mois avant le temps où les vaisseaux anglais s'y rendent d'ordinaire.

Après avoir mûrement délibéré sur le parti que nous devions prendre ; nous considérâmes que nous pourrions nous défaire de nos marchandises aussi avantageusement à Hambourg qu'à Londres, et nous résolûmes de nous embarquer tous dans ce navire, nous convînmes du fret, et sur-le-champ je fis embarquer toutes mes denrées. Il était fort naturel de transporter à bord mon maître d'hôtel en même temps, pour en avoir soin, et par là le jeune prince put se tenir à l'écart pendant tout le temps qu'il nous fallut pour faire nos préparatifs, de peur qu'il ne fût reconnu dans la ville par quelques marchands russes.

Nous partîmes d'Archangel le 20 août, et nous entrâmes dans l'Elbe le 12 de septembre; nous trouvâmes à Hambourg, mon associé et moi, des occasions très-favorables pour vendre nos marchandises, tant celles de la Chine que les fourrures que nous avions apportées de la Sibérie. En partageant avec lui le produit de nos effets, j'eus pour ma part trois mille quatre cent soixante-quinze livres sterling, malgré plusieurs pertes que nous avions essuyées. Il est vrai que je comprends dans ma portion les diamans que j'avais achetés au Bengale pour mon compte particulier, et qui valaient bien six cents livres sterling.

Ce fut là que le jeune prince prit congé de nous, il s'embarqua sur l'Elbe, dans le dessein de se rendre à la cour de Vienne, où il espérait trouver des protecteurs et d'où il pouvait lier correspondance avec ceux des amis de son père qui vivait encore. Il ne se sépara pas de moi sans me témoigner de la manière la plus forte la reconnaissance qu'il garderait toute sa vie pour le service que je lui avais rendu, et pour les marques d'amitié que j'avais données à son père.

Après être resté quatre mois à Hambourg, je passai en Hollande, où m'étant embarqué dans le paquebot, j'arrivai à Londres le 20 janvier 1705 dix ans et neuf mois après mon départ d'Angleterre.

L'amour des voyages n'est pas encore éteint en moi; mais je suis enfin convaincu que le repos et une vie paisible peuvent seuls donner le bonheur; le souvenir de mes infortunes et des scènes si variées dont j'ai été le témoin, ajoute au plaisir que j'éprouve en me voyant de retour dans ma patrie. Devenu sage à soixante douze ans, il est temps que je me prépare à un voyage plus long que tous ceux que je viens de décrire.

FIN.

PARIS. — IMPRIMERIE ARNOUS DE RIVIÈRE, RUE RACINE, 26.

www.ingramcontent.com/pod-product-compliance
Lightning Source LLC
Chambersburg PA
CBHW070653170426
43200CB00010B/2225